하타의 보석 목걸이

Haṭharatnāvalī

이 저서는 2020년 대한민국 교육부와 한국연구재단의 지원을 받아 수행된 연구임(NRF-2020S1A5C2A02093108)

경북대학교
동서사상연구소
학술총서 ⑤

『하타의 보석목걸이』Haṭharatnāvalī

산스크리뜨 번역과 역주

박영길 역주

Haṭharatnāvalī

खमध्ये कुरु चात्मानमात्ममध्ये च खं कुरु ।
सर्वं च खमयं कृत्वा न कंचिदपि चिन्तयेत् ॥
अन्तःपूर्णो बहिःपूर्णः पूर्णकुम्भ इवाम्भसि ।
अन्तःशून्यं बहिःशून्यं शून्यकुम्भ इवाम्बरे ॥

khamadhye kuru cātmānam ātmamadhye ca khaṃ kuru।
sarvaṃ ca khamayaṃ kṛtvā na kiṃ cid api cintayet॥ IV.45
antaḥ pūrṇo bahiḥ pūrṇaḥ pūrṇakumbha ivāmbhasi।
antaḥ śūnyaṃ bahiḥ śūnyaṃ śūnyakumbha ivāmbare॥ IV.46

다르샤나

| 일러두기 |

저본

본 번역은 2002년 로나블라에서 출판된 교정본을 저본으로 했다. 저본의 서지 사항은 다음과 같다.

M. L. Gharote, Parimal Devnath, and Vijay Kant Jha (Eds. & Trs.). *Haṭharatnāvalī : A Treatise on Haṭhayoga of Śrīnivāsayogī*. Lonavla: The Lonavla Yoga Institute, 2002.

2. 산스끄리뜨 주요 표기

본서에서는 대부분의 산스끄리뜨 용어를 한글로 번역했다. 하지만 'Gorakṣa'와 같은 인명을 비롯해서 'mudrā', 'ājñācakra' 등과 같은 전문 용어의 경우 번역이 의미 전달을 방해할 경우에는 음사했다. 일반적으로 통용되는 관례를 우선시했고 또 예외도 있지만 대체로 다음과 같은 표기법을 적용했다.

① 가급적 원어의 음절 수에 맞추어 음사했다.
ex: gorakṣa(3음절: 고락샤), yājñavalkya(4음절: 야갸발꺄)

② 1 음절일지라도 '위치 장음'이 포함될 경우 한 음절을 추가해서 음사하기도 했다.
ex:

kumbhaka	—UU	1-2, 3, 4	꿈브하까
bandha	—U	1-2, 3	반드하
brahman	——	1-2, 3-4	브라흐만
viśuddha	U—U	1, 2-3, 4	비슛드하

③ 모음 ṛ는 '리'로 표기했다.

④ jña는 '갸'로 표기했다.

⑤ 힌디에서 'va'는 두 입술을 뗀 '와'로 발음되지만 산스끄리뜨에서는 이빨과 두 입술을 떼면서 발음되는 치순음(齒脣音, vakārasya dantoṣṭam. *Laghusiddhāntakaumudī*. 1.1.1)이므로 여기서는 모두 '바'로 표기했다.
ex: veda: 베다, śiva: 쉬바, sarva: 사르바

산스끄리뜨이지만 힌디로 사용(표기)되었을 경우엔 '와'로 표기했다(ex: 스와미)

⑥ 치찰음 ś, ṣ의 경우 후속음에 따라 '쉬', '샤', '슈' 등으로 표기했다.
ex: īśa: 이샤, śiva: 쉬바, viṣṇu: 비슈누

⑦ 그 외에는 일반적으로 통용되는 관례에 따랐다.
ex: Bhagavadgītā: 바가바드기따, dharma: 다르마

3. 기호

[ ] : 원문에 없는 단어이지만 함축된 의미를 보충함.

4. 주요 번역어

① prāṇāyāma

prāṇāyāma의 정확한 의미는 호흡(prāṇa)의 멈춤(āyāma)이지만 실천적 의미를 전달하는데 다소 무리가 있어 문맥에 따라 '호흡법', '호흡수련'으로 번역했다. 문맥상 또는 논지 전개상 두 용어가 여의치 않을 경우엔 쁘라나야마로 음사했다.

② āsana

āsana는 공작과 같은 역동적인 동작을 의미할 경우엔 '체위'로 번역했고 달인, 연화와 같은 정적인 정좌 자세의 경우엔 '좌법'으로 번역했다. 하지만 두 의미를 포괄할 경우나 지분(aṅga)을 의미할 경우엔 '아사나'로 음역했고 'pīṭha' 등 āsana의 운율적 대체어 역시 '아사나'로 번역했다.

③ prāṇa, vāyu 등

prāṇa, vāyu, vāta, māruta, samīraṇa, anila 등은 운율적 대체어로 대부분 동의어이지만 문맥에 따라 기(氣), 숨(息), 생기(生氣), 풍(風)으로 번역했다. 하지만 'bindu-dhāraṇa(빈두 통제)의 대응짝'으로서의 prāṇa-dhāraṇa의 경우처럼 그 의미를 분명하게 전달하기 힘들 때는 '쁘라나'로 음사했고 이와 유사하게 '수슘나로 상승하는 주체로서'의 prāṇa도 쁘라나로 음사했고, '다섯 생기'(pañcavāyu)의 구성 요소로서의 prāṇa도 '쁘라나'로 표기했다.

④ vajrolī, uḍḍiyāṇa 등

vajrolī/ vajroli를 비롯해서 uḍḍiyāṇa/ uḍḍīyāṇa/ uḍḍīyaṇa는 문헌에 따라 다양하게 표기되었지만 한글은 모두 바즈롤리, 웃디야나로 음사했고 괄호 또는

작은 글자로 원문을 병기했다.

⑤ mudrā

하타요가 문헌에서 mudrā는 '수인'(手印)을 의미하지 않고 '하타요가 특유의 쁘라나 통제, 빈두 보존과 같은 하나의 구체적 기법'을 의미하는데 여기서는 모두 '무드라'로 음사했다.

5. 운율 부호와 약호

a	: pāda[a]	*b*	: pāda[b]
c	: pāda[c]	*d*	: pāda[d]
e	: pāda[e]	*f*	: pāda[f]

∪	: 단음(laghu)
—	: 장음(guru)
∪̲	: 단음, 장음 모두 가능
∪̲ ∪̲	: 단음, 장음 모두 가능하지만 ∪∪은 안 됨
∪̲ ∪̲ ∪̲	: 단음, 장음 모두 가능하지만 ∪∪—, ∪∪∪, —∪—은 안 됨

자띠(jatī) 시형의 운각(韻脚, gaṇa)

① Ja	∪ — ∪	1+2+1	= 4마뜨라
② Bha	— ∪ ∪	2+1+1	= 4마뜨라
③ Sa	∪ ∪ —	1+1+2	= 4마뜨라
④ Ka	∪ ∪ ∪ ∪	1+1+1+1	= 4마뜨라
⑤ GG	— —	2+2	= 4마뜨라
⑥ G	—	2	= 2마뜨라
⑦ L	∪	1	= 1마뜨라
⑧ LL	∪ ∪	1+1	= 2마뜨라

브릿따(vṛtta) 시형의 운각(韻脚, gaṇa)

① Ya	∪ — —	1+1+1	= 3음절
② Ma	— — —	1+1+1	= 3음절
③ Ta	— — ∪	1+1+1	= 3음절
④ Ra	— ∪ —	1+1+1	= 3음절
⑤ Ja	∪ — ∪	1+1+1	= 3음절

⑥ Bha	—∪∪	1+1+1	= 3음절
⑦ Na	∪∪∪	1+1+1	= 3음절
⑧ Sa	∪∪—	1+1+1	= 3음절
⑨ G	—	1	= 1음절
⑩ L	∪	1	= 1음절

| 약호 |

AP	*Amaraughaprabodha*
AS	*Amṛtasiddhi* (*Amṛtasiddhiyoga*)
Bṛhad-Up	*Bṛhadāraṇyopaniṣad*
BS	*Brahmasūtra*
BS-Śbh	*Brhamasūtra-Śaṅkarabhāṣya*
Chānd-Up	*Chāndogyopaniṣad*
CA	*Candrāvalokana*
DyŚ	*Yogaśāstra* of Dattātreya
EnIP	*Encyclopedia of Indian Philosophes*. Vo.12.
GŚ	*Gorakṣaśataka* of Gorakṣa
GhS	*Gheraṇḍasaṃhitā*
HP	*Haṭhapradīpikā* of Svātmārāma
HP-Jt	*Jyotsnā* of Brahmānanda
HR^{L}	*Haṭharatnāvalī,* Lonavla Edition
HR^{R}	*Haṭharatnāvalī,* Reddy's Edition
HTK	*Haṭhatattvakaumidī* of Sundaradeva
Kaṭha-Up	*Kaṭhopaniṣad*
KP	*Kumbhakapaddhati* of Raghuvīra
JP	*Jogapradīpikā* of Jayatarama
Praśna-Up	*Praśnopaniṣad*
ŚTN	*Śrītattvanidhi*
ŚS	*Śivasaṃhitā*
Taitti-Up	*Taittirīyopaniṣad*
YK	*Yogakarṇikā* of Nātha Aghorānanda
YB	*Yogabīja*
YT	*Yogatārāvalī* of Śaṅkara
YY	*Yogayājñavalkya*
YD	*Yuktabhavadeva* of Bhavadeva Miśra
YS	*Yogasūtra* of Patañjali

| 목차 |

제3부 번역과 역주

제1부
『하타의 보석 목걸이』 성립과 구성

अत्र सूतसंहितायं
एतदात्ममिदं सर्वं नेह नानास्ति किंचन ।
अद्वैतमेव शास्त्रार्थः शम्भोः पादं स्पृशामयहम्।।५०

atra sūtasaṃhitāyām -
etad ātmam idaṃ sarvaṃ neha nānāsti kiṃ cana|
advaitam eva śāstrārthaḥ śambhoḥ pādaṃ spṛśāmy aham‖(IV.50)

수따상히따에는 [다음과 같은 말씀이 있다].
'이 모든 것'이 아뜨만일 뿐이고 여기에는 어떠한 차별상도 없다.
이와 같은 불이(不二, advaita)[의 가르침]이 [모든] 경전들[이 말하고자 하는] 목적이다. 샴브후의 [연꽃 같은 두] 발에 경배합니다. (제4장 50송)

제1부 『하타의 보석 목걸이』 성립과 구성

I. 성립

『하타의 보석 목걸이』(*Haṭharatnāvalī*)는 17세기의 박학다식한 불이론不二論 베단따(Advaita Vedānta) 학자였던 쉬리니바사 요긴드라Śrīnivāsa Yogīndra가 남긴 하타요가 문헌이다.[1] 베단따 학자가 하타요가 문헌을 저술했다는 것은 의외의 사건으로 보일 수도 있지만 인도의 사상과 문화가 절정기에 도달했던 15~16세기 무렵부터 베단따 학자들이 하타요가를 수용했던 것은 하나의 유행이었다.[2] 그 당시 베단따 권에서 성립된 대표적인 문헌이 본서에서 다룰 『하타의 보석 목걸이』를 비롯해서 브라흐마난

1) 쉬리니바사의 학문적 스팩트럼은 베다, 문법학, 딴뜨라를 비롯해서 미망사, 상캬, 빠딴잘리요가, 니야야, 바이쉐시까, 베단따와 같은 육파六波 철학을 아우르지만 『하타의 보석 목걸이』만 놓고 본다면 불이론(不二論, Adviata) 베단따Vedānta에 기반을 둔 것으로 판단된다. 이 점에 대해서는 아래의 '학문적 전통'을 참조.

2) 크리스티앙 부이(Bouy: 1994)에 따르면 『하타의 등불』(1450년경)은 베단따 학자들에게 대단한 반향을 일으키고 점차 권위를 지닌 요가의 고전으로 간주되었으며(p.10, 23) 하나의 유행처럼 하타요가를 수용하게 되었다(p.68, 69, 72)
『고락샤의 백송』(GŚ. 10-13세기), 『요가의 근본』(YB. 14세기), 『하타의 등불』(HP.15세기) 등과 같은 하타요가 문헌들의 태생적 '친親베단따적 성향'이, 훗날 베단따 학자들이 거리낌 없이 하타요가를 수용하게 만들었던 것으로 추정된다.

다의 『월광』(*Jyotsnā*, HP-Jt)[3], 『요가의 은하수』(*Yogataravālī*, YT)[4], 『108 우빠니샤드 주해』(*108 Upaniṣadbhāṣya*, 108UP) 등이다. 이 중에서 특히 『요가의 은하수』와 『하타의 보석 목걸이』는 베단따와 하타요가의 교섭이라는 측면뿐만 아니라 하타요가가 주류 철학이었던 베단따에 편승해서 식자층에 보급되었다는 것을 보여준다는 점에서, 그리고 베단따의 요가관을 담고 있다는 점에서 성립사적 의의를 지닌다.

『하타의 보석 목걸이』는 전체 IV장에 406개의 운문으로 구성되었으며 여덟 정화법, 여든네 개의 아사나, 아홉 꿈브하까, 열 무드라를 비롯해서 비음秘音 명상 등 네 종류의 명상법을 설명한다. 『하타의 보석 목걸이』는 스바뜨마라마Svātmārāma의 『하타의 등불』(*Haṭhapradīpikā*, HP)을 계승한 문헌으로 호흡 수련(prāṇāyāma)과 무드라mudrā에 큰 비중을 두고 있지만 후대 문헌답게 아사나āsana를 중요시한다는 점에서 그 이전의 문헌들과 구별된다. 아사나와 관련해서 언급할 수 있는 것은 이 작품이 하타요가의 전설적인 '84 아사나 목록'을 담고 있는 유일한 산스끄리뜨 문헌이라는 점이다.[5] 물론 84 아사나 중에 실제로 설명된 것은 37 종류이지만 이것 역시 그 당시까지 성립된 산스끄리뜨 문헌 중에서 가장 많은 것

---

3) 『월광』은 독립적인 저술이 아니라 스바뜨마라마의 『하타의 등불』에 대한 주석서이지만 하타요가의 백미白眉로 평가될 수 있다. 이 작품에 대한 한글 번역과 연구는 박영길(2015)을 참조.

4) 『요가의 은하수』는 꾼달리니의 각성과 상승이라는 하타요가의 기법을 베단따 권에서 보편화시킨 사례라는 점에서, 그리고 특히 이 작품이 불이론 베단따의 거장 샹까라의 작품이라는 점에서 베단따의 하타요가 수용의 미래적 정당성을 부여했다는 점에서 의의를 지닌다. 이 작품에 대한 한글 번역과 연구는 박영길(2019)을 참조.

5) 『하타의 보석 목걸이』에서 열거된 84아사나는 '8,400,000개의 아사나 중에서 쉬바가 84 아사나를 선별했다는 전설'에 영감을 받은 17세기의 창작일 가능성이 높지만 그럼에도 불구하고 이 목록의 존재를 통해 15~16세기 무렵에 아사나의 종류가 폭발적으로 증가했다는 것을 알 수 있다.
한편, 그 이후에 성립된 힌두 문헌인 『조가쁘라디삐야까』*Jogapradīpyakā*도 84개

이다.

『하타의 보석 목걸이』가 강조하는 또 하나의 기법은 신체 정화법이다. 신체 정화법은 『하타의 등불』에 의해 처음으로 하타요가의 기법으로 편입되었지만 정화법은 사지四支 요가 정식 지분(aṅga)은 아니었고[6] 어디까지나 호흡 수련을 위한 보조적 행법이고 따라서 경우에 따라 생략해도 무방한 행법이었다. 하지만 쉬리니바사는, 이러한 견해를 반박한 후 여덟 개의 정화법(aṣṭakarma)을 설명하는데[7] 이것은 그 시기에 정화법이 수행자 뿐만 아니라 일반인에게도 큰 인기를 누렸다는 것을 의미할 것이다.[8] 그 이후 박학다식한 학자였던 순다라데바Sundaradeva의 백과사전적 대작인 『하타따뜨바-까우무디』(*Haṭhatattvakaumudī*, HK)는 거의 전적으로 『하타의 보석 목걸이』에 의거해서 여덟 정화법을 설명하고[9] 경우에 따라 『하타의 보석 목걸이』를 언급하며 몇몇 게송을 인용하기도 했다.[10]

『하타의 보석 목걸이』는 요가를 만뜨라, 하타, 라야, 라자요가와 같은

의 아사나를 설명하는데 이 작품에서 설명된 84 아사나는 『하타의 보석 목걸이』와 이질적이다.

6) 정화법은 18세기 문헌인 『게란다상히따』에 의해 칠지 요가의 정식 지분으로 자리 잡게 되었다.

7) 『하타의 등불』은 여섯 정화법을 설명하지만 가자까라니(코끼리 행법)을 별도로 설명하므로 실제로는 일곱 정화법을 설명한 셈인데 『하타의 보석 목걸이』는 여기에 회전정화법을 하나 더 추가하고 또 그것을 가장 중요한 것으로 본다. 또한 『하타의 보석 목걸이』는, 가장 중요한 정화법인 회전정화법을 설명하지 않았다는 이유에서 『하타의 등불』을 비판하기도 한다.

8) 정화법은 18세기 문헌인 『게란다상히따』*Gheraṇḍasaṃhitā*에 이르러 칠지七支 요가의 정식 지분으로 자리 잡았다.

9) "이제 여덟 정화법이 설명된다." athāṣṭakarmāni. HK. VIII. 도입부(HK^L, p.102)

10) "이제 여덟 정화법이 설명된다. 『하타의 보석 목걸이』는 다음과 같이 말했다." tad uktaṃ haṭharatnāvalyām. HK. VIII.3(HK^L. p.102)
"이제 안따라나울리 정화법이 설명된다. 『하타의 보석 목걸이』는 다음과 같이 말했다. … " athāntaranaulikarma. tad uktaṃ haṭharatnāvalyām … HK. VIII.3(HK^L. p.102)

네 종류로 분류하되 그 네 개를 마하요가mahāyoga로 통칭하는데[11] 여기서의 마하요가는 '마음 작용의 지멸'(心作用의 止滅, cittavṛttinirodha. HR. I.7)로 정의된다. 쉬리니바사가, 빠딴잘리의 저술을 잘 알고 있다고 밝혔듯이(HR. I.2) '마음 작용의 지멸'이라는 표현은 의심할 바 없이 『요가경』의 두 번째 경문(sūtra)에 의거한 것으로 판단된다. 하지만 여타의 하타요가 문헌과 마찬가지로 상캬 철학이나 빠딴잘리 요가의 영향은 이 작품에서도 거의 발견되지 않는다.[12]

1. 저자와 성립 시기

이 문헌의 저자는 쉬리니바사 요긴드라Śrīnivāsa Yogīndra 또는 쉬리니바사 브핫따Śrīnivāsa Bhaṭṭa로 알려져 있다.[13] 그는 다수의 필사본에서 '요기'(Yogī, 요가수행자)라는 명칭이 포함된 쉬리니바사 요긴드라Śrīnivāsa Yogīndra, 쉬리니바사 브핫따 요긴드라Śrīnivāsa Bhaṭṭa Yogīndra, 쉬리니바사 브핫따 마하요긴드라Śrīnivāsa Bhaṭṭa Mahāyogīndra 쉬리니바사 요기Śrīnivāsa Yogī, 쉬리니바사 요기쉬바라Śrīnivāsa Yogīśvara 등으로 불렸다는 점에서 『하타의 보석 목걸이』의 저자로서 그는 '요기'라는 단어가 포함된 명칭을 선호했을 것으로 추정된다.

I.2송에 따르면 그의 부친은 저명한 천문학자였던 사라바라Saravara였고 쉬리니바사는 베다를 비롯해서 베단따, 빠딴잘리 요가, 쁘라브하까라 미망사, 바이쉐시까, 니야야, 상캬와 같은 육파 철학뿐만 아니라 문법

11) '마하요가'를 처음으로 언급했던 문헌은 14세기 작품인 『요가의 근본』(*Yogabīja*)이다.

12) 『하타의 보석 목걸이』는 『하타의 등불』을 계승한 하타요가 문헌이면서 동시에 철두철미하게 불이론의 철학을 견지하는 것으로 파악된다.

13) 쉬리니바사 브핫따는 아마도 그가 출생 때 받은 속명으로 짐작되된다.

서와 딴뜨라 등 다방면에 정통한 학자이다. 하지만 쉬리니바사의 생애에 대해 알려진 것은 거의 없다. 로나블라의 그하로떼에 따르면 쉬리니바사는 띠라부흐끄따Tirabhukta 지역에서 활동했던 것으로 알려져 있지만[14] 이 지역이 북인도의 갠지즈 강변인지 또는 남인도 안드라프로데쉬 지역인지는 명확치 않다.[15]

『하타의 보석 목걸이』가 성립된 시기는 웽까따 레디(Vengaka Reddy: 1982, p.10)의 1625~1695년 설이 통용되고 있는데 현재로서는 레디의 견해를 반박할 단서가 발견되지 않는다. 여기서는 다만, 레디의 1625~1695년 설에 덧붙여 성립 시기의 상한선과 하한선을 대략적으로나마 유추해 보고자 한다.

먼저 상한선과 관련해서 언급할 수 있는 것은 쉬리니바사가 스바뜨마라마의 『하타의 등불』(HP)을 언급하고 다수의 게송을 인용했다는 점이다. 『하타의 등불』은 1450년경에 성립되었지만 인도 전역으로 보급된 것은 그로부터 1~2세대 이후일 것이고 문헌적 권위와 대중적 인기를 누리고 베단따 권까지 유입된 것은 그로부터 다시 1~2세대 이후가 될 것이다. 이 점을 고려한다면 『하타의 보석 목걸이』가 성립된 시기의 상한선은 1600년 이전이 될 수 없을 것이다. 성립 시기의 하한선과 관련해서 언급할 수 있는 것은 순다라데바Sundaradeva의 백과사전적 대작 『하타따뜨바-까우무디』(*Haṭhatattvakaumudī*, HTK)가 『하타의 보석 목걸이』를 인용했다는 점이다.[16] 『하타따뜨바-까우무디』는 1700~1800년 무렵에 성립되었으므로 『하타의 보석 목걸이』는 최소 1700년 이전에 성립되었을 것으로 추정된다. 이 점에서 웽까따 레디의 '1625~1695년설'은 유효할 것으로 판단된다.

---

14) Gharote, Devnath, and Jha: 2002, p.xv.

15) 하지만 남인도 필사본이 많다는 점에서 쉬리니바사는 남인도 지역에서 활동했을 것으로 추정된다.

16) 이 점에 대해서는 아래의 위의 각주 9-10을 참조.

2. 철학적 배경

I.2송에 따르면 쉬리니바사는 베단따 등의 육파 철학을 비롯해서, 딴뜨라, 문법서 등 다방면의 학문에 능통했고 특히 니야야Nyāya에 정통했던 것으로 파악된다. 하지만 『하타의 보석 목걸이』에 담긴 내용만 놓고 본다면 그는 논리학자이기보다는 베단따 학자였을 가능성이 더 높을 것으로 추정된다.

먼저 언급할 수 있는 것은 불이론 베단따의 우주론이다. 비록 거의 모든 하타요가 문헌이 친親불이론적 성향을 띠고 있지만 이 작품의 제IV장 후반부(42-63송)는 '타 학파에 대한 비판을 담은 베단따의 단편'이라 해도 과언이 아닐 것으로 판단된다. 쉬리니바사의 타他 학파 비판은 주로 '우주 발생론'(Cosmogony)과 관련되는데 비판의 주요 대상은 바이쉐시까 학파의 '극미'(極微, paramāṇu)와 상캬 학파의 '승인'(勝因, pradhāna, = prakṛti) 그리고 미망사 학파의 거장 만다나 미쉬라Mandana Miśra의 이론이다. 바이쉐시까 학파와 상캬 학파에 대한 비판의 요지는 '극미'와 '승인'이 의식(意識, caitanya)을 결여한 것, 다시 말해서 비의식적非意識的인 물질이므로 '세계의 전개자'(세계의 창조자)가 될 수 없고 따라서 두 이론(승인론, 극미론)을 인정할 수 없다는 것(HR.IV.62)이다. 이와 같은 사유는 거의 전적으로 베단따 학파의 소의 경전인 『브라흐마경』(*Brahmasūtra*, BS) 그리고 특히 샹까라(Śaṅkara, 700-750년 경)의 『브라흐마경 주해』(*Brahmasūtrabhāṣya*, BS-Śbh)에서 전개된 것으로 '의식意識을 결여한'(acetana) 물질적 존재인 극미나 승인이 창조자(또는 세계의 원인)이 될 수 없고 오직 '의식을 지닌 존재인 브라흐만이 세계의 원인'일 뿐이라는 논리를 그대로 계승한 것으로 파악된다. 쉬리니바사도 샹까라와 동일하게 『따이띠리야 우빠니샤드』 II.1을 증거로 제시하며 지혜력(jñānaśakti)와 행위력(kriyāśakti)를 갖춘 '의식적 존재'에 의

해 세계가 전개된다는 것(HR. IV.62)을 말한다.[17]

동일한 이유에서, 쉬리니바사는 '미망사의 만다나 미쉬라Maṇḍana Miśra나 그 추종자들이 이쉬바라(=브라흐만)를 세계의 원인으로 간주하지 않았다'고 비판하는데(HR. IV.59) 이것 역시 '지성을 갖추고 의식을 지닌 존재인 이쉬바라를 세계의 창조자'로 보는 베단따의 입장을 반영한 것으로 보인다. 역자가 아는 한, '우주발생론'(Cosmogony)과 관련해서 타 학파를 비판하는 유일무이한 하타요가 문헌이 『하타의 보석 목걸이』인데 그 내용 자체는 '의식을 지닌 존재가 우주의 창조자라는 것'을 확립하고자 했던 베단따 철학을 반영한 것으로 하타요가와는 관련없는 주제이다.[18] 그럼에도 불구하고 쉬리니바사가 '세계의 원인에 대한 논의와 비판'[19]을 베단따 논서도 아닌 요가서書에서 논의했다는 것은 그가 철두철미한 베단따 학자였다는 것을 재차 반증할 것이다.

또 한가지 언급할 수 있는 것은 베단따의 전문 용어 '마야'māyā이다. 불이론-베단따에서 '마야'는 '무지', '신의 불가사의한 힘', '환영幻影적 창조력', '환영', '허깨비' 등으로 다양하게 사용되었지만 쉬리니바사는 마야를 인식론적인 '무지'(無知, avidyā)의 동의어로 사용하고 있다. 후대의 불이론 학자들이 거의 대부분 마야를 '환영'으로 사용했지만 쉬리니바사는 이례적으로 마야를 '무지'의 동의어로 사용했는데 이것은 샹까라의 용례와 일

17) 쉬리니바사의 논리는, 『따이띠리야 우빠니샤드』는, 우주의 창조자가 '내가 다수가 되리라 …'와 같은 의욕을 일으킨 후에 행위를 하는 의식적 존재(지성을 갖춘 존재)라는 것을 밝히고 있으므로 비의식적 존재인 극미와 원질을 우주의 원인으로 인정하는 바이쉐시까와 상캬의 가르침은 성전(=우빠니샤드)의 가르침에 위배된다는 것이다.

18) 다시 말해서 『하타의 보석 목걸이』 제IV장 후반부는 '앞의 I, II, III장에서 설명했던 하타요가의 수행론과 전혀 이질적인 내용이고 하타요가의 관점에서는 사족에 불과할 뿐이다.

19) 샹까라가 『브라흐마경 주해』(*Brahmasūtrabhāṣya*)에서 가장 공들였던 논의 중 하나가 '상캬Sāṃkhya의 근본원질-원인설을 비판하고 브라흐만-전변설을 확립하는 것'이다.

치한다.[20]

마지막으로 언급할 수 있는 것은, 쉬리니바사가 스바뜨마라마와 『하타의 등불』을 비판했다는 점이다. 천년의 하타요가사에서 '요가의 스승'을 비판하거나 '전대 스승의 작품'을 비판했던 사례는 『하타의 보석 목걸이』가 유일할 것이다.[21] 하타요가 수행자가 존경해야 할 유일한 존재가 '스승'(=눈으로 볼 수 있는 신)이라는 점에서 하타요가 수행자가 스승을 비판했던 것은 대단히 이례적인 것으로 판단된다. 반면, '타 학설에 대한 비판'을 하나의 통과 의례처럼 수반하고, 따라서 비판 정신을 견지할 수밖에 없는 베단따 학자라면 '그 어떤 비판'에도 거리낌 없었을 것이다. 이 점에서 쉬리니바사는 나타-전통(Nāthasampradāya)권에 입문했던 수행자였다기 보다는 베단따 학자이면서 하타요가를 수련했던 것으로 파악된다. 이에 덧붙여 간략히 언급할 것은, 쉬리니바사가 『하타의 등불』을 비판했지만 그 비판은 거의 대부분 '다소간의 오류가 있던 필사본'에 의거한 오해, 다시 말해서 '쉬리니바사가 소장하고 있던 『하타의 등불』 필사본의 오탈자'에 기인한 오해에서 비롯되었다는 점이다.[22] 이것은 쉬리니바사가 '동일 전통권에서 공유되고 있던 정본定本 『하타의 등불』'을 알지 못했거나 홀로 공부했다는 것을 의미할 것이다. 이와 같은 가정이 정당하다면 '쉬리니바사는 비판 정신이 몸에 배인 베단따 학자이지만 당시 유행했던 하

---

20) 한편, 불일불이론(不一不異論, Bhedābheda) 베단따 학파의 브하스까라Bhāskara를 비롯해서 제한불이론(制限不二論, Viśiṣṭādvaita) 베단따 학파의 라마누자Rāmānuja는 샹까라를 마야론자(māyāvādin, 환영론자)로 비판했지만 샹까라가 이 세계를 환영幻影으로 규정한 사례는 발견되지 않는다. 오히려 그 반대로 샹까라는 '이 모든 것이 브라흐만일 뿐이라는 것'을 논증하는데 전력을 다했고 바로 그와 같은 '브라흐만에 대한 앎'을 가리는 무지(=마야)의 메카니즘을 가탁(假託, adhyāsa) 이론으로 밝힌 바 있다.

21) 또한 필자가 아는 한, 타설他說에 대한 비판을 담은 유일한 하타요가서가 『하타의 보석 목걸이』이다.

22) 이 점에 대해서는 아래의 I.50, II.87송을 참조.

타요가를 자연스럽게 수련하며[23] 학자적 관점에서 이 문헌을 작성했던 것'으로 파악된다.

3. 선행 연구

『하타의 보석 목걸이』에 대한 최초의 교정본과 번역본은 1982년 웽까따 레디(M. Venkata Reddy)에 의해 출판되었다. 하지만 이 판본은 학계와 일반인에게도 거의 알려지지 않았고 2002년, 로나블라 요가연구소(Lonavla Yoga Institute)의 그하로떼(M. L. Gharote), 데브나트(Parimal Devnath), 즈하(Vijay Kant Jha)가 새로운 교정본(영역 포함)을 출판함으로써 비로소 그 존재가 알려지게 되었다. 하지만 그 이후, 후속 연구는 거의 진행되지 않았지만 2008년 브핫따짜리야의 간략한 발췌 번역(EnIP, pp. 522-525)이 소개되어 있다.

(1) 산스끄리뜨 교정본과 영어

HR[R] Reddy, M. Venkata (Ed. & Tr.), *Hatharatnavali of Srinivasa Bhatta Mahayogindra : A Late Madieval Treatise on Hathayoga & Tantra (With An Elaborate Introduction, Selected Text, English Translation, Critical Notes, Appendices, and Word Index)*. Secunderabad: Vemana Yoga Research Institute, 1982.

23) 앞의 각주 1을 참조.

(2) 영어 발췌 소개

HR^B Bhattacharya, Ram Shankar.
Encyclopedia of Indian Philosophes Vol. XII.
Delhi: Motilal Banarsidass Publishers, 2008, pp.522-525.

본 번역은 로나블라본(HR^L)을 저본으로 했는데 이 판본은 '웽까따 레디가 의거했던 4개의 필사본'을 포함해서 네팔 주석서 등 11개의 사본에 의거한 교정본이다.

II. 구성

『하타의 보석 목걸이』는 전체 4장에 406개의 게송으로 구성되어 있다. 제I장은 86개의 게송으로 네 종류의 요가를 정의한 후 여덟 정화법을 설명한다. 제II장은 159개의 게송으로 호흡법prāṇāyāma과 무드라mudrā를 설명한다. 현 유포본(Vulgate)에 따르면 『하타의 보석 목걸이』는 여타의 문헌과 달리 아사나(āsana, 좌법과 체위)를 호흡법과 무드라 다음 편인 제III장(전체97송)에서 다루고 있는데 후술하겠지만, 아마도 제II장과 제III장의 순서가 바뀐 것으로 판단된다.[24] 마지막 IV장은 모두 64개의 게송으로 구성되었으며 삼매 및 명상법을 간략히 설명한 후 불이론 베단따의 입장에서 타 학파를 간략히 비판한다.

세부적인 주제와 구성은 다음과 같다.

---

24) 제II장과 제III장의 순서가 바뀌었음을 보여주는 다수의 증거들이 발견되지만 '필사본과 같은 물리적 증거'는 아직 발견되지 않는다. 따라서 여기서는 유포본의 순서대로 번역했다.

첫 번째 가르침: 86송

I. 1	귀경게	
I. 2-5	저자, 저술 동기와 목적	
I. 6	요가의 목표	
I. 7-8	마하요가	Māhayoga
I. 9	만뜨라요가	Mantrayoga
I. 10-13	라야요가	Layayoga
I. 14-17	라자요가	Rājayoga
I. 18-22	하타요가	Haṭhayoga
I. 23-25	수행에 대한 당부	
I. 26-28	여덟 정화법	Aṣṭakarma
I. 29-32	회전 정화법	Cakrikarma
I. 33-36	복부 회전법	Nauli
I. 37-39	위 청소법	Dhauti
I. 40-42	코 청소법	Neti
I. 43-50	관장법	Basti
I. 51-53	코끼리 행법	Gajakaraṇī
I. 54-55	응시법	Trāṭaka
I. 56	정뇌 풀무법	Kapālabhastrikā
I. 57-58	머리 회전법	Mastakabhrānti
I. 59	하타요가에 성공한 증표	
I. 60-61	호흡수련의 효과	
I. 62-64	여덟 정화법과 짜끄라 정화	
I. 65	여섯 짜끄라Cakra와 그것을 초월한 경지	
I. 66-79	수련터, 음식, 주의 사항	
I. 80-84	하타요가의 계보	

I. 85-86	정화법의 중요성

두 번째 가르침: 159송

II. 1-4	꿈브하까 수련의 목적
II. 5-6	꿈브하까의 종류
II. 7-9	꿈브하까의 원칙
II. 10-12	태양관통 Sūryabheda 꿈브하까
II. 13-15	승리 Ujjāyī 꿈브하까
II. 16-18	싯-소리 Sītkāra 꿈브하까
II. 19-20	냉각 Śītalī 꿈브하까
II. 21-25	풀무 Bhastrikā 꿈브하까
II. 26	벌소리 Bhrāmarī 꿈브하까
II. 27	실신 Mūrccha 꿈브하까
II. 28-30	께발라꿈브하까 Kevalakumbhaka
II. 31	뱀 행법 Bhujaṅgakaraṇī, Bhugaṅikaraṇa
II. 32-35	열 무드라Mudrā의 명칭과 효과
II. 36-42	마하무드라 Mahāmudrā
II. 43-46	마하반드하 Mahābandha
II. 47-52	마하베드하 Mahāvedha
II. 53-57	웃디야나반드하 Uḍḍiyānabandha
II. 58-65	물라반드하 Mūlabandha
II. 66-67	잘란드하라반드하 Jālandharabandha
II. 68-71	세 반드하의 동시 실행
II. 72-79	도립행 무드라 Karaṇīviparītākhyā
II. 80-93	바즈롤리Vajrolī의 예비작법

II. 94-105	남성의 바즈롤리
II. 106-109	여성의 바즈롤리
II. 110-112	주의 사항과 효과
II. 113-117	사하졸리Sahajolī와 아마롤리Amarolī
II. 118-127	샥띠 자극 Śakticālana
II. 128-159	케짜리 Khecarī

세 번째 가르침: 97송

III. 1	팔지요가에 의한 요가의 성취	
III. 2-3	정신적 니야마	
III. 4	신체적 니야마	
III. 5-6	아사나의 두 전통	
III. 7-20	여든네(84) 아사나의 목록	
III. 21-24	핵심적인 네(4) 가지 아사나	
III. 25	달인	Siddha ①
III. 26-29	달인	Siddha ②
III. 30	행운	Bhadra
III. 31-33	사자	Siṃha
III. 34-35	결박 연화	Bandhapadma
III. 36-48	손 펼침 연화	Karapadma
III. 39-41	반구半球 연화	Saṃpuṭitapadma
III. 42-43	몸통 공작	Daṇḍamayūra
III. 44	비튼 공작	Pārśvamayūra
III. 45	결박 공작	Bandhamayūra
III. 46	깃봉 공작	Piṇḍamayūra

III. 47	한발 공작	Ekapādamayūra
III. 48	브하이라바	Bhairava
III. 49	까마다하나	Kāmadahana
III. 50	손그릇	Pāṇipātra
III. 51	활	Kārmuka, =Dhanus
III. 52	길상	Svastika
III. 53	소얼굴	Gomukha
III. 54	영웅	Vīra
III. 55	개구리	Maṇḍūka
III. 56	원숭이	Markaṭa
III. 57-58	맛첸드라	Matsyendra ①
III. 59	맛첸드라	Matsyendra ②
III. 60	맛첸드라	Matsyendra ③
III. 61-62	무소연	Nirālambana
III. 63	태양숭배Saura =달숭배Candra	
III. 64	한 발로 머리감싸기 Ekapādaka	
III. 65	뱀의 왕	Phaṇīndra
III. 66-67	등 펴기	Paścimatāna, Paścimaṃtāna
III. 68	누운 등 펴기	Śyitapaścimatāna
III. 69	변형 등 펴기	Vicitrakaraṇī
III. 70	요가니드라	Yoganidrā
III. 71	물결	Vidhūna, Dhūna
III. 72	한 발 압박	Pādapīḍana
III. 73	수탉	Kukkuṭa
III. 74	누운 거북	Uttānakūrma
III. 75	전갈	Vṛścika

III. 76	송장	Śava
III. 77-78	호흡 수련의 중요성, 호흡 수련의 권유	
III. 79-82	호흡 수련의 동기	
III. 83	호흡 수련의 자세	
III. 84-86	나디 정화법	
III. 87-93	호흡 수련의 주의 사항	
III. 94-97	호흡 수련의 효과	

네 번째 가르침: 64송

IV. 1-3	삼매에 대한 정의
IV. 4-16	비음 명상
IV. 17	요가의 네 단계
IV. 18-19	시작Ārambha 단계
IV. 20-21	확립Ghaṭa 단계
IV. 22-23	축적Paricaya 단계
IV. 24	완성Niṣpatti 단계
IV. 25	참된 스승
IV. 26-30	운마니, 샴브하비, 케짜리, 마논마니
IV. 31-41	몸에 대한 앎(나디 등)
IV. 42	오분결합
IV. 43-52	최고의 경지
IV. 53-55	제諸학파에서 상정하는 원리
IV. 56-64	세계의 원인

위의 구성표에서 알 수 있듯이 『하타의 보석 목걸이』는 다소 특이하

게 ① 정화법 ② 호흡법과 무드라 ③ 아사나 ④ 명상 순으로 하타요가의 기법을 설명하는데 이것은 하타요가 문헌의 일반적 순서와 다른 것으로 판단된다. 『하타의 등불』 등 대부분의 문헌은 제일 먼저 아사나를 설명한 후 호흡법과 무드라를 차례대로 설명하지만 현 유포본(vulgate) 『하타의 보석 목걸이』는 호흡법과 무드라를 설명한 후에 아사나를 설명하고 있다. 『하타의 보석 목걸이』가 의도적으로 호흡법과 아사나의 순서를 바꾸었을 가능성도 있지만 이것은 하타요가의 수행 순서와 어긋나므로 제II장과 제III장의 순서가 바뀐 것으로 판단된다.

첫 번째 근거는, 『하타의 보석 목걸이』 역시 『하타의 등불』과 마찬가지로 아사나를 하타요가의 '첫 번째 지분'prathamāṅga으로 간주하고 있기 때문이다. 『하타의 보석 목걸이』에 따르면 정화법은 필수적인 작법이지만 사지요가의 정식 지분이 아니라 예비적인 작법이고 따라서 아사나가 첫 번째 지분이므로 아사나는 제2장에서 설명되어야 할 것으로 판단된다. 또한 『하타의 보석 목걸이』는 제III장에서 아사나를 모두 설명한 후 '이제, 호흡을 수련해야 할 것'을 당부한다는 점에서 아사나에 대한 가르침은 호흡에 대한 가르침 이전에 있어야 할 것으로 파악된다.

III. 수행 체계

1. 아사나Āsana

아사나는 사지四支 하타요가, 육지六支 하타요가의 '첫 번째 지분'(prathamāṅga)이고 칠지七支 하타요가의 두 번째 지분이며 팔지八支 하타요가의 세 번째 지분으로 요가의 모든 행법들 중에서 가장 기본이 되는 기법이다.[25] 하지만 『불멸의 성취』(AS, 11세기), 『아마라우그하의 자각』(AP, 12-14세기), 『달의 시선』(CA, 13세기) 등과 같은 초기 문헌들은 아사나를 언급하지 않았고 11-13세기 작품인 『고락샤의 백송』(GŚ, I.8-9)에 이르러 달인좌와 연화좌라는 두 좌법이 '육지요가의 정식 지분 중 하나인 아사나'로 등정하였다. 『고락샤의 백송』은 '8,400,000개의 아사나 중에서 쉬바가 84개의 아사나를 선별했다'는 하타요가의 전설적인 84 아사나설說을 언급했던 최초의 문헌이기도 한데 바로 이 '84 아사나설說'은 그 이후 『요가의 성전』(DyŚ. 34), 『쉬바상히따』(ŚS. II.96), 『하타의 등불』(HP.I.33-34), 『하타의 보석 목걸이』(HR. III.7-8), 『게란다상히따』(GhS. II.1-2) 등에서 거의 유사한 형태로 반복되었다.[26] 하지만 『하타의 보석 목걸이』 이전의 어떤 작품에서도 '84 아사나의 명칭이나 목록'은 발견되지 않는다. 『고락샤의 백송』은 84개의 아사나 중에서 연화좌(padmāsana)와 달인좌(siddhāsana)가 중요하다는 것을 밝히고 『요가의 성전』은 84 아사나 중에서 연화좌가 중요하다는 것을, 그리고 『쉬바상히따』는 84 아사나 중에서 네 개의 아사나를 설명했을 뿐이다. 하타요가의 수행 체계를 정립했던 『하타의 등불』(HP, 1450년경) 역시 '쉬바가 84개의 아사나를 선별했다는 것'을 밝히지만 그중에서 중요한 것이 4개이고, 4개 중에서도 달인좌가 가장 중요하다는 것을 밝힌다. 이 점에서 '84 아사나설'의 진의는 '8,400,000개의 아사나 중에서 쉬바가 84를 선별(설명)했다는 것'을 밝히는 데 초점이 있는 것이 아니라 '쉬바가 선별한 84개 중에서도 달인좌가 가장 중요하다는 것'을 강조하기 위한 것으로 판단된다.[27]

---

25) 초기 문헌인 『고락샤의 백송』(GŚ, 11-13세기)은 육지요가를 취하고 『요가의 성전』(DyŚ, 13세기)는 두 유형의 팔지요가 체계를 취하며 『쉬바상히따』(ŚS, 14세기)와 『하타의 등불』(HP, 1450년경)은 사지요가 체계를 취하고 『게란다상히따』(GhS, 18세기)는 칠지요가 체계를 취하고 있다. 16세기 이후의 박학다식한 학자들의 백과사전적 대작들은 대체로 팔지요가로 하타요가와 빠딴잘리요가를 종합하고 있다. 이 점에 대해서는 박영길(2019), pp.74-98을 참조.

26) 이 점에 대해서는 아래의 III.7송에 대한 해설을 참조.

『하타의 보석 목걸이』도 『하타의 등불』을 비롯한 전대 문헌과 동일하게 쉬바가 선별한 84 아사나 중에서 달인좌가 가장 중요하다는 것을 밝히고 있지만 84 아사나의 목록을 제시했다는 점에서 여타의 문헌과 구별된다. 물론 84 아사나 중에서 실제로 설명된 것은 37개이지만 이 숫자는 그 당시까지의 산스끄리뜨 문헌 중에서 가장 많은 것이다.

『하타의 보석 목걸이』에서 설명된 37아사나는 다음과 같다.

27) 84 아사나와 핵심적인 아사나를 도표로 정리하면 다음과 같다.

<table>
<tr><th colspan="8">쉬바가 가르친(선별한) 아사나의 수와 중요한 아사나</th></tr>
<tr><th>문헌</th><th>전체 아사나</th><th>쉬바가 선별한 아사나</th><th colspan="4">중요한 아사나</th><th>특히 중요한 아사나</th></tr>
<tr><td>GŚ 11-13th</td><td>8,400,000</td><td>84</td><td colspan="5">2 달인, 연화</td></tr>
<tr><td>DyŚ 13th</td><td>8,400,000</td><td>1</td><td colspan="5">1 연화</td></tr>
<tr><td>ŚS 14th</td><td colspan="2">84</td><td colspan="5">4 연화, 달인, 길상, 등펴기</td></tr>
<tr><td>HP 1450</td><td>8,400,000</td><td>84</td><td colspan="3">4 달인, 연화, 사자, 행운</td><td>→</td><td>1 달인</td></tr>
<tr><td>YD 1623</td><td>8,400,000</td><td>84</td><td colspan="3">4 달인, 연화, 사자, 행운</td><td>→</td><td>1 달인</td></tr>
<tr><td>HR 17th</td><td>8,400,000</td><td>84</td><td>10*</td><td>→</td><td>4 달인, 연화, 사자, 행운</td><td>→</td><td>1 달인</td></tr>
<tr><td>GhS 18th</td><td colspan="2">8,400,000</td><td colspan="3">84</td><td>→</td><td>32**</td></tr>
<tr><td colspan="8">10* : 길상svastika, 소얼굴gomukha, 연화padma, 영웅vīra, 달인siddha, 공작mayūra, 수탉kukkuṭa, 행운bhadra, 사자siṃha, 해탈 mukta
32** : 『게란다상히따』 II. 3-6송을 참조.
GGŚ Gorakṣaśataka DyŚ Dattātreya's Yogaśāstra
ŚS Śivasaṃhitā HP Haṭhapradīpikā
YD Yuktabhavadeva HR Haṭharatnāvalī
GhS Gheraṇḍasaṃhitā</td></tr>
<tr><td colspan="8">본 도표는 박영길: 2022b, p. 153의 도표를 재가공한 것임</td></tr>
</table>

『하타의 보석 목걸이』에서 설명된 37 아사나					
번호	명칭 (세부 분류)			게송	비고
1 [1]	달인 Siddha			III.25-26	=HP
2 [2]	행운 Bhadra			III.30	=HP
3 [4]	사자 Siṃha			III.32-33	=HP
4 [6]	연화	① 결박 연화 Bandhapadma	=HP	III.34	=HP
	연화	① 결박 연화 Bandhapadma	=YY	III.35	=YY
5 [7]	연화	② 손펼침 연화 Karapadma		III.36-38	=HP
6 [8]	연화	③ 반구半球 연화 Saṃpuṭitapadama		III.39-41	=HP
7 [10]	공작	① 몸통 공작 Daṇḍamayūra		III.42-44	=HP
8 [11]	공작	② 비튼 공작 Pārśvamayūra		III.44	
9 [13]	공작	③ 결박 공작 Bandhamayūra		III.45	
10 [14]	공작	④ 깃봉 공작 Piṇḍamayūra		III.46	
11 [15]	공작	⑤ 한발 공작 Ekapādamayūra		III.47	
12 [16]	브하이라바 Bhairava			III.48	
13 [17]	사랑의 불 Kāmadahana			III.49	
14 [18]	손그릇 Pāṇipātra			III.50	
15 [19]	활 Kārmuka			III.51	=HP
16 [20]	길상 Svastika			III.52	=HP
17 [21]	소얼굴 Gomukha			III.53	=HP
18 [22]	영웅 Vīra			III.54	=HP
19 [23]	개구리 Maṇḍūka			III.55	GhS

20 [24]	원숭이 Markaṭa		III.56	
21 [25]	맛첸드라	① 맛첸드라 Matsyendra	III.57-58	=HP
22 [26]		② 비튼 맛첸드라 Pārśvamatsyendra	III.59	
23 [27]		③ 결박 맛첸드라 Baddhamatsyendra	III.60	
24 [28]	무소연 Nirālambana		III.61-62	
25 [29]	달숭배 Candra		III.63	
26 [31]	한 발로 머리감싸기 Ekapādaka		III.64	
27 [32]	뱀의 왕 Phaṇīndra		III.65	
28 [33]	등 펴기	① 등 펴기 Paścimatāna	III.66-67	=HP
29 [34]		② 누운 등 펴기 Śayitapaścimatāna	III.68	
30 [35]		③ 변형 등 펴기 Citrakaraṇī	III.69	
31 [36]	요가니드라 Yoganidrā		III.70	
32 [37]	물결 Vidhūnana		III.71	
33 [39]	한발 압박 Pādapīḍana		III.72	
34 [44]	전갈 Vṛścika		III.75	
35 [47]	누운 거북 Uttānakūrma		III.74	=HP
36 [56]	수탉 Kukkuṭa		III.73	=HP
37 [84]	송장 Śava		III.76	=HP

윗첨자의 작은 번호: 84아사나 목록의 번호

HP: 『하타의 등불』 =박영길2015
GhS: 『게란다상히따』 =박영길2022b

『하타의 보석 목걸이』에서 설명된 37 아사나 중에서 16개는 『하타의 등불』에서 설명된 것과 동일하고 2개는 『요가야갸발꺄』와 『게란다상히따』에서 설명된 것과 거의 동일하며 나머지 19개는 그 이전의 작품에서 설명되지 않은 기법들이다.

2. 호흡법(Prāṇāyāma)

쁘라나야마Prāṇāyāma는 'prāṇa'(호흡, 기력, 숨)와 'āyāma'(멈춤)가 결합된 복합어이다. 따라서 prāṇāyāma는 '호흡의 멈춤'을 의미하는데 바로 이 '호흡의 멈춤'(prāṇāyāma)에는 ① '들숨 후 그 숨을 멈추는 것'(숨을 복부에 채움), ② '날숨 후 그 숨을 멈추는 것'(숨을 내쉰 후 진공 상태를 유지하는 것) 그리고 ③ '숨이 멈춰진 상태(즉 ① 또는 ②의 상태)가 지속되는 것'과 같은 세 종류가 있다. 하타요가 문헌은 ①을 뿌라까-쁘라나야마(pūraka-prāṇāyāma, 들숨 후 호흡의 멈춤)로 부르고 ②를 '레짜까-쁘라나야마'(recaka-prāṇāyāma: 날숨 후 호흡의 멈춤)로, 그리고 ③을 '꿈브하까-쁘라나야마'(kumbhaka-prāṇāyāma: 멈춤 후 호흡의 멈춤)로 부른다.

하지만 세 유형의 쁘라나야마 중에서 실제로 하타요가 문헌이 설명하는 것은 ① '뿌라까-쁘라나야마'(들숨 후 호흡의 멈춤)인데 바로 이것은 '꿈브하까'(kumbhaka: 들숨 후 그 숨을 멈춤)로 불린다. 태양관통-꿈브하까, 풀무-꿈브하까 등 하타요가 문헌에서 설명된 다양한 꿈브하까들은 '들숨 후 그 숨을 참는 것' 즉 ① '뿌라까-쁘라나야마' 유형에 속한다는 점에서 동일하고 다만 숨을 마시는 방법과 내쉬는 방법에 따라 구별된다. 반면 ②의 '레짜까-쁘라나야마'는 이론상으로만 존재할 뿐이다. ③의 '꿈브하까-쁘라나야마'는 풀무 등과 같은 다양한 꿈브하까(=①뿌라까-쁘라나야마)에 의해 도달된 경지이다. 꿈브하까-쁘라나야마는 '꿈브하까'(kumbhaka,

들숨 후 멈춤)와 '쁘라나야마'(prāṇāyāma, 호흡의 멈춤)이 결합된 복합어이므로 '숨을 마시고 참은 후(kumbhaka) 그 숨이 계속 멈춰지고 있는 상태'(prāṇāyāma)를 의미한다. 다시 말해서 꿈브하까-쁘라나야마의 시작始作 시점은 '들숨 후 그 숨을 참고 있는 상태'이고 바로 그 숨을 참고 있는 상태가 연장되는 것을 의미하다. 따라서 꿈브하까-쁘라나야마는 숨을 마시는 행위와 내쉬는 행위가 배제되고 순순히(kevala) 호흡의 멈춤(prāṇāyāma)만 있을 뿐이므로 '순수-꿈브하까', 즉 께발라-꿈브하까로 불린다.[28]

꿈브하까의 세부 기법은 14세기 문헌인 『요가의 근본』(YB)에서 처음 설명되었고[29] 그 이후 『하타의 등불』에서 여덟 꿈브하까 체계로 정립되었다. 『하타의 등불』은 꿈브하까의 유형을 크게 사히따-꿈브하까와 께발라-꿈브하까로 분류한 후 태양관통, 승리, 풀무, 냉각, 싯소리, 벌소리, 실신, 부양을 사히따-꿈브하까로 통칭하고 이 여덟 꿈브하까에 의해 도달된 경지를 께발라-꿈브하까로 분류하고 있다. 하지만 『하타의 보석 목걸이』는 꿈브하까의 유형을 사히따-꿈브하까와 께발라-꿈브하까로 나누지 않고 전체 아홉 꿈브하까를 설명하는데 이것은 『하타의 등불』에서 설명된 부양-꿈브하까가 누락되고 대신 뱀-꿈브하까를 추가하고 여기에 께발라-꿈브하까를 아홉 꿈브하까에 포함시킨 것이다.

두 문헌의 체계를 비교하면 다음과 같다.

---

28) 께발라-꿈브하까는 『하타의 보석 목걸이』를 비롯해서 『요가의 성전』(DyŚ), 『샤릉가드하라 선집』(ŚP), 『요가야갸발꺄』(YY), 『하타의 등불』(HP), 『월광』(HP-Jt), 『꿈브하까 편람』(KP), 『육따브하바데바』(YD) 등에서 설명되었는데 그 내용은 거의 동일하다. 께발라-꿈브하까에 대한 논의는 박영길(2023a), pp.9-48을 참조.

29) 『요가의 근본』은 태양관통, 풀무, 승리, 냉각, 풀무와 같은 네 꿈브하까를 설명하고 그것을 사히따-꿈브하까로 통칭했다. 이 점에 대해서는 박영길(2019), pp.684-687을 참조.

『하타의 보석 목걸이』와 『하타의 등불』의 꿈브하까

『하타의 보석 목걸이』(HR)	『하타의 등불』(HP)	
① 태양관통 꿈브하까 Sūryabhedana	I. 사히따 꿈브하까 Sahita-Kumbhaka	① 태양관통 꿈브하까 Sūryabhedana
② 승리 꿈브하까 Ujjāyī		② 승리 꿈브하까 Ujjāyī
③ 싯-소리 꿈브하까 Sītkārī		③ 싯-소리 꿈브하까 Sītkārī
④ 냉각 꿈브하까 Śītalī		④ 냉각 꿈브하까 Śītalī
⑤ 풀무 꿈브하까 Bhasatrikā		⑤ 풀무 꿈브하까 Bhasatrikā
⑥ 벌소리 꿈브하까 Bharāmarī		⑥ 벌소리 꿈브하까 Bharāmarī
⑦ 실신 꿈브하까 Mūrcchā		⑦ 실신 꿈브하까 Mūrcchā
-		⑧ 부양 꿈브하까 Plavinī
⑧ 께발라 꿈브하까 Kevala-kumbhaka	II. 께발라 꿈브하까 Kevala-kumbhaka	
⑨ 뱀 꿈브하까 Bhujaṅgīkaraṇī	-	

『하타의 보석 목걸이』에서 설명된 뱀-꿈브하까는 그 이전 문헌에서 발견되지 않는 기법인데 후대 문헌인 『게란다상히따』(GhS. III.92)에서 설명된 뱀–무드라(bhujaṅgīmudrā)와 유사한 것으로 파악된다.

3. 무드라Mudrā

무드라는 초기 문헌인 『불멸의 성취』(AS, 11세기)를 비롯해서 『고락샤의 백송』(GŚ, 11-13세기), 『아마라우그하의 자각』(AP, 12-14세기) 등에서 설명되었고 그 이후 『요가의 성전』(DyŚ, 13세기)에 의해 ① 마하무드라, ② 마하반드하와 마하베드하, ③ 케짜리 무드라, ④ 잘란드하라반드하, ⑤ 웃디야나반드하, ⑥물라반드하, ⑦ 도립, ⑧ 바즈롤리(사하졸리, 아마롤리)와 같은 여덟 무드라 체계로 정비되었다.[30] 그 이후 『하타의 등불』은 『요가의 성전』에 의거해서 여덟 무드라의 기법을 정립했는데 『하타의 등불』에서 설명된 기법은 『육따브하바데바』(YD, 17세기)를 비롯해서 『하타의 보석 목걸이』(HR) 등에 거의 그대로 인용되었다.

<table>
<tr><th colspan="8">주요 문헌의 무드라</th></tr>
<tr><th>No.</th><th>HR
17th</th><th>AS
11th</th><th>GŚ
11-13th</th><th>DyŚ
13th</th><th>ŚS
14th</th><th>HP
1450</th><th>GhS
18th</th></tr>
<tr><td>1</td><td>마하무드라
Mahāmudrā</td><td>O</td><td>O</td><td>O</td><td>O</td><td>O</td><td>$O^{=HP}$</td></tr>
<tr><td>2</td><td>마하반드하 무드라
Mahābandhamudrā</td><td>O</td><td></td><td rowspan="2">O</td><td>O</td><td>O</td><td>$O^{=HP}$</td></tr>
<tr><td>3</td><td>마하베드하 무드라
Mahāvedhamudrā</td><td>O</td><td></td><td>O</td><td>O</td><td>$O^{\neq HP}$</td></tr>
<tr><td>4</td><td>웃디야나반드하 무드라
Uḍḍīyānabandhamudrā</td><td></td><td>O</td><td>O</td><td>O</td><td>O</td><td>$O^{=HP}$</td></tr>
<tr><td>5</td><td>물라반드하 무드라
Mūlabandhamudrā</td><td></td><td>O</td><td>O</td><td>O</td><td>O</td><td>$O^{=HP}$</td></tr>
<tr><td>6</td><td>잘란드하라반드하 무드라
Jalandharabandhamudrā</td><td></td><td>O</td><td>O</td><td>O</td><td>O</td><td>$O^{=HP}$</td></tr>
<tr><td>7</td><td>도립 무드라
Viparītakarīmudrā</td><td></td><td>O_p</td><td>O</td><td>O</td><td>O</td><td>$O^{=HP}$</td></tr>
<tr><td rowspan="3">8</td><td>바즈롤리 무드라
Vajrolīmudrā</td><td></td><td></td><td>O</td><td>O</td><td>O</td><td>$O^{\neq HP}$</td></tr>
<tr><td>사하졸리 무드라
Sahajolīmudrā</td><td></td><td></td><td></td><td>O</td><td>O</td><td>-</td></tr>
<tr><td>아마롤리 무드라
Amarolīmudrā</td><td></td><td></td><td></td><td>O</td><td>O</td><td>-</td></tr>
</table>

30) 이 점에 대해서는 박영길(2013b), pp.210-213을 참조.
또한 무드라의 종류에 대해서는 박영길 2019, pp.128-129를 참조.

9	샥띠 자극 무드라 Śakticālanīmudrā				O	O	$O^{\neq HP}$
10	케짜리 무드라 Khecarīmudrā		O	O	O	O^{Kh-2}	$O^{=HP}$

그 이후, 18세기에 성립된 『게란다상히따』는 25개의 무드라를 설명하는데 그중에 마하무드라, 웃디야나, 물라반드하, 잘란드하라반드하, 마하반드하, 케짜리, 도립, 샴브하비 무드라는 『하타의 등불』에 의거하고 있고 마하베드하, 바즈롤리, 요니, 샥띠 자극 무드라의 경우, 명칭은 동일하지만 기법은 다르고 그 외에 암말, 개구리, 코끼리, 연못, 허공, 새끼줄, 까마귀, 뱀, 오대 응념 무드라는 『게란다상히따』 특유의 행법이다.[31)]

한편, 『하타의 보석 목걸이』에서 설명된 열 무드라는 거의 대부분 『하타의 등불』에서 설명된 것과 동일하다. 하지만 바즈롤리와 케짜리의 경우, 여타의 문헌에서 발견되지 않는 독창적인 내용도 발견되는데 이와 관련된 게송을 정리하면 다음과 같다.

바즈롤리 Vajrolī	예비 작법	II.80^{ab}	-	DyŚ. 150^{cd}
		II.80^{cd}	-	DyŚ. 151^{ab}
		II.81^{ab}	-	DyŚ. 151^{cd}
		II.81^{cd}-82	-	
	① 남성의 바즈롤리	II.83-85	-	
		II.86*	III.86	
		II.87-95	-	
		II.96-98	III.87-90	
		II.99-105	-	
	② 여성의 바즈롤리	II.106-107	-	
		-	III.99	
		II.108^{ab}	III.100^{cd}	
		II.108^{cd}	III.101^{ab}	
		II.109^{ab}	III.101^{cd}	
		II.109^{cd}	-	

31) 이 점에 대해서는 박영길(2023b), p.211을 참조.

케짜리 khecarī	II.128-135	-	
	II.136	III.34	
	II.137	-	
	II.138	III.32	

4. 명상(Dhyāna)

『요가야갸발꺄』(YY), 『쉬바상히따』(ŚS), 『하타의 등불』(HP) 등에서 다양한 명상법이 설명되었지만 『하타의 보석 목걸이』는 '비음 명상'(nādānusaṃdhāna) 하나만을 비교적 간략히 설명하고 있다.[32][33]

'소리'(nāda, ninādа)와 관련된 명상은 『불멸의 성취』(AS), 『아마라우그하의 자각』(AP)과 같은 초기 문헌에서도 언급되기도 했지만 비음 명상법으로 체계화된 것은 『하타의 등불』(HP)에 의해서이다. 하지만 『하타의 등불』 이후 비음 명상을 설명했던 문헌은 드물다. 베단따 권에서 작성된 『요가의 은하수』(YT)가 비음 명상을 간략히 언급했고 『하타의 보석 목걸이』(HR)는 거의 전적으로 『하타의 등불』을 요약해서 비음 명상을 설명하고 있다.

『하타의 등불』과 『하타의 보석 목걸이』에 따르면 비음 명상은 '부딪치지 않고(anāhata) 울리는 소리'를 듣고 그 소리에 집중하는 기법인데 비음 명상의 궁극적 목표는 소리마저 소멸시킴으로써 '소리에 묶인 마음'까지 소멸시키는 것이다.

---

32) 『하타의 등불』은 '네 번째 가르침'(caturthopadeśa)의 제목을 '삼매'(samādhi)로 불렀지만 『하타의 보석 목걸이』는 '네 번째 가르침'의 제목을 달지 않았고 삼매, 명상뿐만 아니라 오분결합, 스승관, 우주론 등 다양한 주제를 다루고 있다.

33) 『하타의 보석 목걸이』는 '『하타의 등불』에서 설명된 운마니 명상, 케짜리 명상, 샴브하비 명상'과 관련된 게송을 인용하기도 했지만 비음 명상 하나만 간략히 설명한다.

5. 기타: 여덟 정화법(Aṣṭakarma)

정화법은 『하타의 등불』(HP, 1450년경)에 의해 처음으로 하타요가의 기법으로 편입되었다. 하지만 『하타의 등불』의 경우, 정화법은 아사나, 호흡법, 무드라, 명상(삼매)로 구성된 사지 요가의 정식 지분은 아니었고 호흡수련을 위한 예비 작법이었으며 지나치게 비만이 아닌 이상 생략해도 무방한 것이었다. 하지만 『하타의 보석 목걸이』는 이러한 견해를 비판하고 정화법의 중요성을 역설하며 모두 여덟 개의 정화법을 설명한다. 여덟 정화법 중에서 쉬리니바사 요기가 특히 중요시하는 것은 회전(Cakri) 정화법인데, 그는 『하타의 등불』이 회전 정화법을 설명하지 않았다는 이유에서 비판을 하기도 했다.

『하타의 보석 목걸이』에서 설명된 여덟 정화법의 세부 기법 및 효과를 정리하면 다음과 같다.

『하타의 보석 목걸이』: 여덟 정화법			
명칭	세부분류	효과1 : 치유	효과 2: 정화
1. 회전법 Cakri		항문질환, 헛배 부른 병, 위장비대 치유, 몸의 청정, 소화의 불 증대	아드하라 짜끄라 정화
2. 복부회전 Naulī	① 브하리 Bhārī	소화력 촉진, 행복감, 체질 부조화로 생긴 질병 소멸	마니뿌라 짜끄라 정화
	② 안따라 Antarā		
3. 위청소법 Dhauti		소화의 불 증대, 기침과 천식, 비장비대, 나병, 까파로 인한 20가지의 질병소멸	아나하따, 비슛드하 정화
4. 코청소법 Neti		머리가 맑아짐, 천안통, 어깨 위쪽의 질병 소멸	아갸 짜끄라 정화

5. 응시법 Trāṭaka		눈병, 나른함 제거	아갸 짜끄라 정화
6. 관장법 Basti	① 건식법 Vāyubasti	기침, 천식, 비장비대, 나병 및 점액질 과잉으로 인한 20가지 질병 등	온몸의 정화
	② 습식법 Jalabasti		
7. 정뇌법 Kapāla-Bhastrī	① 정뇌 풀무법 Kapālabhastrī 들숨과 날숨의 급격한 반복	모든 질병의 제거	온몸의 정화
	② 머리 회전법 Mastakabhrānti 머리를 좌우로 흔듦	까파도샤, 삐따도샤가 제거, 물-요소에 의한 질병 제거, 두개골이 정화, 브라흐마 짜끄라의 청정	
8. 코끼리행법 Gajakaraṇī	① 위속의 음식 토함	-	-
	② 참깨, 설탕을 혼합한 물 또는 코코넛즙을 마셔서 목까지 채움	-	

제2부
운율 체계

न दृष्टिलक्ष्याणि न चित्तभंघो ।
न देशकालौ न च वायुरोधः ।
न धारणाध्यानपरिश्रमो ।
वा समेधमाने सति राजयोगे ॥१५

na dṛṣṭilakṣyāṇi na cittabhaṅgho
na deśakālau na ca vāyurodhaḥ|
na dhāraṇādhyānapariśramo
vā samedhamāne sati rājayoge‖I.15

라자요가의 경지에서는 '눈으로 볼 수 있는 대상들'도 없고 '마음의 속박'도 없고 시간과 공간도 없으며 '숨을 멈추는 것'도 없고 응념과 선정의 고단함도 없다. (제1장 15송)

운율 체계

제2부 운율 체계

『하타의 보석 목걸이』는 전체 406송으로 구성되었으며 모두 열 세 종류의 운율이 사용되었다. 그 중에서 370송이 8음절 4구의 아누쉬뚭-쉴로까(anuṣṭup-śloka) 운율로 작성되었고 나머지는 인드라바즈라를 비롯한 동일 운율(samavṛtta), 말라브하리니를 비롯한 교차 운율(ardhasamavṛtta) 그리고 자띠Jāti 시형의 아리야 등으로 작성되었다. 406개의 게송 중에서 한 개의 게송(I.74송)은 원문이 모호하고 운율의 형태가 파악되지 않는다.

I. 아누쉬뚭-쉴로까Anuṣṭup-śloka: 370송

전체 406송 중에서 절대 다수를 차지하는 370송이 8음절 4구의 아누쉬뚭-쉴로까[1] 운율로 작성되었다. 370송 중에서 284송은 이른바, 전형적

1) 여기서의 아누쉬뚭-쉴로까는 '리그베다의 뿌루샤 찬가 등에서 사용된 베딕 아누쉬뚜브 운율에 기반을 둔 운율로 고전 산스끄리뜨에서 가장 널리 사용된 아누쉬뚜브' 운율을 의미한다. 『찬다흐샤스뜨라』*Chandaḥśāstra*, 『브릿따라뜨나까라』*Vṛttaratnākara*, 『찬도망자리』*Chandomañjarī* 등의 운율서에 따르면 이 운율은

인 아누쉬뚭-쉴로까로 알려진 '기본형'(pathyā)이고 나머지 85송(87구)[2]은 허용 가능한 형식이라 할 수 있는 '비뿔라'vipulā이다.

아누쉬뚭-쉴로까는 4구가 각각 8음절로 구성되었지만 네 구의 장단 구조가 모두 다른 불규칙 시형이다. 따라서 이 운율은 4구의 음절 수와 장단 구조가 동일한 '동일 운율'(samavṛtta)과 구별되고 4구의 음절 수와 장단 구조가 홀짝 구로 교차하는 '교차 운율'(ardhasamavṛtta) 운율과도 구별된다. 또한 아누쉬뚭-쉴로까는 '이질 운율'(viṣamavṛtta)과도 구별되는데 그 이유는 이질 운율의 경우 비록 4구의 음절 수와 장단 구조는 다르지만 각 구에 사용될 수 있는 음절 수와 장단 구조는 엄격하게 고정된 형식이기 때문이다. 반면 아누쉬뚭-쉴로까는 5-6-7번째 음절을 제외하고는 장음과 단음을 자유롭게 사용할 수 있는 불규칙 시형이다.

1. 기본형(Pathyā): 284송

고전 산스끄리뜨의 아누쉬뚭-쉴로까는 '8음절 4구'[3]로 음절 수가 고정되어 있지만 베다에 기원을 둔 운율의 일반적 경향대로 네 구의 장단 구조가 제각각 다른 불규칙 시형이다. 이 운율은 미세한 세부 규정이 있지만 가장 중요한 것은 두 홀수 구(pāda[a, c])의 5-6-7번째 음절이 '야-운각'(yagaṇa: ∪——)이어야 하고 두 짝수 구(pāda[b, d])의 5-6-7번째 음절은

'아누쉬뚭Anuṣṭubh'으로 명명된 것이 아니라 '박뜨라'vaktra라는 명칭으로 설명된 운율이다. 바로 이 운율은 가자가띠, 쁘라마니까 등등의 이른바, 8음절의 정형시라 할 수 있는 '아누쉬뚭'와는 구별되는 운율이다. 한편, 『쉬루따보드하』*Śrutabodha*가 이 운율을 '쉴로까'śloka로 불렀다. 여기에서는 '베딕에 근거한 고전 산스끄리뜨의 아누쉬뚭'를 편의상 아누쉬뚭-쉴로까로 표기하였다.

2) 87구가 비뿔라로 작성되었지만 동일 게송 내에서 2개의 비뿔라가 사용된 경우도 있으므로 게송 수로 환산하면 85송이다.

3) 드물게 8음절 6구로 된 형식도 있음.

'자–운각'(jagaṇa: ∪—∪)이어야 한다는 것이다. 한편, 두 홀수 구(pāda[a, c])의 5–6–7번째 음절은 '야–운각'(yagaṇa: ∪——)외에도 '자–운각'(jagaṇa: ∪—∪)외에 '따–운각'(tagaṇa: ——∪), '마–운각'(magaṇa: ———) 등도 사용될 수 있는데 이것을 '허용가능한 형식'(vipulā)이라 한다. 하지만 두 짝수 구(pāda[b, d])의 5–6–7번째 음절은 반드시 '자–운각'(jagaṇa: ∪—∪)이어야 여기엔 예외가 없다.

아누쉬뚭–쉴로까의 규정을 간략히 정리하면 다음과 같다.

	1st	2nd	3rd	4th	5th	6th	7th	8th
a	O	∪̲	∪̲	O	∪	—	—	O
b	O	∪̲	∪̲	∪̲	∪	—	∪	O
c	O	∪̲	∪̲	O	∪	—	—	O
d	O	∪̲	∪̲	∪̲	∪	—	∪	O

∪ : ∪ (단음) 만 사용 가능함

— : — (장음) 만 사용 가능함

O : ∪ 또는 — 을 자유롭게 사용할 수 있음

∪̲ ∪̲ : ∪— 또는 —∪ 또는 —— 이 가능함
(∪∪은 사용 불가)

∪̲∪̲∪̲ : ∪—∪, ——∪, ∪——, —∪∪, ———이 가능함
(∪∪∪, ∪∪—, —∪—은 사용 불가)

370개의 아누쉬뚭–쉴로까 운율 중에서 284송이 기본형(pathyā)으로 작성되었는데 대표적인 예는 다음과 같다.

Ex: HR. I.4

a bhrāntyā bahumatadhvānte —— ∪∪∪ ——— 1 2 3 4 5 6 7 8	b rājayogam ajānatām —∪—∪ ∪—∪— 1 2 3 4 5 6 7 8
c kevalaṃ rājayogāya —∪— —∪——∪ 1 2 3 4 5 6 7 8	d haṭhavidyo padiśyate ∪∪—— ∪—∪— 1 2 3 4 5 6 7 8

위 게송은 전형적인 아누쉬뚭―쉴로까로 첫 번째 구(pāda[a])와 세 번째 구(pāda[c])의 5―6―7번째 음절은 '∪――'(ya-gaṇa)이고 두 짝수 구(pāda[b, d])의 5―6―7번째 음절은 '∪―∪'(ja-gaṇa)로 구성되었다.

2. 허용 가능한 형식(Vipulā): 87구(85송)

370개의 아누쉬뚭―쉴로까 중에서 87구(85송)가 Mavipulā, Ravipulā, Javipulā, Bhavipulā, Navipulā, Savipulā와 같은 여섯 종류의 비뿔라로 되어 있다.

(1) 마-비뿔라Mavipulā

마-비뿔라는 홀수 구(pāda[a or c])의 5―6―7번째 음절이 '∪――'이 아니라 '―――'으로 된 형식이다.

마-비뿔라는 아래의 21송에서 모두 22번 사용되었다.

1. I.1[a]
2. I.47[c]
3. I.56[c]
4. I.65[a]
5. I.9[a]
6. II.107[a]
7. II.108[a]
8. II.110[c]
9. II.126[a]
10. II.142[c]
11. II.148[a]
12. II.155[c]
13. III.12[c]
14. III.15[a]
15. III.15[c]
16. III.32[a]
17. III.44[c]
18. III.73[c]
19. III.75[c]
20. III.85[c]

21. III.94[a]

22. IV.26[c]

Ex: HR. I.1[a]

[a] śrīādināthaṃ natvātha — — ∪ — — — — — 1 2 3 4 5 6 7 8	[b] śrīnivāso mahāmatiḥ — ∪ — — ∪ — ∪ — 1 2 3 4 5 6 7 8

(2) 라-비뿔라Ravipulā

라-비뿔라는 홀수 구(pāda[a or c])의 5-6-7번째 음절이 '∪——'이 아니라 '—∪—'으로 된 형식이다. 라-비뿔라는 아래의 25송에서 26번 사용되었다.

1. I.18[c]
2. I.19[a]
3. I.30[a]
4. I.39[a]
5. I.65[a]
6. I.84[c]
7. I.85[a]
8. II.7[c]
9. II.30[c]
10. II.33[c]
11. II.61[a]
12. II.64[a]
13. II.65[e]
14. II.77[a]
15. II.90[c]
16. II.105[a]
17. II.113[a]
18. II.122[c]
19. II.144[c]
20. III.17[a]
21. III.17[c]

22 III.19[c]

23 III.20[e]

24. III.23[a]

25. III.68[a]

26. IV.35[a]

Ex: HR. III.17[a, c]

[a] pañcacūliṃ kukkuṭaṃ ca — ∪ — — — ∪ — ∪ 1 2 3 4 5 6 7 8	[b] ekapādakakakukkuṭam — ∪ — ∪ ∪ — ∪ — 1 2 3 4 5 6 7 8
[c] ākāritaṃ bandhacūlī — — ∪ — — ∪ — — 1 2 3 4 5 6 7 8	[d] pārśvakukkuṭam eva ca — ∪ — ∪ ∪ — ∪ — 1 2 3 4 5 6 7 8

위 게송의 두 홀수 구 5-6-7번째 음절은 모두 '—∪—'(ra-gaṇa)로 작성되었다.

(3) 브하-비뿔라Bhavipulā

브하-비뿔라는 홀수 구(pāda[a or c])의 5-6-7번째 음절이 '∪——'이 아니라 '—∪∪'으로 된 형식이다. 브하-비뿔라는 아래의 18송에서 18번 사용되었다.

1.	I.10[a]	2.	I.24[a]
3.	I.25[a]	4.	I.40[a]
5.	I.63[a]	6.	II.25[a]
7.	II.27[a]	8.	II.65[c]
9.	II.73[a]	10.	II.110[a]
11.	II.126[c]	12.	II.137[a]
13.	III.9[c]	14.	III.14[c]
15.	III.72[a]	16.	III.82[a]
17.	III.96[a]	18.	IV.55[a]

Ex: HR. I.24[a]

[a] abhyāsakāle prathame — — ∪ — — ∪ ∪ — **1 2 3 4 5 6 7 8**	[b] śastaṃ kṣīrādibhojanam — — — — ∪ — ∪ — **1 2 3 4 5 6 7 8**

(4) 나-비뿔라Navipulā

나-비뿔라는 홀수 구(pāda[a or c])의 5-6-7번째 음절이 '∪——'이 아니라 '∪∪∪'으로 된 형식이다. 나-비뿔라는 아래의 20송에서 20회 사용되었다.

1.	I.10[c]	2.	I.18[a]
3.	I.44[a]	4.	I.45[c]
5.	I.54[a]	6.	I.62[a]
7.	I.86[a]	8.	II.56[c]
9.	II.66[a]	10.	II.76[c]
11.	II.77[c]	12.	II.102[c]
13.	II.118[a]	14.	II.144[a]
15.	II.146[a]	16.	III.10[a]
17.	III.11[a]	18.	III.29[a]
19.	III.76[c]	20.	III.82[c]

Ex: HR. I.18[a]

[a] mahāmudrādidaśakaṃ ∪ — — — ∪ ∪ ∪ — **1 2 3 4 5 6 7 8**	[b] karmāṇyaṣṭau ca kumbhakāḥ — — — — ∪ — ∪ — **1 2 3 4 5 6 7 8**

(5) 사-비뿔라Savipulā

사-비뿔라는 홀수 구(pāda[a or c])의 5-6-7번째 음절이 '∪——'이 아니라

'∪∪—'으로 된 형식이다. 사-비뿔라는 IV.32c에서 한 번 사용되었다.

Ex: HR. IV.32c

a dvāsaptatisahasrāṇi	b nāḍyaś carati mārutaḥ
— — ∪ ∪ ∪ — — ∪	— — ∪ ∪ — — ∪ —
1 2 3 4 5 6 7 8	1 2 3 4 5 6 7 8

II. 브릿따 시형(Vṛtta)

브릿따 시형은 크게 동일 운율(samavṛtta), 교차 운율(ardhasamavṛtta), 이질 운율(viṣamavṛtta)와 같은 세 유형으로 나누어진다. 그 중에서 동일 운율은 4구의 음절 수와 장단 구조가 동일한 시형이고 교차 운율은 4구의 음절 수와 장단 구조가 홀짝으로 절반만 동일한 시형이며 이질 운율은 4구의 음절 수와 장단 구조가 이질적인 형태의 시형이다. 세 유형의 브릿따 운율 중『하타의 보석 목걸이』에서 사용된 것은 동일 운율과 교차 운율이다.

1. 동일 운율(Samavṛtta)

동일 운율은 네 구의 음절 수와 장단 구조가 고정된 시형인데『하타의 보석 목걸이』에서 사용된 것은 인드라바즈라(11음절), 우뻰드라바즈라(11음절), 우빠자띠(11음절), 샬리니(11음절), 라토드핫따(11음절), 방샤말라(12음절), 바산따띨라까(15음절), 샤르둘라비끄리디따(19음절), 스락드하라(21음절)과 같은 아홉 종류이다.

1) 11음절

(1) 인드라바즈라Indravajrā : 1회

인드라바즈라는 네 구의 음절 수와 장단 구조가 모두 '——∪ ——∪ ∪—∪ ——'로 통일된 정형시로 IV.5송에서 한 번 사용되었다.

Ex: HR. IV.5

[a] nādānusandhānasamādhibhājāṃ
[b] yogīśvarāṇāṃ hṛdaye prarūḍham |
[c] ānandam ekaṃ vacaso 'py agamyaṃ
[d] jānāti taṃ śrīgurunātha eva ||

[a] ——∪ ——∪ ∪—∪ ——
[b] ——∪ ——∪ ∪—∪ ——
[c] ——∪ ——∪ ∪—∪ ——
[d] ——∪ ——∪ ∪—∪ ——

(2) 우뻰드라바즈라Upendravajrā : 1회

우뻰드라바즈라는 네 구의 음절 수와 장단 구조가 모두 '∪—∪ ——∪ ∪—∪ ——'로 통일된 정형시로 I.14송에서 한 번 사용되었다.

Ex: HR. I.14

[a] na dṛṣṭilakṣyāṇi na cittabhaṅgho
[b] na deśakālau na ca vāyurodhaḥ |
[c] na dhāraṇādhyānapariśramo vā
[d] samedhamāne sati rājayoge ||

[a] ∪—∪ ——∪ ∪—∪ ——

^{b} ∪—∪ ——∪ ∪—∪ ——

^{c} ∪—∪ ——∪ ∪—∪ ——

^{d} ∪—∪ ——∪ ∪—∪ ——

(3) 우빠자띠Upajatī : 11회

우빠자띠는 11음절의 인드라바즈라(Indravajrā: ——∪ ——∪ ∪—∪ ——)와 우뻰드라바즈라(Upendravajrā: ∪—∪ ——∪ ∪—∪ ——)가 혼용된 시형이다. 우빠자띠 운율은 인드라바즈라와 우뻰드라바즈라가 사용된 위치에 따라 세분화된다.

우빠자띠Upajatī의 구성과 세부 명칭			
번호	Indra	Upendra	세부 명칭
1	1st	2nd, 3rd, 4th	Buddhi
2	1st, 2nd	3rd, 4th	Rāmā
3	1st, 3rd	2nd, 4th	Bhadrā
4	1st, 4th	2nd, 3rd	Māyā
5	1st, 2nd, 3rd	4th	Bālā
6	1st, 2nd, 4th	3rd	Sālā
7	1st, 3rd, 4th	2nd	Vāṇī
8	2nd	1st, 3rd, 4th	Ṛddhi
9	2nd, 3rd	1st, 4th	Ārdrā
10	2nd, 4th	1st, 3rd	Haṃsī
11	2nd, 3rd, 4th	1st	Kīrti
12	3rd	1st, 2nd, 4th	Premā
13	3rd, 4th	1st, 2nd	Mālā
14	4th	21st, 2nd, 3rd	Chāyā

1st = pāda^{a} 2nd = pāda^{b}
3rd = pāda^{c} 4th = pāda^{d}

Indra : Indravajrā가 사용된 구
Upendra : Upendravajrā가 사용된 구

본 도표는 박영길: 2014, p.180을 재가공한 것임

이 중에서 『하타의 보석 목걸이』에서 사용된 것은 다음과 같다.

우빠자띠 Upajāti				
세부 명칭	Indra	Upendra	게송 번호	게송 수
Ārdrā	2nd 3rd	1st 4th	III.42, III.66	
Chāyā	4th	1st 2rd 3th	I.15, II.116, IV.25	
Rāmā	1st 2nd	3rd 4th	I.35	10
Sālā	1st 2nd 4th	3rd	I.49, III.57	
Vāṇī	1st 3rd 4th	2nd	I.12, III.58	

Indra : Indravajrā가 사용된 구
Upendra : Upendravajrā가 사용된 구

① 아르드라Ārdrā : 2회

아르드는 2, 3번째 구(pāda[b, c])가 인드라바드라이고 나머지 두 구(pāda[a, d])가 우뻰드라바즈라로 된 사형으로 III.42송과 III.66송에서 사용되었다.

Ex: HR. III.42

a dharām avaṣṭabhya karadvayena
b tatkūrpare sthāpitanābhipārśvaḥ ।
c uccāsano daṇḍavad utthitaḥ khe
d mayūram etat pravadanti pīṭham ॥

a ∪—∪ ——∪ ∪—∪ —— Upendravajrā
b ——∪ ——∪ ∪—∪ —— Indravajrā
c ——∪ ——∪ ∪—∪ —— Indravajrā
d ∪—∪ ——∪ ∪—∪ —— Upendravajrā

② 차야Chāyā : 3회

차야는 4번째 구(pāda[d])만 인드라바즈라이고 나머지 세구(pāda[a, c, d])는 우뻰드라바즈로 된 시형으로 I.15송, II.116송, IV.25송에서 사용되었다.

Ex: HR. I.15

[a] na jāgaro nāsti suṣuptibhāvo

[b] na jīvitaṃ no maraṇaṃ na cittam ।

[c] ahaṃ mamatvādyapahāya sarve

[d] śrīrājayogasthiracetanānām ॥

[a] ∪—∪ ——∪ ∪—∪ —— Upendravajrā

[b] ∪—∪ ——∪ ∪—∪ —— Upendravajrā

[c] ∪—∪ ——∪ ∪—∪ —— Upendravajrā

[d] ——∪ ——∪ ∪—∪ —— Indravajrā

③ 라마Rāmā : 1회

라마는 1, 2번째 구(pāda[a, b])가 인드라바즈라이고 나머지 두 구(pāda[c, d])는 우뻰드라바즈라로 된 시형으로 I.35송에서 1번 사용되었다.

Ex: HR. I.35

[a] tundāgnisandīpanapācanādi-

[b] sandīpikānandakarī sadaiva ।

[c] aśeṣadoṣāmayaśoṣaṇī ca

[d] haṭhakriyāmaulir iyaṃ ca nauliḥ ॥

[a] ——∪ ——∪ ∪—∪ —— Indravajrā

[b] ——∪ ——∪ ∪—∪ —— Indravajrā

[c] ∪—∪ ——∪ ∪—∪ —— Upendravajrā

[d] ∪—∪ ——∪ ∪—∪ —— Upendravajrā

④ 살라Sāla : 2회

살라는 1, 2, 4번째 구(pāda[a, b, d])가 인드라바즈라이고 세 번째 구가 우뺀드라바즈라로 된 시형으로 I.49송과 III.57송에서 사용되었다.

Ex: HR. I.49

[a] dhātvindriyāntaḥkaraṇaprasādaṃ

[b] dadyāc ca kāntiṃ dahanapradīptim ।

[c] aśeṣadoṣopacayaṃ nihanyād

[d] abhyasyamānaṃ jalabastikarma ॥

[a] ——∪ ——∪ ∪—∪ —— Indravajrā

[b] ——∪ ——∪ ∪—∪ —— Indravajrā

[c] ∪—∪ ——∪ ∪—∪ —— Upendravajrā

[d] ——∪ ——∪ ∪—∪ —— Indravajrā

⑤ 바니Vāṇī : 2회

바니는 1, 3, 4번째 구(pāda[a, c, d])는 인드라바즈라이고 두 번째 구(pāda[b])는 우뺀드라바즈라로 된 시형으로 I.12, III.58송에서 사용되었다.

Ex: HR. I.12

[a] śrīādināthena sapādakoṭi-

[b] layaprakārāḥ kathitā jayantu ।

[c] nādānusaṃdhānakam eva kāryaṃ

[d] manyāmahe mānyatamaṃ layānām ॥

[a] ——∪ ——∪ ∪—∪ —— Indravajrā

[b] ∪—∪ ——∪ ∪—∪ —— Upendravajrā

[c] ——∪ ——∪ ∪—∪ —— Indravajrā

[d] ——∪ ——∪ ∪—∪ —— Indravajrā

(4) 샬리니Śālinī 4회

샬리니는 네 구의 음절 수와 장단 구조가 모두 '——— ——∪ ——∪ — —'로 통일된 정형시로 II.26송, III.71송, IV.7송, IV.42송에서 사용되었다.

Ex: HR. II.26.

[a] vegād ghoṣaṃ pūrakaṃ bhṛṅganādaṃ

[b] bhṛṅgīnādaṃ recakaṃ mandamandam |

[c] yogīndrāṇāṃ nityam abhyāsayogāc

[d] citte jātā kācid ānandalīlā ||

[a] ——— ——∪ ——∪ ——

[b] ——— ——∪ ——∪ ——

[c] ——— ——∪ ——∪ ——

[d] ——— ——∪ ——∪ ——

(5) 라토드핫따Rothoddhatā : 1회

라토드핫따는 11음절 4구의 '—∪— ∪∪∪ —∪— ∪—' 구조를 지닌 시형으로 II.145송에서 한 번 사용되었다.

Ex: HR. II.145

[a] śṛṅkhalādvitayanirmitāṃ parāṃ

[b] sarpavadvalayakharparānvitām |

[c] viṃśadaṅgulamitāṃ sudīrghikāṃ
[d] lambikābhyudayakāriṇīṃ viduḥ ||
[a] —U— UUU —U— U—
[b] —U— UUU —U— U—
[c] —U— UUU —U— U—
[d] —U— UUU —U— U—

2) 12음절

12음절로 된 다양한 운율 중 『하타의 보석 목걸이』에서 사용된 운율은 방샤말라이다.

방샤말라Vaṃśamāla : 1회

방샤말라 운율은 혼용 운율로 두 홀수 구(pāda[a, c])는 인드라방샤(Indravaṃśa: ——U——UU—U—U—)로 구성되고 짝수 구(pāda[b, d])는 방샤스타(Vaṃśastha: U—U——UU—U—U—)로 구성된 운율이다. 방샤말라는 I.59에서 한 번 사용되었다.

Ex: HR. I. 5
[a] vapuḥkṛśatvaṃ vadane prasannatā
[b] nādasphuṭatvaṃ nayane ca nirmale |
[c] arogatā bindujayo 'gnidīpanaṃ
[d] nāḍīṣu śuddhir haṭhasiddhilakṣaṇam ||
[a] U—U——UU—U—U—
[b] ——U——UU—U—U—
[c] U—U——UU—U—U—

d ——∪——∪∪—∪—∪—

3) 14음절

14음절로 된 다양한 운율 중 『하타의 보석 목걸이』에서 사용된 운율은 바산따띨라까이다.

바산따띨라까Vasantatilakā : 1회

바산따띨라까는 14음절로 '——∪ —∪∪ ∪—∪ ∪—∪ ——'의 장단 구조를 지닌 정형시이다. 바산따띨라까는 I.71송, I.72송에서 사용되었다.

Ex: HR. I.71

a godhūmaśāliyavaṣaṣṭikaśobhanānnaṃ

b kṣīrājyamaṇḍanavanītasitāmadhūni ।

c śuṇṭhīpaṭolaphalapatrajapañcaśākaṃ

d mudgādidivyam udakaṃ ca yamīndrapathyam ॥

a ——∪ —∪∪ ∪—∪ ∪—∪ ——

b ——∪ —∪∪ ∪—∪ ∪—∪ ——

c ——∪ —∪∪ ∪—∪ ∪—∪ ——

d ——∪ —∪∪ ∪—∪ ∪—∪ ——

4) 19음절

19음절로 된 다양한 운율 중 『하타의 보석 목걸이』에서 사용된 운율은 샤르둘리비끄리디따이다.

샤르둘라비끄리디따Śārdūlavikrīḍita : 1회

샤르둘라비끄리디따는 19음절로 '——— ∪∪— ∪—∪ ∪∪—, ——∪ ——∪ —'의 구조를 지닌 정형시로 다음과 같은 아홉 게송에서 사용되었다.

1. I.67
2. II.85
3. II.150
4. II.151
5. III.25
6. III.34
7. III.39
8. III.86
9. IV.64

Ex: HR. I.67

[a] alpadvāram arandhragartapiṭharaṃ nātyuccanīcāyataṃ

[b] samyaggomayasāndraliptavimalaṃ niḥśeṣabādhojjhitaṃ |

[c] bāhye maṇḍapavedikūparuciraṃ prākārasaṃveṣṭitam

[d] proktaṃ yogamaṭhasya lakṣaṇam idaṃ siddhair haṭhābhyāsibhiḥ ||

[a] ———∪∪—∪—∪∪∪———∪——∪—

[b] ———∪∪—∪—∪∪∪———∪——∪—

[c] ———∪∪—∪—∪∪∪———∪——∪—

[d] ———∪∪—∪—∪∪∪———∪——∪—

5) 21음절

21음절로 된 다양한 운율 중 『하타의 보석 목걸이』에서 사용된 운율은 스락드하라이다.

스락드하라Sragdharā : 2회

스락드하라는 21음절로 '——— —∪— —,∪∪ ∪∪∪ ∪—,— ∪—— ∪——'의 구조를 운율이다. 스락드하라는 I.2송과 I.52에서 사용되었다.

Ex: HR. I.2

[a] vede vedāntaśāstre phaṇipatiracite śabdaśāstre svaśāstre ।
[b] tantre prābhākarīye kaṇabhugabhihite nyāyaratnārṇavenduḥ ।
[c] sāṃkhye sārasvatīye vividhamatimate tattvacintāmaṇijñaḥ ।
[d] śrīmajjyotirvid agre saravaratanujo rājate śrīnivāsaḥ ॥

[a] ————∪——∪∪∪∪∪∪——∪——∪——
[b] ————∪——∪∪∪∪∪∪——∪——∪——
[c] ————∪——∪∪∪∪∪∪——∪——∪——
[d] ————∪——∪∪∪∪∪∪——∪——∪——

Ex: HR. I.52

유포본 I.52송의 경우 첫 번째 구(pāda[a])와 두 번째 구(pāda[b])에 3음절이 누락되었는데 누락된 곳을 표시하면 다음과 같다.

[a] pītvā kaṇṭhaṃ {x^1 x^2 x^2} satilaguḍajalaṃ nālikerodakaṃ vā ।
[b] {x^2 x^2 x^2} vāyumārge pavanajalayutaṃ kumbhayed vātha śaktyā ।
[c] niḥśeṣaṃ śodhayitvā paribhavapavano bastivāyuprakāśāt ।
[d] kumbhāmbhaḥ kaṇṭhanāle gurugajakaraṇī procyate 'yaṃ haṭhajñaiḥ ॥

x^1 : ∪이어야 함
x^2 : —이어야 함

[a] ————{∪——}∪∪∪∪∪∪——∪——∪——

[b] {———}—∪——∪∪∪∪∪∪——∪——∪——

[c] ————∪——∪∪∪∪∪∪——∪——∪——

[d] ————∪——∪∪∪∪∪∪——∪——∪——

* x^1 : ∪이어야 함

x^2 : —이어야 함

2. 교차 운율(Ardhasamavṛtta)

교차 운율은 4구의 음절 수와 장단 구조가 홀짝구로 절반만 동일한 운율이다. 『하타의 보석 목걸이』에서 사용된 교차 운율은 말라브하리니 Mālabhāriṇī와 뿌쉬삐따그라Puṣpitāgrā와 같은 두 종류이다.

1) 말라브하리니Mālabhāriṇī : 1회

말라브하리니의 두 홀수 구(pāda[a, c])는 11음절의 '∪∪—∪∪—∪—∪——' 장단 구조를 지니고 두 짝수 구(pāda[b, d])는 12음절의 '∪∪——∪∪—∪—∪——' 장단 구조를 지닌다. 말하브하리니는 III.67송에서 한 번 사용되었다.

Ex: HR. III.67

[a] iti paścimatānam āsanāgryaṃ

[b] pavanaṃ paścimavāhinaṃ karoti ।

[c] udayaṃ jaṭharānalasya kuryād

[d] udare kārśyam arogatāṃ ca puṃsām ॥

a UU— UU— U—U —— 11음절

b UU— — UU— U—U —— 12음절

c UU— UU— U—U —— 11음절

d UU— — UU— U—U —— 12음절

2) 뿌쉬삐따그라Puṣpitāgrā : 2회

뿌쉬삐따그라의 두 홀수 구(pāda[a, c])는 12음절의 'UUUUUUU —U—U ——' 장단 구조를 지니고 두 짝수 구(pāda[b, d])는 13음절의 'UUUU—UU —U—U——' 장단 구조를 지닌다. 뿌쉬삐따그라는 I.51, IV51송에서 사용되었다.

Ex: HR. I.51

a udaragatapadārtham udvamantī

b pavanam apānam udīrya kaṇṭhanāle ।

c kramaparicayas tu vāyumārge

d gajakaraṇīti nigadyate haṭhajñaiḥ ॥

a UUU UUU —U— U—— 12음절

b UUU U—U U—U —U— — 13음절

c UUU UUU —U— U—— 12음절

d UUU U—U U—U —U— — 13음절

Ex: HR. IV.51

viṣṇupurāṇe-

a kanakamukuṭakarṇikādibhedaḥ

b kanakam abhinnam apīṣyate yathaikam

[c] budhapaśumanujādikalpabhinno

[d] harir akhilābhir udīryate tathaikam

[a] ∪∪∪ ∪∪∪ —∪— ∪—— 12음절

[b] ∪∪∪ ∪—∪ ∪—∪ —∪— — 13음절

[c] ∪∪∪ ∪∪∪ —∪— ∪—— 12음절

[d] ∪∪∪ ∪—∪ ∪—∪ —∪— — 13음절

III. 자띠Jāti 시형

자띠 시형은 지금까지 다루었던 브릿따vṛtta 시형과 달리 '마뜨라mātrā의 수와 운각(韻脚, gaṇa)'으로 구성되는 시형이다. 자띠에 속하는 대표적인 운율은 아리야āryā와 아우빠찬다시까aupachandasika인데 『하타의 보석 목걸이』에서 각각 1회, 3회 사용되었다.

1. 아리야Ārya 기본형Pathyā

아리야는 아리야기띠, 기띠 등 다양한 아리야 류類의 운율을 통칭하는 명칭이기도 하고 한 개의 개별적인 운율명이기도 한데 『하타의 보석 목걸이』에서 사용된 운율은 가장 전형적인 아리야, 즉 아리야 기본형(pathyā)이다.[4] 아리야 기본형은 전체 57마뜨라(12^a+18^b, 12^c+15^d)로 구성되며 몇 가지 세부 규정이 있지만 가장 중요한 것은 두 번째 구(pāda [b])의 여섯 번째 운각(VIth)이 '∪—∪' 또는 '∪∪∪∪'이어야 하고 네 번째 구(pāda [d])

4) 아리야의 다양한 운율에 대해서는 박영길: 2018, pp.91-118을 참조.

의 여섯 번째 운각(VIth)은 반드시 '∪'이어야 한다는 것이다.

아리야의 공식은 다음과 같다.

아리야Āryā 기본형(Pathyā)								
	pāda^{a}			pāda^{b}				
운각 번호	Ist	IInd	IIIrd	IVth	Vth	VIth	VIIth	VIIIth
사용 가능 운각	 ∪∪∪∪ —∪∪ ∪∪— ——	∪—∪ ∪∪∪∪ —∪∪ ∪∪— ——	 ∪∪∪∪ —∪∪ ∪∪— ——	∪—∪ ∪∪∪∪ —∪∪ ∪∪— ——	 ∪∪∪∪ —∪∪ ∪∪— ——	∪—∪ 또는 ∪$_{æ}$∪∪∪	 ∪∪∪∪ —∪∪ ∪∪— ——	— 또는 ∪∪
m	1 2 3 4	5 6 7 8	9 10 11 12	1 2 3 4	5 6 7 8	9 10 11 12	13 14 15 16	17 18
	pāda^{c}			pāda^{d}				
운각 번호	Ist	IInd	IIIrd	IVth	Vth	VIth	VIIth	VIIIth
사용 가능 운각	상동	상동	상동	상동	상동	∪	상동	상동
m	1 2 3 4	5 6 7 8	9 10 11 12	1 2 3 4	5 6 7 8	9	10 11 12 13	14 15

$_{m}$: 마뜨라 수
$_{æ}$: 휴지부
* 본 도표는 박영길(2018), p. 102의 도표를 재가공한 것임

아리야 운율은 II.141송에서 한 번 사용되었다.

Ex: HR. II.141

haṭhapradīpikāyām-

[a] chedanacālanadohaiḥ [b] kalāṃ krameṇātha vardhayet tāvat

[c] yāvad iyaṃ bhrūmadhye [d] spṛśati tadā khecarīsiddhiḥ

Ist	IInd	IIIrd	IVth	Vth	VIth	VIIth	VIIIth
a chedana	cālana	dohaiḥ	b kalāṃ kra	meṇā	tha vardha	yet tā	vat
— ∪ ∪ 1-2 3 4	— ∪ ∪ 5-6 7 8	— — 9-10 11-12	∪ — ∪ 1 2-3 4	— — 5-6 7-8	∪ — ∪ 9 10-11 12	— — 13-14 15-16	— 17-18
c yāvad i	yaṃ bhrū	madhye	d spṛśati ta	dā khe	ca	rī siddh	iḥ
— ∪ ∪ 1-2 3 4	— — 5-6 7-8	— — 9-10 11-12	∪ ∪ ∪ ∪ 1 2 3 4	— — 5-6 7-8	∪ 9	— — 10-11 12-13	— 14-15

2. 아우빠찬다시카Aupacchandasika : 3회

아우빠찬다시까는 각 구별로 16[a]+18[b]+16[c]+18[d] 마뜨라(mātrā, [m])로 구성된 시형이다. 이 운율은 후반부가 모두 '—∪—∪——'로 끝을 맺는데 홀수 구(pāda[a, c])의 경우 6번째 마뜨라 이후에 '—∪—∪ ——'가 뒤따르고 짝수 구(pāda[b, d])의 경우 8번째 마뜨라 다음에 '—∪—∪ ——'이 뒤따른다.

아우빠찬다시까(Aupacandasika)							
a	1 2 3 4 5 6	— 7-8	∪ 9	— 10-11	∪ 12	— 13-14	— 15-16
b	1 2 3 4 5 6 7 8	— 9-10	∪ 11	— 12-13	∪ 14	— 15-16	— 17-18
c	1 2 3 4 5 6	— 7-8	∪ 9	— 10-11	∪ 12	— 13-14	— 15-16
d	1 2 3 4 5 6 7 8	— 9-10	∪ 11	— 12-13	∪ 14	— 15-16	— 17-18

Ex: HR. I.51

[a] udaragatapa***dārtham udvamanti***
1 2 3 4 5 6 — ∪ —∪— — 16마뜨라

[b] pavanam apānam ud***īrya kaṇṭhanāle***
1 2 3 4 5-6 7 8 —∪—∪ —— 18마뜨라

[c] kramaparicaya ***tu vāyumārge***
1 2 3 4 5 6 ∪ —∪—— 16마뜨라

[d] gajakaraṇīti ni***gadyate haṭhajñaiḥ***
1 2 3 4 5-6 7 8 —∪— ∪ — — 18마뜨라

Ex: HR. IV.51

viṣṇupurāṇe-

[a] kanakamuku***ṭakarṇikādibhedaḥ***
1 2 3 4 5 6 —∪—∪ — — 16마뜨라

[b] kanakam abhinnam a***pīṣyate yathaikam***
1 2 3 4 5-6 7 8 —∪— ∪ — — 18마뜨라

[c] budhapaśumanujādikalpabhinno
1 2 3 4 5 6 —∪—∪— — 16마뜨라

[d] harir akhilābhir ud***īryate tathaikam***
1 2 3 4 5-6 7 8 —∪—∪— — 18마뜨라

앞에서 다루었듯이 위의 두 게송은 12+13+12+13 음절의 교차 운율(ardhasamavṛtta)인 뿌쉬삐따그라로도 분석될 수 있다.

Ex: HR. III.67

[a] iti paścima***tānam āsanāgryaṃ***
1 2 3-4 5 6 — ∪ —∪— — 16마뜨라

[b] pavanaṃ paścima ***vāhinaṃ karoti***
1 2 3-4 5-6 7 8 —∪— ∪—— 18마뜨라

[c] udayaṃ jaṭha***rānalasya kūryād***
1 2 3-4 5 6 —∪—∪ — — 16마뜨라

[d] udare kārśyam a***rogatāṃ ca pūsām***
1 2 3-4 5-6 7 8 —∪— ∪ — — 18마뜨라

앞에서 다루었듯이 위 게송은 자띠 운율 외에 11+12+11+12 음절의 교차 운율(ardhasamavṛtta)인 말라브하리니로도 분석될 수 있다.

IV. 운율에 어긋난 게송

현 교정본(HR[L]) 중에서 운율에 어긋나는 게송은 I.52, I.74, II.84, II.148이다.

1) I.52

[a] pītvā kaṇṭhaṃ satilaguḍajalaṃ nālikerodakaṃ vā |
—— —— ∪∪∪∪∪∪— —∪——∪—— *candrarekhā*
1 2 3 4 5 6 7 8 9 10 11 12 13 14 15 16 17 18

[b] vāy*u*mārge pavanajalayutaṃ kumbhayed vātha śaktyā |
—∪——∪∪∪∪∪∪— —∪— —∪—— *candrarekhā*
1 2 3 4 5 6 7 8 9 10 11 12 13 14 15 16 17 18

[c] niḥśeṣaṃ śodhayitvā paribhavapavano bastivāyuprakāśāt |
——— —∪—— ∪∪∪∪∪∪— —∪——∪—— *sragdharā*
1 2 3 4 5 6 7 8 9 10 11 12 13 14 15 16 17 18 19 20 21

[d] kumbhāmbhaḥ kaṇṭhanāle gurugajakaraṇī procyate ’yaṃ haṭhajñaiḥ ||

—	—	—	—	∪	—	—	∪	∪	∪	∪	∪	∪	—	—	∪	—	—	∪	—	— *sragdharā*
1	2	3	4	5	6	7	8	9	10	11	12	13	14	15	16	17	18	19	20	21

첫 번째 구와 두 번째 구는 18음절의 짠드라레카(candrarekhā: ————∪∪∪∪∪∪——∪——∪——) 운율로 파악되지만 두 번째 구의 경우 1–2번째 음절(vāyu, —∪)이 ‘——’이 아니라 ‘—∪’으로 되어 있으므로 운율에 어긋난다. 반면 세 번째 구와 네 번째 구는 21음절의 ‘스락드하라’(sragdharā:————∪——∪∪∪∪∪∪——∪——∪——)로 작성되었다. 이러한 형식은 존재할 수 없으므로 첫 번째 구와 두 번째 구에 3음절이 누락된 것으로 추정된다.

첫 번째 구의 ‘pītvā kaṇṭhaṃ’(————)는 스락드하라 운율의 1–2–3–4번째 음절과 일치하고 ‘satilaguḍajalaṃ nālikerodakaṃ vā’(∪∪∪∪∪∪—∪——∪——)은 스락드하라 운율의 8~21번음절의 구조와 일치한다. 따라서 누락된 3음절의 위치는 5–6–7번째 음절로 추정된다. 두 번째 구의 경우 ‘vāyumārge pavanajalayutaṃ kumbhayed vātha śaktyā’는 스락드하라 운율의 4~21번 음절의 구조와 일치하므로 누락된 곳은 1–2–3번째 음절일 것으로 추정된다.

첫 번째 구와 두 번째 구에서 누락된 3음절의 위치는 다음과 같을 것으로 추정된다.

[a] pītvā kaṇṭhaṃ {x^1 x^2 x^2} satilaguḍajalaṃ nālikerodakaṃ vā |
[b] {x^2 x^2 x^2} vāyumārge pavanajalayutaṃ kumbhayed vātha śaktyā |
[c] niḥśeṣaṃ śodhayitvā paribhavapavano bastivāyuprakāśāt |
[d] kumbhāmbhaḥ kaṇṭhanāle gurugajakaraṇī procyate ’yaṃ haṭhajñaiḥ ||

x^1 : ∪이어야 함
x^2 : —이어야 함

스락드하라의 운율 구조상 첫 번째 구(pāda[a])의 5–6–7번째 음절은 '∪——'이어야 하지만 HR^L본에는 이 부분이 누락되었고[5)] HR^R본에는 이 부분이 2음절의 'sati'로 되어 있는데 모두 운율에 어긋난다.

두 번째 구(pāda[b])의 1–2–3번째 음절은 '———'이어야 하지만 HR^L본에는 이 부분이 누락되었고[6)] HR^R본의 경우 1–2–3번째 음절은 'kṣīrāṃbho'(우유와 물)로 되어 있는데 이것은 운율에 부합한다.

2) I.74

a rasamāre māre hemakare		
∪ ∪ — — — — — ∪ ∪ —		10
b malajāre jāre rogahare |		
∪ ∪ — — — — — ∪ ∪ —		10
c vāyupūre pūre āyukare		
— ∪ — — — — — ∪ ∪ —		10
d ātmadhyāne dhyāne mokṣakare ‖		
— — — — — — — ∪ ∪ —		10

위 게송은 10음절 4구로 구성되었지만 4구의 장단 구조가 일치하지 않는다. 역자가 아는 한, 이러한 구조의 운율은 지금까지 발견되지 않았다. 아마도 다음과 같은 압운押韻 형식의 운율일 것으로 추정된다.

5) HR^L본이 저본으로 삼은 여러 필사본 중 한 유형의 필사본(약호: N, n1)에는 1–2–3–4–5–6–7–8–9번째 음절이 'pītvākaṃdaṃmatijalala'로 되어 있고 두 번째 유형의 필사본(약호: い)에는 1–2–3–4–5–6번째 음절이 'satiguḍajalam'으로 되어 있고 세 번째 유형의 필사본(약호: P, T)의 1–2–3–4번째 음절은 'pītvākaṃthaṃ'으로 되어 있는데 모두 운율에 어긋난다.

6) HR^L본이 저본으로 삼은 여러 필사본 중 P, T, t1 필사본에는 pūrva 'kṣīrāmbho'adhikapāṭaḥ로 되어 있는데 운율에 어긋난다.

	1 2 3 4	5 6 7 8 9 10
a	∪∪——	———∪∪—
b	∪∪——	———∪∪—
c	—∪——	———∪∪—
d	————	———∪∪—

또는

	1 2 3 4 5 6	7 8 9 10
a	∪∪————	—∪∪—
b	∪∪————	—∪∪—
c	—∪————	—∪∪—
d	——————	—∪∪—

3) II.84

ab	kañcanasya ca raupasya tāmrasyāpy athavāyasaḥ	
	— ∪—∪ ∪ — —∪ — — — ∪∪—∪—	16음절
cd	kuryāt prayatnena phutkārakaraṇocitam	
	—— ∪——∪ — —∪∪∪—∪—	14음절

위 게송은 8음절 4구의 아누쉬뚭-쉴로까 운율로 작성되었다. 전반부 반송(pāda[a-b])는 전형적인 아누쉬뚭-쉴로까 운율이지만 후반부 반송(pāda[cd])는 전체 14음절로 2음절이 누락되어 있다. 아누쉬뚭-쉴로까의 짝수 구(pāda [b, d]) 5-6-7번째 음절은 반드시 '∪—∪'이어야 하므로 네 번째 구(pāda[d])에는 이상이 없는 것으로 파악된다.

세 번째 구의 경우 5-6-7번째 음절은 '∪——'이 원칙이므로 'prayatnena'(∪——∪)은 3-4-5-6번째 음절이 아니라 5-6-7-8번째 음절에 위치해야 할 것이다.

[a] kañcanasya	ca raupasya	[b] tāmrasyāpy	athavāyasaḥ
— ∪—∪	∪ — —∪	— — —	∪∪—∪—
1 2 3 4	5 6 7 8	1 2 3	4 5 6 7 8
[c] kuryāt	prayatnena	[d] phutkārakaraṇocitam	
——	∪——∪	— —∪∪∪—∪—	
	5 6 7 8	1 2 3 4 5 6 7 8	

따라서 누락된 2음절의 위치는 다음과 같은 두 곳이 될 것이다.

① { x x }	kuryāt	prayatena
1 2	3 4	5 6 7 8
② kuryāt	{ x x }	prayatena
1 2	3 4	5 6 7 8

HR^L^본의 경우, 'nālīṃ kuryāt prayatnena'(——∪— ∪———)으로 되어 있는데 이것은 운율 구조에 부합한다. 따라서 HR^L^본의 경우 'nālīṃ'이 편집 과정에서 누락된 것으로 추정된다.

4) II.148

[ab] prāṇe suṣumṇāsamprapte nādaṃ tu śrūyate 'ṣṭadhā
— ∪—∪ ∪ — —∪ — — — ∪∪— ∪— 16
[cd] ghaṇṭādundubhiśaṅkhādivīṇāveṇuninādavat
— — — ∪∪——∪ ———∪∪—∪— 16
[ef] tanūnapāttaḍittāre śapavanopamam
∪—∪—∪———∪∪∪—∪— 14

위 게송은 8음절 6구의 아누쉬뚭-쉴로까 운율로 작성되었는데 다섯 번째와 여섯 번째 구(pāda[ef])의 경우 2음절이 부족하다. 이 운율의 다섯 번째 구(pāda[e]) 'tanūnapāttaḍittāre'(∪—∪—∪———)로 전형적인 홀수 구를 구성하고 있으므로 여섯 번째 구(pāda[f]) 'śapavanopamam'에 2음절이 누락된 것으로 추정된다. 이 경우, 아누쉬뚭-쉴로까의 짝수 구(pāda[b, d, f]) 5-6-7번째 음절은 반드시 '∪—∪'이어야 하므로 'śapavanopamam'은 1-2-3-4-5 번째 음절이 아니라 3-4-5-6-7-8번째 음절에 위치해야 할 것이다. 따라서 1-2번째 음절이 누락된 것으로 파악된다.

[a] prāṇe suṣumṇāsamprapte
—∪— ∪ ∪ — —∪
1 2 3 4 5 6 7 8

[b] nādaṃ tu śrūyate 'ṣṭadhā
— — — —∪— ∪—
1 2 3 4 5 6 7 8

[c] ghaṇṭādundubhiśaṅkhādi-
— — — ∪∪——∪
1 2 3 4 5 6 7 8

[d] vīṇāveṇuninādavat
———∪∪—∪—
1 2 3 4 5 6 7 8

[e] tanūnapāttaḍittāre
∪—∪—∪———
1 2 3 4 5 6 7 8

[f] { } śapavanopamam
x x ∪∪∪—∪—
1 2 3 4 5 6 7 8

{ } : 누락된 것으로 추정되는 곳
x x : ∪—, —∪, —∪, —— 만 사용 가능
* ∪∪은 사용 불가

누락된 2음절은 —∪, —∪, ∪—, —— 의 구조를 지닐 수 있는데 여기에 부합하는 대안적 음절을 찾는 것은 물리적으로 어려울 것으로 판단된다. 다만, HR[R]본의 경우 마지막 구는 'tareśapavanopamam'로 되어 있고[7] 운율에 부합하지만 그 의미는 파악되지 않는다.

7) [ef]tanūnapatravistāra tareśapavanopamam ॥ HR[R]. II.148

V. 운율 유형 분류

『하타의 보석 목걸이』에서 사용된 운율의 유형은 다음과 같은 두 종류로 분석할 수 있다. 첫 번째는 브릿따 시형에 속하는 말하브하리니와 뿌쉬삐따그라를 자띠 시형인 아우빠찬다시까로 분류할 경우이고 두 번째는 두 운율을 교차 운율로 분류한 것이다.

(유형 1)

<table>
<tr><th colspan="3" rowspan="2">사용된 운율의 유형과 범주</th><th colspan="3">세부 운율</th><th colspan="2" rowspan="2">게송 수</th><th rowspan="2">합계</th></tr>
<tr><th colspan="3">운율 명 (구성)</th></tr>
<tr><td colspan="3" rowspan="6">Anuṣṭubh-Śloka 8^{A}</td><td colspan="3">Pathyā(기본형)</td><td colspan="2">284</td><td rowspan="6">370</td></tr>
<tr><td rowspan="5">Vipulā (허용가능한 형식)</td><td>Mavipulā</td><td>22p</td><td>21</td><td rowspan="5">85</td></tr>
<tr><td>Ravipulā</td><td>26p</td><td>25</td></tr>
<tr><td>Bhavipulā</td><td>18p</td><td>18</td></tr>
<tr><td>Navipulā</td><td>20p</td><td>20</td></tr>
<tr><td>Savipulā</td><td>1p</td><td>1</td></tr>
<tr><td rowspan="15">Vṛtta</td><td rowspan="15">SV</td><td>10^{A}</td><td colspan="3">? (I.74)</td><td colspan="2">1</td><td>1</td></tr>
<tr><td rowspan="9">11^{A}</td><td colspan="3">Indravajrā</td><td colspan="2">1</td><td rowspan="8">17</td></tr>
<tr><td colspan="3">Upendravajrā</td><td colspan="2">1</td></tr>
<tr><td rowspan="5">Upajāti</td><td>Ārdrā</td><td>$1,4^{U}$</td><td>2</td><td rowspan="5">10</td></tr>
<tr><td>Chāyā</td><td>$1,2,3^{U}$</td><td>3</td></tr>
<tr><td>Rāmā</td><td>$3,4^{U}$</td><td>1</td></tr>
<tr><td>Sālā</td><td>3^{U}</td><td>2</td></tr>
<tr><td>Vāṇī</td><td>2^{U}</td><td>2</td></tr>
<tr><td colspan="3">Śālinī</td><td colspan="2">4</td></tr>
<tr><td colspan="3">Rathoddhatā</td><td colspan="2">1</td><td>1</td></tr>
<tr><td rowspan="2">12^{A}</td><td colspan="2" rowspan="2">Vaṃśamālā</td><td>Vaṃśastha</td><td>0.5</td><td rowspan="2">1</td><td rowspan="2">1</td></tr>
<tr><td>Indravaṃśa</td><td>0.5</td></tr>
<tr><td>14^{A}</td><td colspan="3">Vasantatilakā</td><td colspan="2">2</td><td>2</td></tr>
<tr><td>19^{A}</td><td colspan="3">Śārdūlavikrīḍitam</td><td colspan="2">9</td><td>9</td></tr>
<tr><td>21^{A}</td><td colspan="3">Sragdharā</td><td colspan="2">2</td><td>1</td></tr>
</table>

Jāti	68^{M}	Aupacchandasika $16^{a}+18^{b}$, $16^{c}+18^{d}$		3	3
	57^{M}	Āryā (Pathyā) $12^{a}+18^{b}$, $12^{c}+15^{d}$		1	1
					406

?: I.74송(10음절 4구의 운율이지만 유형이 파악되지 않음)

^{A}: 음절수

^{M}:마뜨라 수

^{P}: 아누쉬뚭-쉴로까 중 비뿔라가 사용된 구

^{U}: 우빠자띠 운율 중 우뻰드라바즈라가 사용된 구

SV: Vṛtta 시형 중 동일 운율(Samavṛtta)

(유형 2)

사용된 운율의 유형과 범주			세부 운율 운율 명 (구성)			게송수		합계
Anuṣṭubh-Śloka 8음절			Pathyā(기본형)				284	370
			Vipulā (허용가능한 형식)	Mavipulā	22p	21	85	
				Ravipulā	26p	25		
				Bhavipulā	18p	18		
				Navipulā	20p	20		
				Savipulā	1p	1		
Vṛtta	SV	10^{A}	? (I.74)				1	1
		11^{A}	Indravajrā				1	17
			Upendravajrā				1	
			Upajāti	Ārdrā	$1,4^{U}$	2	10	
				Chāyā	$1,2,3^{U}$	3		
				Rāmā	$3,4^{U}$	1		
				Sālā	3^{U}	2		
				Vāṇī	2^{U}	2		
			Śālinī				4	
			Rathoddhatā				1	1
		12^{A}	Vaṃśamālā	Vaṃśastha		0.5	1	1
				Indravaṃśa		0.5		
		14^{A}	Vasantatilakā				2	2
		19^{A}	Śārdūlavikrīḍitam				9	9
		21^{A}	Sragdharā				2	1

	AS	$11+12^A$	Mālabhāriṇī 11^a+12^b, 11^c+12^d	1	1
		$12+13^A$	Puṣpitāgrā 12^a+13^b, 12^c+13^d	2	2
Jāti	57^M		Āryā (Pathyā) 12^a+18^b, 12^c+15^d	1	1
					406
? : I.74송(10음절 4구의 운율이지만 유형이 파악되지 않음)					
^{A}: 음절수 ^{M}:마뜨라 수 ^{P}: 아누쉬뚭-쉴로까 중 비뿔라가 사용된 구 ^{U}: 우빠자띠 운율 중 우뻰드라바즈라가 사용된 구 AS: Vṛtta 중 교차 운율(Ardhasamavṛtta) SV: Vṛtta 중 동일 운율(Samavṛtta)					

407개의 게송 중에서 아누쉬뚭-쉴로까 외의 운율로 작성된 게송은 다음과 같다.

I.2.	Sragdharā	21음절
I.12	Upajāti 'Vāṇī'	11음절
I.14	Upendravajrā	11음절
I.15	Upajāti 'Chāyā'	11음절
I.35	Upajāti 'Rāmā'	11음절
I.49	Upajāti 'Sāla'	11음절
I.51	Puṣpitāgra	12+13음절
	=Aupachandasika	34+34마뜨라
I.52	Sragdharā	21음절
I.59	Vaṃśamāla	15음절

I.67	Śārdūlavikrīḍita	19음절
I.71	Vasantatilakā	15음절
I.72	Vasantatilakā	15음절
I.74	? (미확인)	10음절
II.26	Śālinī	11음절
II.85	Śārdūlavikrīḍita	19음절
II.116	Upajāti 'Chāyā'	11음절
II.141	Āryā(Pathyā)	12+18, 12+15마뜨라
II.145	Rodhoddhatā	11음절
II.150	Śārdūlavikrīḍita	19음절
II.151	Śārdūlavikrīḍita	19음절
III.42	Upajāti 'Ārdrā'	11음절
III.25	Śārdūlavikrīḍita	19음절
III.34	Śārdūlavikrīḍita	19음절
III.39	Śārdūlavikrīḍita	19음절
III.42	Upajāti 'Ārdrā'	11음절
III.57	Upajāti 'Sālā'	11음절
III.58	Upajāti 'Māyā'	11음절
III.66	Upajāti 'Ārdrā'	11음절
III.67	Mālabhāriṇī	11+12 음절
	=Aupachandasika	34+34 마뜨라
III.71	Śālinī	11음절
III.86	Śārdūlavikrīḍita	19음절
IV.5	Indravajrā	11음절
IV.7	Śālinī	11음절
IV.25	Upajāti 'Chāyā'	11음절

IV.42	Śālinī	11음절
VI.51	Puṣpitāgra	12+13 음절
	=Aupachandasika	34+34 마뜨라
IV.64	Śārdūlavikrīḍita	19음절

130개의 아누쉬뚭-쉴로까 중에서 비뿔라(vipulā, 허용가능한 형식)로 된 곳은 다음과 같다.

I.1[a]	Mavipulā	———
I.9[a]	Mavipulā	———
I.10[a]	Bhavipulā	—∪∪
I.10[c]	Navipulā	∪∪∪
I.18[a]	Navipulā	∪∪∪
I.18[c]	Ravipulā	—∪—
I.19[a]	Ravipulā	—∪—
I.24[a]	Bhavipulā	—∪∪
I.25[a]	Bhavipulā	—∪∪
I.30[a]	Ravipulā	—∪—
I.39[a]	Ravipulā	—∪—
I.40[a]	Bhavipulā	—∪∪
I.44[a]	Navipulā	∪∪∪
I.45[c]	Navipulā	∪∪∪
I.47[c]	Mavipulā	———
I.54[a]	Navipulā	∪∪∪
I.56[c]	Mavipulā	———
I.62[a]	Navipulā	∪∪∪

I.65[a]	Mavipulā	———
I.84[c]	Ravipulā	—∪—
I.85[a]	Ravipulā	—∪—
I.86[a]	Navipulā	∪∪∪
II.7[c]	Ravipulā	—∪—
II.25[a]	Bhavipulā	—∪∪
II.27[a]	Bhavipulā	—∪∪
II.30[c]	Ravipulā	—∪—
II.33[c]	Ravipulā	—∪—
II.56[c]	Navipulā	∪∪∪
II.61[a]	Ravipulā	—∪—
II.64[a]	Ravipulā	—∪—
II.65[c]	Bhavipulā	—∪∪
II.65[e]	Ravipulā	—∪—
II.66[a]	Navipulā	∪∪∪
II.73[a]	Bhavipulā	—∪∪
II.76[c]	Navipulā	∪∪∪
II.77[a]	Ravipulā	—∪—
II.77[c]	Navipulā	∪∪∪
II.90[c]	Ravipulā	—∪—
II.102[c]	Navipulā	∪∪∪
II.105[a]	Ravipulā	—∪—
II.107[a]	Mavipulā	———
II.108[a]	Mavipulā	———
II.110[a]	Bhavipulā	—∪∪
II.110[c]	Mavipulā	———

II.113^{a}	Ravipulā	—∪—
II.118^{a}	Navipulā	∪∪∪
II.122^{c}	Ravipulā	—∪—
II.126^{a}	Mavipulā	———
II.126^{c}	Bhavipulā	—∪∪
II.137^{a}	Bhavipulā	—∪∪
II.142^{c}	Mavipulā	———
II.144^{a}	Navipulā	∪∪∪
II.144^{c}	Ravipulā	—∪—
II.146^{a}	Navipulā	∪∪∪
II.148^{a}	Mavipulā	———
II.155^{c}	Mavipulā	———
III.6^{c}	Javipulā	∪—∪
III.9^{c}	Bhavipulā	—∪∪
III.10^{a}	Navipulā	∪∪∪
III.11^{a}	Navipulā	∪∪∪
III.12^{c}	Mavipulā	———
III.14^{c}	Bhavipulā	—∪∪
III.15^{a}	Mavipulā	———
III.15^{c}	Mavipulā	———
III.17^{a}	Ravipulā	—∪—
III.17^{c}	Ravipulā	—∪—
III.19^{c}	Ravipulā	—∪—
III.20^{e}	Ravipulā	—∪—
III.23^{a}	Ravipulā	—∪—
III.29^{a}	Navipulā	∪∪∪

III.32[a]	Mavipulā	———
III.44[c]	Mavipulā	———
III.68[a]	Ravipulā	—∪—
III.72[a]	Bhavipulā	—∪∪
III.73[c]	Mavipulā	———
III.75[c]	Mavipulā	———
III.76[c]	Navipulā	∪∪∪
III.82[a]	Bhavipulā	—∪∪
III.82[c]	Navipulā	∪∪∪
III.85[c]	Mavipulā	———
III.94[a]	Mavipulā	———
III.96[a]	Bhavipulā	—∪∪
IV.26[c]	Mavipulā	———
IV.32[c]	Savipulā	∪∪—
IV.35[a]	Ravipulā	—∪—
IV.55[a]	Bhavipulā	—∪∪

제3부
번역과 역주

एकधा बहुधा चैव दृश्यते जलचन्द्रवत् ।
मायायुक्तस्तथा जिवो मायाहीनसदाशिवः ।।४८

ekadhā bahudhā caiva dṛśyate jalacandravat।
māyāyuktas tathā jīvo māyāhīnasadāśivaḥ॥48

물에 비친 달[이 다양하게 보이는 것]처럼 인간은 마야(māyā) 때문에 하나로도, 여럿으로도 보인다. [하지만 그의 본질은] 마야(māyā)가 소멸된 사다쉬바이다. (제4장 48송)

첫 번째 가르침
Prathamopadeśaḥ

쉬리-가네샤에게 경배합니다.

śrīgaṇeśāya namaḥ

I. 쉬리니바사의 요가 전통, 저술 동기와 목적 (I.2-5)

I.1[ab] śrīādināthaṃ natvātha[1)] śrīnivāso mahāmatiḥ |
I.1[cd] haṭharatnāvalīṃ dhatte yogināṃ kaṇṭhabhūṣitām |

쉬리-아디나타에게 절한 후 석학碩學, 쉬리니바사는
요가 수행자들의 목을 장식할 '하타의 보석 목걸이'를 저술했다.

【해설】

여타의 하타요가 문헌과 마찬가지로 『하타의 보석 목걸이』 역시 첫 게송에서 스승에 대한 예를 표하는데 여기서의 아디나타는 첫 번째(Ādi)의 나타Nātha로, 맛첸드라나타Matsyendra-nātha, 미나나타Mina-nātha, 고락샤 나타Gorakṣa-nātha 등 나타로 계승되는 나타-전통(Nāthasam-pradāya)의 요가, 즉 '하타요가'의 창시자로 알려져 있고 일반적으로 쉬바Śiva와 동일시 된다.[2)]

본 게송은 8음절 4구의 아누쉬뚭-쉴로까 운율로 작성되었는데 첫 번째 복합어 'śrīādināthaṃ'(——∪——: 5음절)의 경우 'śrī'의 'ī'는 'y'로 반모음화되어 'śryādināthaṃ'(—∪——: 4음절)으로 바뀌어야 하지만

1) 본 게송은 8음절 4구의 아누쉬뚜브-쉴로까 운율로 작성되었는데 첫 번째 구의 5-6-7번째 음절은 '———'(마-운각, Ma-gaṇa)로 되어 있다. 이것은 기본형pathyā은 아니지만 허용 가능한 형식으로 '마-비뿔라'Mavipulā로 불린다.

2) 아래의 I.84송을 참조.

운율을 지키기 위해 반모음화되지 않았다.[3] 이와 유사한 사례는 11음절의 인드라바즈라 운율로 작성된 『하타의 등불』 I. 1송에서도 발견되는데 후대의 주석가인 브라흐마난다는 '운율을 지키기 위해 문법이 무시되었던 것'으로 해설한 바 있다.[4]

I. 2[a] vede vedāntaśāstre phaṇipatiracite śabdaśāstre svaśāstre ।
I. 2[b] tantre prābhākarīye kaṇabhugabhihite nyāyaratnārṇavenduḥ ।
I. 2[c] sāṃkhye sārasvatīye vividhamatimate tattvacintāmaṇijñaḥ ।
I. 2[d] śrīmajjyotirvid agre saravaratanujo rājate śrīnivāsaḥ ।[5]

쉬리니바사는, 천문학자인 사라바라의 아들로 태어나 베다, 베단따 문헌 [그리고] '빠딴잘리Phaṇipati가 저술한 문법서(Śabdaśāsatra)와 『요가경』(*Svaśāstra*)'[을 비롯해서] 딴뜨라, 쁘라브하까라-미망사, 바이쉐시까(Kaṇabhug-abhihita), 『니야야-라뜨나르나벤두』, 상캬, 『사라스바띠경經』, 『따뜨바찐따마니』 등 다방면의 학문에 정통한 학자이다.

---

3) 다시 말해서 'śrīādināthaṃ natvātha'(——∪————∪: 8음절)에서 ī가 y로 바뀔 경우, 'śryādināthaṃ natvātha'(—∪————∪: 7음절)로 1음절이 부족해지게 된다.

4) 『하타의 등불』 I. 1송의 첫 번째 구는 11음절의 인드라바즈라 운율인 'śrīādināthāya namo 'stu tasmai'(——∪——∪ ∪— — ——)로 작성되었는데 여기서도 첫 번째의 모음 ī가 y로 반모음화되지 않았다. 브라흐마난다는 다음과 같이 해설한 바 있다.
『월광』: "śrīādināthāya(쉬리-아디나타에게)라는 말에서 [śrī의 모음 ī가] 반모음화되지 않았지만 그것은 'māṣa(콩) [라는 글자]를 maṣa로 바꿀지언정 기도문의 운율을 어겨선 안 된다'는 것이 운율을 아는 사람들에게 대대로 전수되어 온 전통이기 때문에 그리고 발성이 지고선至高善이기 때문인 것으로 알아야만 한다."
śrīādināthāyety atra yaṇabhāvas tv api māṣaṃ maṣaṃ kuryāc chandobhaṅgaṃ tyajed girām iti cchandovidāṃ saṃpradāyād uccāraṇasauṣṭhavāc ceti bodhyam । Hp-Jt. I. 1(박영길 2015역, p. 174)

5) 제2송은 21음절의 스락드하라(Sragdharā: ————∪——∪∪∪∪∪∪——∪——∪——) 운율로 작성되었다.

【해설】

위 게송에 따르면, 쉬리니바사는 천문학자였던 사라바라의 아들로 베다와 베단따를 비롯해서 빠딴잘리Phaṇipati[6]가 저술한 문법서(Śabdaśāstra)와 요가서(Svaśāstra)뿐만 아니라 딴뜨라Tantra, 쁘라브하까라–미망사(Prābhākarīya)[7], 상캬Sāṃkhya, 문법서(Sārasvatīya)[8], 바이쉐시까(Kaṇabhug)[9], 니야야Nyāya[10], 나바–니야야Nava-nyāya[11] 등 다방면에 정통한 학자이다.

본 게송은 쉬리니바사의 박학다식함을 보여주고 특히 논리학에 조예가 깊은 학자라는 것을 암시하지만 『하타의 보석 목걸이』(특히 제IV장 후반부)에 담긴 내용 자체만 놓고 보면 그는 논리학자라기보다 불이론 베단따(Advaita Vedānta) 철학에 기반을 두고 있는 것으로 파악된다.

위 게송에서 흥미로운 것은 첫 번째 구의 “phaṇipatiracite śabdaśāstre svaśāstre”라는 표현인데 그 의미는 ‘쉬리니바사가 빠딴잘리(Phaṇipati)의 저술인 Śabdaśāstra와 Svaśāstra에 대해서도 잘 알고 있다는 것’으로 파악된다. 여기서 Śabdaśāstra는 문법서로 ‘Mahābhāṣya’를 의미하고 Svaśāstra는 ‘빠딴잘리 그 자신의(Sva) 저술(Śāstra)’인 『요가경』(*Yogasūtra*)을 지칭하는 표현으로 파악된다. 그 이유는 문법서, 즉 Śabdaśāstra는 빠딴잘리의 독창적獨創的인 저술이 아니라 빠니니의 Aṣṭadhyāyī에 대한 주석서를

6) ‘Phaṇipati’ 뱀의 신(왕)는 빠딴잘리의 별명이다.

7) ‘쁘라쁘하까리야’Prābhākarīya는 ‘쁘라브하까라를 따르는 사람들(또는 관련된 저술들)’을 의미하므로 그 의미는 쁘라브하까라–미망사 학파의 철학(또는 저술)을 의미한다.

8) ‘Sārasvatīya’는 아누부띠스바루빠짜리야(Anubhūtisvarūpācārya, 14세기)가 저술한 문법서인 Sarasvatī-prakriyā를 의미할 것으로 추정된다.

9) ‘까나브후그’Kaṇabhug는 다원론적 실재론 학파인 바이쉐시까Vaiśeṣika의 개조開祖 까나다Kaṇāda의 별명으로 알려져 있다.

10) Nyāyarātnārnavendu는 ‘Navyanyāya’의 주석서인 Nyāyarātna를 의미할 수도 있고 이 주석서의 복주를 의미할 수도 있다.

11) ‘Tattvacintāmaṇi’는 신新-니야야(Navya-Nyāya)의 강게샤(Gaṅgeśa, 1,200년경)가 남긴 작품이다.

의미하지만 『요가경』(*Yogasūtra*)은 주석서가 아니라 빠딴잘리 자신의(Sva) 저술(śāstra)이므로 『요가경』을 'Svaśāstra'로 표현했던 것으로 파악되기 때문이다.[12]

여기서 또 한가지 알 수 있는 것은, 쉬리니바사가 문법학자로서의 빠딴잘리와 『요가경』의 저자로서의 빠딴잘리를 동일 인물로 보고 있다는 점이다. 뷔네만을 비롯한 현대 학자들에 따르면 문법학자로서의 빠딴잘리는 기원전 150년경에 생존했고 『요가경』의 저자인 빠딴잘리는 기원후 400년경의 인물이므로, 문법학자로서의 빠딴잘리와 요가학자로서의 빠딴잘리는 동명이인으로 판단된다.[13] 하지만 빠딴잘리가 말(Śabda)과 몸(Kāya)과 마음(Citta)을 정화하기 위해 각각 문법서(Śabdaśātra), 의학서(Āyurveda), 요가서(Yogaśātra)를 저술했다는 대중의 믿음은 이미 10세기부터 시작되었고(Bühnemann: 2022, pp.12-13) 쉬리니바사가 활동했던 17세기에도 이러한 사유가 지속되었던 것으로 보인다.[14]

> I.3^ab^ haṭhavidyāṃ hi gorakṣamatsyendrādyā vijānate ।
> I.3^cd^ ātmārāmo 'pi jānīte śrīnivāsas tathā svayam ।
>
> 고락샤와 맛첸드라를 필두로 하는 [스승]들이 가르친 하타[요가]의 도법을 아뜨마라마(=스바뜨마라마)께서 알게 되었고 쉬리니바사도 그와 같이 자연스럽게 하타요가를 전수 받았다.

12) 저자가 굳이 네 음절의 *Yogasūtre*(—∪——) 대신 Svaśātre(∪——)를 사용했던 것은 스락드하라 운율을 지키기 위한 것으로 추정된다.

13) Bühnemann: 2022, pp.11-12.

14) 현대 인도에서도 빠딴잘리는 요가서로 마음의 때를, 문법서로 말의 때를, 의학서로 몸의 불순물을 제거한 위대한 성자로 표현되고 있다.

【해설】

제3송은, 쉬리니바사가 고락샤나타와 맛첸드라나타를 비롯해서 아뜨마라마(=스바뜨마라마)로 계승되는 나타전통(nāthasaṃpradāya)의 요가, 즉 하타요가를 전수받았다는 것을 밝히고 있다. 하지만 이 게송은 『하타의 보석 목걸이』의 독창적인 내용이 아니라 "고락샤와 맛첸드라를 필두로 하는 스승들이 하타요가의 도법을 가르쳤다"는 『하타의 등불』 I.4송의 전반부(pāda[ab])를 인용한 후 『하타의 등불』 I.4송의 후반부(pāda[ab])인 "그 은총으로(=고락샤의 은총으로) 스바뜨마라마도 [하타요가를] 알게 되었다"를 변형시켜 쉬리니바사도 하타요가를 알게되었다는 것을 밝히는 게송이다. 이 게송은 후대에 추가된 것으로 추정되지만 '쉬리니바사의 요가가 빠딴잘리에 기반을 둔 것이 아니라 고락샤와 맛첸드라를 비롯해서 스바뜨마라마로 전승된 하타요가 전통에 입각해 있다는 것'을 밝혔다는 점에서 의의를 지닌다.[15)]

전통적으로 하타요가의 창시자는 아디나타Ādinātha, 즉 쉬바Śiva로 알려져 있고 그의 첫 번째 제자가 맛첸드라나타로 알려져 있으며 고락샤나타는 맛첸드라나타의 열두 제자 중 한 명으로 알려져 있다. 하지만 『하타의 등불』을 비롯해서 『하타의 보석 목걸이』의 계보에 따르면 고락샤는 맛첸드라나타Matsyendranātha의 제자가 아니라 미나나타Mīnanātha의 제자로 추정되고 맛츠야Matsya와 미나Mīna가 모두 물고기를 의미한다는 점에서 맛첸드라와 미나나타가 동일시되면서 고락샤가 맛첸드라의 제자로 알려졌던 것으로 추정된다.[16)]

I.4[ab] bhrāntyā bahumatadhvānte	rājayogam ajānatām |
I.4[cd] kevalaṃ rājayogāya	haṭhavidyopadiśyate |

15) 다시 말해서 이 게송은 '쉬리니바사가 빠딴잘리요가에 입문했던 것이 아니라 고락샤 전통의 하타요가에 입문했다는 것'을 밝힌 것으로 파악된다.

16) 하타요가의 계보 및 주요 스승에 대해서는 본서 I.80-84 및 박영길: 2019, pp.35

수많은 사상의 어둠 속에서 배회하며 라자요가를 알지 못하는 사람을 위해 [스승께서는] 오직 라자요가를 [성취하기] 위해 하타[요가의] 도법을 가르쳤다.

【해설】

제4송은 『하타의 등불』 I.2-3송을 선택적으로 인용해서 쉬리니바사가 본서를 저술한 이유, 그리고 하타요가의 목표가 라자요가rājayoga라는 것을 천명하고 있다. 산스끄리뜨 문헌에서의 라자요가는 하타요가나 만뜨라요가와 구별되는 하나의 구체적인 테크닉으로서의 요가가 아니라 다양한 요가에 의해 도달된 최고의 경지 또는 삼매(三昧, samādhi)를 의미하는데[17] 아래의 I.14-17송 그리고 특히 I.21송에서 알 수 있듯이 쉬리니바사 역시 라자요가를 '최고의 경지'로 설명하고 있다.

I.5[ab] athāto yogajijñāsāśāstram ādyam idaṃ kṛtam ।
I.5[cd] yogasya viṣayaṃ vaktuṃ yogaśāstre proyojanam ।

74를 참조.

17) 일반적으로 라자요가는 빠딴잘리의 팔지요가(Aṣṭāṅgayoga) 또는 명상지향적인 요가 기법技法으로 알려져 있지만 그것을 입증할 만한 문헌적 증거는 발견되지 않는다. 산스끄리뜨 문헌에서 라자요가는 거의 전적으로 '삼매 또는 다양한 요가를 통해 도달된 최종 경지, 목표'를 의미하다. 예외적인 작품이 『요가의 근본』(YB)과 『샤릉가드하라 선집』인데 전자에 따르면 라자요가는 '남성의 레따스(retas, 精)과 여성의 라자스rajas를 결합시키는 것'을 의미한다. 후자에 따르면 라자요가는 '꾼달리니를 각성시킨 후 그것을 정수리로 끌어 올리는 것'으로 '전통적인 하타요가의 기법'과 다르지 않다. 한편, 『하타의 등불』은 삼매와 라자요가를 동의어로 설명하지만(HP.IV.3-4) II.76송은 다소 특이하게 '하타요가와 라자요가를 한 쌍으로 수련해야 할 것'으로 언급하는데 브라흐마난다는 여기서의 라자요가를 샴브하비-무드라와 같은 명상적인 무드라 또는 베단따의 15지 요가를 의미할 것으로 해설한 바 있다. 이 점에 대해서는 박영길 2019a, pp.1, 187-1,198 및 박영길 2015, pp.182-183, 박영길 2019b, pp.38-79를 참조.

이제(atha), 그러므로(ataḥ) 지금(ādyam) '요가를 알고자 하는 바람을 담은 저술'을 집필하는데 본 요가서의 의도는 '요가 그 자체'를 설명하기 위해서이다.

【해설】

첫 번째 구의 "athāto … jijñāsā"는 육파 철학의 소의 경전 중 특히 바라문들에게 널리 알려진 『브라흐마경經』(*Brahmasūtra*)과 『미망사경經』(*Mīmāṃsāsūtra*)의 첫 번째 경문(經文, sūtra)에 사용된 유명한 표현으로 하타요가 문헌에서는 거의 발견되지 않는 형식이다. 'athāto'(이제 그러므로) 그리고 'jijñāsā'(탐구욕)이라는 용어를 사용했던 것은 아마도 쉬리니바사 자신이 육파 철학을 대표하는 베단따와 미망사의 소의所依 경전을 잘 알고 있다는 것을 보여줄 의도 또는 『하타의 보석 목걸이』이라는 문헌의 개시開始적 의미를 『브라흐마경』이나 『미망사경』에 대응시켜 그 권위를 높이기 위해 사용된 것으로 파악된다.

II. 요가의 목표 (I.6)

I.6[ab] apānaprāṇayoś cāpi jīvātmaparamātmanoḥ ।
I.6[cd] yogaś cāyaṃ hi yogārthaṃ kecid ācakṣate budhāḥ ।

지혜로운 이들은 요가의 목표를 '아빠나와 쁘라나의 [결합]' 그리고 '개아個我와 최고 영혼의 결합'으로 규정했다.

【해설】

'아빠나apāna와 쁘라나prāṇa의 결합(yoga)', '개아(jīvātman)와 최고

영혼(paramātman)의 결합(yoga)'이라는 표현은 『고락샤의 백송』(GŚ)을 비롯해서 『요가의 근본』(YB), 『하타의 등불』(HP) 등 수많은 하타요가 문헌에서 앵무새처럼 반복된 유명한 표현이다.[18)]

아빠나와 쁘라나의 결합:

쁘라나와 아빠나의 의미는 다양하다.[19)] 하지만 '대응짝(세트)으로서의 쁘라나와 아빠나'는 거의 모든 하타요가 문헌에서 동일하게 정의되었는데 여기서의 쁘라나prāṇa는 '코에서 폐까지 작용한 숨' 또는 '상승하는 성향의 바유'로 알려져 있고 아빠나apāna는 '아래로 흐르는 성향'(하기下氣 성향)의 바유vāyu로 알려져 있다.[20)]

쁘라나는 '하'Ha 음절로 상징되고 아빠나는 '타'Ṭha 음절로 상징되므로 하타요가Haṭhayoga는 '쁘라나(=Ha)와 아빠나(Ṭha)의 결합(Yoga)'으로 정의된다. 하타요가가 '하와 타의 결합'을 중요시하는 이유는, 하타요가의 일차적 목표라 할 수 있는 '꾼달리니의 각성'이 '쁘라나와 아빠나가 결합한 이후'에 이루어지기 때문이다.[21)]

개아와 최고 영혼의 결합:

'지바-아뜨만과 빠라마-아뜨만의 결합'이라는 표현 역시 『고락샤의 백송』을 비롯한 다수의 하타요가 문헌에서 발견된다. 여기서의 지바-아뜨만(個我, Jīvātman)은 각각의 '인간 개개인'을 의미하고 일반적으로 '지

18) 이 점에 대해서는 본서 IV. 1-3의 역주를 참조.
19) 이 점에 대해서는 박영길(2023), pp.45-48을 참조.
20) 아빠나가 '아래로 흐르는 성향의 숨'이라는 것은 여러 하타요가 문헌에서 발견되지만 『하타의 보석 목걸이』에도 다음과 같은 용례가 있다.
"아래로 흐르는 아빠나'(adhogatim apāna)를 수축함으로써 위로(ūrdhva) 강력하게 상승시키는 이것을 요가수행자는 물라반드하라고 했다."『하타의 보석 목걸이』 II.59.
21) 쁘라나와 아빠나의 의미에 대해서는 박영길(2015역), pp.177-181, 498-503을 참조.

바'(Jīva, 個我)로 불린다. 빠라마-아뜨만(最高我, Paramātman)은 인간 개개인 속에 있는 '거룩한 본질'을 의미하며 줄여서 '아뜨만'Ātman으로 불린다. 지바Jīva, 즉 인간 개개인은 형태나 성품, 기질이 다르지만 그 속에 있는 본질적 자아인 '아뜨만'Ātman은 동일하다.

한편, "jīvātmaparamātmanoḥ yogaḥ"(개아와 최고 영혼의 결합)라는 표현은 『하타의 등불』에서도 발견되는데 브라흐마난다Brahmānanda는 여기서의 지바-아뜨만Jīvātman을 '내적 감관과 결합된 [제한적인] 순수 의식적 존재'[22], 즉 인간 개개인으로 해설하고 빠라마-아뜨만Paramātman을 '존재-의식-환희'(Saccidānanda)로 정의한 후 빠라마-아뜨만을 '장소와 시간과 사물의 제약을 뛰어넘은 순수 의식'[23]으로 해설한 바 있다. 따라서 여기서의 '빠라마-아뜨만'을 불이론 베단따 학파의 무속성-브라흐만(Nirguṇa-Brahman)과 같은 신성(神性, Godhead) 또는 무속성-브라흐만과 동일한 것으로서의 아뜨만Ātman으로 파악할 수 있다. 이 경우 '개아와 최고 영혼의 결합'은 '자신의 내면에 있는 참자아와의 합일'(자아실현) 또는 '범아일여의 실현'으로 파악될 수 있다.

III. 마하요가Māhayoga (I.7-8)

I.7[ab] cittavṛttinirodhas tu mahāyogaḥ prakīrtitaḥ ǀ
I.7[cd] yogaś caturvidhaḥ prokto yogajñaiḥ sarvasiddhidaḥ ǀ

'마음 작용의 지멸止滅'을 마하요가로 부르는데 요가에 정통한 사람들은, 모

22) jīvātmā antaḥkaraṇopahitaṃ caitanyaṃ ǀ HP-Jt. IV.7.
23) paramātmā saccidānandalakṣaṇaṃ deśakālavastuparichedaśūnyaṃ caitanyam ǀ HP-Jt. IV.7.

든 것을 이루게 해주는 [바로 이 마하]요가를 네 종류로 말했다.

I.8^ab mantrayogo layaś caiva rājayogas tṛtīyakaḥ ।
I.8^cd haṭhayogaś caturthaḥ syāt prāṇināṃ mokṣadāyakaḥ ।

사람을 해탈로 인도하는 [마하요가에는] 만뜨라요가, 라야요가, 라자요가, 하타요가와 같은 네 가지가 있다.

【해설】

마하요가mahāyoga는 14세기 문헌인 『요가의 근본』(YB)에서 처음 등장한 용어이다. 『요가의 근본』과 『하타의 보석 목걸이』가 만뜨라요가, 라야요가, 하타요가, 라자요가와 같은 네 요가[23)]를 마하요가로 불렀다는 점에서 동일하지만 한 가지 차이점이 발견되는데 그것은 라자요가의 정의이다. 『하타의 보석 목걸이』를 비롯해서 『하타의 등불』 등 거의 모든 하타요가 문헌은 라자요가를 삼매의 동의어 또는 다양한 요가를 통해 도달된 최고의 경지를 의미하지만 『요가의 근본』에서 설명된 라자요가는 최고의 경지가 아니라 '하나의 구체적 기법'을 의미한다.[24)]

『하타의 보석 목걸이』는 마하요가를 '마음 작용의 지멸'로 정의하는데

24) 만뜨라요가, 라야요가, 하타요가, 라자요가와 같은 네 종류의 요가를 설명하는 문헌은 두 유형으로 나누어지는데 첫 번째는 네 요가의 서열을 설정하고 만뜨라요가를 저차원적인 것으로, 라야요가를 중급으로, 하타요가를 상급으로 규정한 후 세 요가의 목표가 라자요가(=삼매)라는 것을 규정하는 유형이다. 이 유형에 속하는 문헌은 『요가의 성전』(DyŚ. 12-24), 『쉬바상히따』(ŚS. V.14-16), 『아마라우그하의 자각』(AP. 18-24) 등인데, 라자요가를 삼매 또는 최종적인 경지로 본다는 공통점을 지닌다. 두 번째는 네 요가의 위계를 설정하지 않는 유형인데 『요가의 근본』(YB), 『샤릉가드하라 선집』(ŚP)이 이 범주에 속한다. 이 범주에 속하는 문헌들은 다소 특이하게 '라자요가를 삼매와 같은 최종적인 경지로 보지 않고 하나의 테크닉(기법)'으로 설명한다는 공통점을 지닌다. 하지만 『하타의 보석 목걸이』는 네 요가의 서열이나 위계를 설정하지 않았다.

이 표현은 『요가경』의 두 번째 경문에 의거했던 것으로 보인다. 하지만 이 게송을 제외한 곳에서는 빠딴잘리 요가의 흔적은 발견되지 않는다.

『하타의 보석 목걸이』에 따르면 네 종류의 요가는 다음과 같다.

『하타의 보석 목걸이』: 요가의 정의 및 마하요가		
1. 요가의 목표		
① 아빠나apāna와 쁘라나prāṇa의 결합		I.6
② 개아jīvātman과 지고한 영혼paramātman의 결합		I.6
2. 마하요가mahāyoga: 마음 작용의 지멸cittavṛttinirodha		I.7
1 만뜨라요가 mantrayoga	기법: 만뜨라를 자신의 온몸sarvāṅga에 배당한 후 만뜨라를 염송	I.9
2. 하타요가 haṭhayoga	정의①: 태양sūrya과 달candra의 결합	I.22
	정의②: '마ma'(=manas,마음)와 '뜨라tra'(=prāṇa,쁘라나)의 결합	I.20
	기법: (1) 10무드라 (2) 8꿈브하까 (3) 84아사나	I.18

25) 『요가의 근본』에서 설명된 마하요가를 정리하면 다음과 같다.

『요가의 근본』(YB) 143-152의 마하요가		
	세부 기법	정의
마하요가 mahāyoga	① 만뜨라요가 mantrayoga	'함사 함사'(haṃsa haṃsa)가 '소함 소함'(so 'haṃ so 'ham)으로 바뀌는 것
	② 하타요가 haṭhayoga	태양(sūrya)과 달(candra)의 결합
	③ 라야요가 layayoga	개아(kṣetra)와 최고주재신(kṣetrajña, =브라흐만)의 합일
	④ 라자요가 rājayoga	남성의 레따스(retas, =精, bindu)와 여성의 라자스(rajas)를 결합하는 것

박영길(2019), p.705의 도표를 재가공

3. 라야요가 layayoga	정의: 대상에 대한 기억이 소멸되는 것(viṣayavismṛti)	I.13
	기법: 미간에 시선을 고정시키는 것을 비롯한 1,250만 개의 비법saṃketa이 있지만 비음명상nādānusamdhāna이 가장 중요.	I.12
4. 라자요가 rājayoga	쁘라나가 '허공의 연꽃'(gaganāmbhuja, =사하스라라 짜끄라)에 확립할 때 라자요가가 성취됨	I.21
	하타요가(아사나, 꿈브하까, 무드라)의 목표	I.17

1. 만뜨라요가Mantrayoga (I.9)

I.9[ab] aṅgeṣu mantraṃ vinyasyas[26) pūrvamantraṃ japet sudhīḥ ।
I.9[cd] yena kenāpi siddhaḥ syād mantrayogaḥ sa ucyate ।

지혜로운 이는, 만뜨라를 자신의 몸에 배당하고 만뜨라를 염송해야 한다. [이것이 만뜨라 요가인데] 만뜨라 요가는 누구라도 성공할 수 있는 것으로 알려져 있다.

【해설】

만뜨라요가는 '옴'(Om), '소함'(So 'ham) 또는 '쉬바야 나마하'(Śivāya namaḥ) 등을 염송하는 기법으로 알려져 있는데『하타의 보석 목걸이』제9송의 원문은 약간 모호하다. 이와 유사한 내용은 13세기 작품인『요가의 성전』(DyŚ. 12)[27)]에서도 발견되는데『요가의 성전』은 "aṅgeṣu mātṛkānyāsa"(사

26) 본 게송은 8음절 4구의 아누쉬뚜브-쉴로까 운율로 작성되었는데 첫 번째 구의 5-6-7번째 음절은 '———'(마-운각, Ma-gaṇa)로 되어 있다. 이것은 기본형pathyā은 아니지만 허용 가능한 형식으로 '마-비뿔라'Mavipulā로 불린다.

27)『요가의 성전』12: "지혜로운 이는 [자신의] 온 몸뭄에 [산스끄리뜨] 자모를 배당한 후 만뜨라를 염송해야 한다. 이것이 누구라도 성공할 수 있다고 말해진 만뜨

지에 산스끄리뜨 자모를 배당하고)로 되어 있지만 위 게송은 “aṅgeṣu mantra-nyāsa”(사지에 만뜨라를 배당하고)로 되어 있다. 아마도 후술할 라야요가와 마찬가지로 만뜨라요가의 기법 역시 『요가의 성전』 12송을 인용한 것으로 추정되므로[28] 여기서의 만뜨라요가도 ‘산스크리뜨 자모를 자신의 온 몸에 배당한 후 그것을 염송하는 것’으로 파악된다.

2. 라야요가Layayoga (I. 10-13)

I. 10^{ab} layayogaś cittalayāt[29] saṃketais tu prajāyate ।
I. 10^{cd} ādināthena tu layāḥ[30] sārdhakoṭir udīritāḥ ।

라야요가는 다양한 상께따(비법, saṃketa)을 통해 ‘마음(citta)을 소멸(laya)시킴으로써’ 증득되는데 아디나타(Ādinātha, =쉬바)께서는 1,250만 개나 되는 라야[의 비법]을 설명하신 바 있다.

I. 11^{ab} bhrūmadhye dṛṣṭimātreṇa paraḥ saṃketa ucyate ।
I. 11^{cd} śiraḥpāścātyabhāgasya dhyāne mṛtyuñjayaḥ paraḥ ।

라요가이다.”
aṅgeṣu mātṛkānyāsapūrvaṃ mantraṃ japet sudhīḥ ।
yena kenāpi sādhyaḥ syān mantrayogaḥ sa kathyate ॥ DyŚ. 12(박영길 2019, pp. 416-417)

28) 『하타의 보석 목걸이』에서 설명된 만뜨라요가와 라야요가의 기법과 동일한 내용은 오직 『요가의 성전』(13세기)에서만 발견된다.

29) 본 게송은 8음절 4구의 아누쉬뚜브-쉴로까 운율로 작성되었는데 첫 번째 구의 5-6-7번째 음절은 ‘—∪∪’(브하-운각, Bha-gaṇa)로 되어 있는데 이것은 기본형 pathyā은 아니지만 허용 가능한 형식으로 ‘브하-비뿔라’Bhavipulā로 불린다.

30) 본 게송은 8음절 4구의 아누쉬뚜브-쉴로까 운율로 작성되었는데 세 번째 구의 5-6-7번째 음절은 ‘∪∪∪’(나-운각, Na-gaṇa)로 되어 있다. 이것은 기본형pathyā은 아니지만 허용 가능한 형식으로 ‘나-비뿔라’Navipulā로 불린다.

[아디나타께서 가르친 1,250만 개의 비법 중에서] [마음의] 눈으로 미간을 응시하는 것이 탁월한 것으로 알려졌고 머리의 뒷부분을 명상하는 것이 죽음을 정복하는 위대한 [기법으로 말해졌다].

【해설】

라야요가layayoga는 『하타의 보석 목걸이』뿐만 아니라 그 이전의 『요가의 성전』(DyŚ), 『요가의 근본』(YB), 『샤릉가드하라 선집』(ŚP), 『쉬바상히따』(ŚS), 『하타의 등불』(HP) 등 다수의 문헌에서 다양하게 설명되었다. 하지만 '라야요가만을 전문적으로 설명하는 권위 있는 고전 텍스트'는 아직 발견되지 않고 따라서 하타요가 문헌의 단편적인 설명을 통해 그 기법을 추정할 수 있을 뿐이다.

하타요가 문헌에서 설명된 라야요가는 '마음이 소멸된 경지', 즉 삼매를 의미할 수도 있고 때로는 '마음을 소멸시키는 기법'을 의미할 수도 있다. 『하타의 보석 목걸이』에서 설명된 라야요가는 하나의 구체적인 기법인데 첫 번째 기법은 '미간에 시선을 고정시키는 기법'이고 두 번째는 '머리의 뒷부분을 명상하는 것'이다. 이 두 기법은 13세기 문헌인 『요가의 성전』에서 설명된 것과 동일하다. 세 번째 기법은 『하타의 등불』 제IV장에서 설명된 '비음 명상'(nādānusaṃdhāna)법이다.[31]

하타요가 문헌에서 설명된 라야요가를 정리하면 다음과 같다.

<table>
<tr><th>문헌</th><th colspan="2">라야, 라야요가의 정의와 기법</th></tr>
<tr><td rowspan="2">『아마라우그하의 자각』
(AP)[12-14th.]</td><td>정의</td><td>라야요가: 마음의 지속적인 소멸
(cittasantatalaya): AP.4</td></tr>
<tr><td>기법</td><td>라야요가: 까마루빠에 있는 쉬바와 감로를 명상
AP.27</td></tr>
</table>

31) 비음명상의 구체적인 기법은 제IV장에서 설명된다.

<table>
<tr><td rowspan="2">『달의 시선』
(CA)[13th.]</td><td rowspan="2">정의</td><td>라야: ① 쁘라나와 마음의 소멸(laya): CA.6-7</td></tr>
<tr><td>라야: ② 쁘라나, 마음, 기의 용해(laya): CA.9-13</td></tr>
<tr><td rowspan="6">『요가의 성전』
(DyŚ)[13th.]</td><td rowspan="2">정의</td><td>라야요가: ① 대상에 대한 기억 소멸(viṣayavismṛti): DyŚ.13</td></tr>
<tr><td>라야요가: ② 80,000,000개의 비법(saṃketa)에 의해 마음이 소멸됨으로써(cittalayāt) 도달된 상태: DyŚ.15</td></tr>
<tr><td rowspan="4">기법</td><td>① 공(śūnya)에 집중: DyŚ.21</td></tr>
<tr><td>② 시선을 코끝에 두고(nāsāgradṛṣṭi)
두개골 뒤쪽(śiraḥpāścātyabhāga)에 집중: DyŚ.22</td></tr>
<tr><td>③ 미간 또는 눈썹 부위(bhrūtale)에 집중: DyŚ.23</td></tr>
<tr><td>④ 좌우 엄지발가락에 의식을 집중: DyŚ.24</td></tr>
<tr><td>『샤릉가드하라선집』
(ŚP)[1363년]</td><td>기법</td><td>라야요가: 아홉(9) 짜끄라 명상법</td></tr>
<tr><td>『요가의 근본』
(YB)[14th.]</td><td>정의</td><td>라야요가: 개아(kṣetra)와 최고주재신(kṣetrajña)의 합일(aikya): YB.151-153</td></tr>
<tr><td>『쉬바상히따』
(ŚS)[14th.]</td><td>정의</td><td>비음과 함께 마음이 소멸된 상태: ŚS. V.44-45</td></tr>
<tr><td rowspan="3">『하타의 등불』
(HP)[1450년.]</td><td rowspan="2">정의</td><td>라야: 훈습(vāsana)이 일어나지 않으므로 대상에 대한 기억이 소멸됨(viṣayavismṛti): HP.IV.34</td></tr>
<tr><td>삼매, 라자요가, 운마니 등의 동의어: HP.IV.3</td></tr>
<tr><td>기법</td><td>쉬바가 가르친 1,250,000 라야(laya)의 기법 중에서 비음명상(nādānusaṃdhāna)이 가장 중요: HP.IV.66</td></tr>
<tr><td>『요가의 은하수』
(YT)[16th.]</td><td>기법</td><td>쉬바가 가르친 125,000 라야(laya)의 기법 중에서 비음명상이 가장 중요: YT.2</td></tr>
<tr><td rowspan="4">『하타의 보석 목걸이』
(HR)[1625-1695년]</td><td>정의</td><td>라야요가: 대상에 대한 기억의 소멸(viṣayavismṛti): HR.I.13</td></tr>
<tr><td rowspan="3">기법</td><td>① 미간에 시선을 고정시킴: HR. I.11</td></tr>
<tr><td>② 두개골 뒤쪽(śiraḥpāścātyabhāga)을 명상: HR. I.11</td></tr>
<tr><td>③ 쉬바가 가르친 1,250,000 라야(laya)의 기법 중에서 비음명상이 가장 중요: HR. I.12</td></tr>
<tr><td colspan="3">-『하타의 등불』은 '라야'를 삼매의 동의어로 열거하고 설명했지만 '라야요가'라는 용어를 사용하지 않음.
- 위 도표는 박영길(2019), pp.1,189-1,190을 재가공한 것임</td></tr>
</table>

etad eva mataṃ sammataṃ haṭhapradīpikāyām api -

I.12[a] śrīādināthena sapādakoṭi-

I.12[b] layaprakārāḥ kathitā jayantu ǀ

I.12[c] nādānusaṃdhānakam eva kāryaṃ

I.12[d] manyāmahe mānyatamaṃ layānām ǀ[32)]

이와 같은 사유는『하타의 등불』과도 일치하는데 [그것은 다음과 같다].
"쉬리-아디나타께서는 1,250만 개나 되는 라야의 기법들을 설명했다. 우리들은 라야의 기법들 중 비음명상이 가장 위대하다고 생각한다."

I.13[ab] layo laya iti prāhuḥ kīdṛśaṃ layalakṣaṇam ǀ

I.13[cd] apunarbhavasaṃsthānaṃ layo viṣayavismṛtiḥ ǀ

사람들이 "라야, 라야"를 운운하는데 라야의 본질은 무엇인가? 라야는 '대상에 대한 기억이 없어진 것'으로 훈습vāsanā이 다시금 발생하지 않은 상태이다.

【해설】

위의 두 게송은『하타의 등불』IV.66송과 IV.34송을 선별적으로 인용한 것인데『하타의 등불』에 따르면 위 게송의 후반부는 'apunar vāsanotthānāl layo viṣayavismṛtiḥ'(다시금 훈습이 발생하지 않기 때문에 라야는 '대상에 대한 기억이 없어진 것'이다)로 되어 있지만 여기서는 약간 변형되었다. 후대의 주석가 브라흐마난다는『월광』에서 '재차 훈습이 일어나지 않으므로 대상에 대한 기억이 사라진다'[32)]고 해설했으므로 아마도『하타의

32) 본 송은 11음절의 인드라바즈라와 우뻰드라바즈라가 혼용된 우빠자띠Upajāti 운율이다. 이 중에서 두 번째 구는 우뻰드라바즈라(Upendravajrā: ∪—∪ ——∪ ∪—∪ ——)이고 나머지 구는 모두 인드라바즈라(Indravajrā: ——∪ ——∪ ∪—∪——)인데 이와 같은 구조의 우빠자띠는 재차 '바니'Vāṇī로 불린다.

보석 목걸이』의 원문이 약간 변형되었을 것으로 추정된다.

3. 라자요가Rājayoga (I.14-17)

I.14[a] na dṛṣṭilakṣyāṇi na cittabhaṅgho[33)]
I.14[b] na deśakālau na ca vāyurodhaḥ |
I.14[c] na dhāraṇādhyānapariśramo vā
I.14[d] samedhamāne sati rājayoge | [35)]

라자요가의 경지에서는 '눈으로 지각될 대상들'(dṛṣṭilakṣyāṇi)도 없고 '마음의 속박'도 없고 시간과 공간도 없으며 '숨을 멈추는 것'(vāyurodha, =호흡수련)도 없고 응념(dhāraṇā)과 선정(dhyāna)의 고단함도 없다.

I.15[a] na jāgaro nāsti suṣuptibhāvo
I.15[b] na jīvitaṃ no maraṇaṃ na cittam |
I.15[c] ahaṃ mamatvādyapahāya sarve
I.15[d] śrīrājayogasthiracetanānām | [36)]

고결한 라자요가를 확립한 사람의 마음에는 '나는'(aham), '나의'(mama) 등과 같은 [에고적 제한적 의식]을 초월한 상태이므로 깨어있음도 없고 잠드는 것

---

33) 'punar vāsanotthānābhāvād viṣayavismṛtir…'HP-Jt. IV.34(박영길 2015역, p.648)
34) 원문은 'cittabhaṅgha'로 되어 있지만 단순 오탈자이므로 'cittabhaṅgho'로 수정함.
35) 본 게송은 11음절 4구의 인드라바즈라(Indravajrā: ——∪ ——∪ ∪—∪ ——) 운율로 작성되었다.
36) 본 송은 11음절의 인드라바즈라와 우뺀드라바즈라가 혼용된 우빠자띠Upajāti 운율이다. 네 구 중 마지막 구는 인드라바즈라(Indravajrā: ——∪ ——∪ ∪—∪ ——)이고 나머지 세 구는 우뺀드라바즈라(Upendravajrā: ∪—∪ ——∪ ∪—∪——)이고

도 없고, 삶도 없고 죽음도 없으며 마음도 없다.

【해설】

제14-15송은 라자요가의 경지를 간명하게 밝히는 게송이다.[37] 그중에 제14송은, 불이론 베단따 학파의 거장, 샹까라Śaṅkara의 것으로 귀속된 『요가의 은하수』(*Yogatārāvalī*. YT) 제14송과 거의 동일하다. 『하타의 보석 목걸이』의 경우 제14송 첫 번째 구는 'na cittaṅgho'(마음의 흐트러짐도 없다)로 되어 있지만 『요가의 은하수』(14송)에는 'na cittabandho'(마음의 속박도 없다)로 되어 있는데 그 의미는 거의 동일할 것으로 파악된다. 제15송 역시 『요가의 은하수』15^{cd}-16^{ab}와 거의 동일하다.

I. 16^{ab} rājayogaṃ vinā pṛthvī rājayogaṃ vinā niśa ǀ
I. 16^{cd} rājayogaṃ vinā mudrā vicitrāpi na rājate ǀ

라자요가 없이는 대지大地도 빛나지 않고 라자요가 없이는 밤(夜)도, 라자요가 없이는 다양한 무드라mudrā조차 빛을 발할 수 없다.

I. 17^{ab} pīṭhāni kumbhakāś citrā divyāni karaṇāni ca ǀ
I. 17^{cd} sāṅgo 'pi ca haṭhābhyāso rājayogaphalārthadaḥ ǀ

대지, 다양한 꿈브하까, 신령스러운 행법(=무드라)들과 같은
하타[요가] 수행의 모든 지분은 [오직] 라자요가라는 결과를 위한 것이다.

【해설】

I. 16-17송은 『하타의 등불』 III. 126, I. 67송을 선택적으로 인용하면서

이와 같은 구조의 우빠자띠는 재차 '차야'Chāyā로 불린다.

37) 라자요가에 대한 논의는 박영길(2019a, pp. 1,187-1,198; 2019b, pp. 38-79)을 참조.

하타요가의 목표가 라자요가라는 것을 밝히는 유명한 게송이다. 브라흐마난다가 『하타의 등불』에 대한 주석 『월광』에서 해설했듯이 위 게송의 대지(pṛthvī)는 '견고함'이라는 속성과 결부되므로 아사나āsana를 의미하고, 밤(niśa)은 마치 밤에 사람이 돌아다니지 않듯이 그와 같이 '쁘라나가 돌아다니지 않은 상태', 즉 꿈브하까kumbhaka를 의미한다.[37]

4. 하타요가Haṭhayoga (I. 18-22)

I. 18ab mahāmudrādidaśakaṃ[39] karmāṇy aṣṭau ca kumbhakāḥ ।
I. 18cd caturaśīty āsanāni[40] prāhuś caitad dhaṭhāhvayam ।[40]

하타로 불리는 [요가는] 마하무드라를 비롯한 열 가지 행법, 여덟 종류의 꿈브하까, 여든네 개의 아사나로 [구성되었다고] 말해졌다.

I. 19ab haṭhaṃ vinā rājayogo[42] rājayogaṃ vinā haṭhaḥ ।
I. 19cd vyāptiḥ syād avinābhūtā śrīrājahaṭhayogayoḥ ।

하타[요가] 없이는 라자요가가 [성취될 수 없고] 라자요가 없는 하타[요가]는

38) 『월광』 III. 126(박영길: 2015, pp.576-577)
39) 본 게송은 8음절 4구의 아누쉬뚜브-쉴로까 운율로 작성되었는데 첫 번째 구의 5-6-7번째 음절은 '∪∪∪'(나-운각, Na-gaṇa)로 되어 있다. 이것은 기본형pathyā은 아니지만 허용 가능한 형식으로 '나-비뿔라'Navipulā로 불린다.
40) 본 게송은 8음절 4구의 아누쉬뚜브-쉴로까 운율로 작성되었는데 세 번째 구의 5-6-7번째 음절은 '—∪—'(라-운각, Ra-gaṇa)로 되어 있다. 이것은 기본형pathyā은 아니지만 허용 가능한 형식으로 '라-비뿔라'Ravipulā로 불린다.
41) caitat+haṭhāhvayam → caitad dhaṭhāhvayam
42) 본 게송은 8음절 4구의 아누쉬뚜브-쉴로까 운율로 작성되었는데 첫 번째 구의 5-6-7번째 음절은 '—∪—'(라-운각, Ra-gaṇa)로 되어 있다. 이것은 기본형pathyā은 아니지만 허용 가능한 형식으로 '라-비뿔라'Ravipulā로 불린다.

[무용하다].
신령스러운 라자[요가]와 하타요가는 불가분적으로 묶여 있다.

【해설】

제19송의 전반부는 하타요가와 라자요가가 불가분적 관계에 있다는 것을 밝히는 유명한 게송이다. 이 게송은 『하타의 등불』 II.76송과 유사하지만 후반부는 조금 다르다. 『하타의 보석 목걸이』의 후반부(HR.I.19^{cd})는 '라자요가와 하타요가는 불가분적으로 묶여 있다'로 되어 있지만 『하타의 등불』의 후반부(HP.II.75^{cd})에는 '그러므로 요가를 완성할 때까지 한 쌍을 함께 수련해야 한다'로 되어 있다. 『하타의 등불』은 라자요가를 '하나의 구체적인 수행법', 즉 테크닉으로 규정했던 것이 아니라 '삼매' 또는 '하타요가를 통해 도달된 최종적 경지'로 규정했으므로 '라자요가와 하타요가를 한쌍으로 수련해야 한다는 내용'(HP.II.75^{cd})은 다소 납득하기 힘들다.[43] 반면, 『하타의 보석 목걸이』는 하타요가에 의해 라자요가(요가의 완성)가 성취될 수 있다는 것과 더불어 하타요가 없이는 라자요가도 성취될 수 없다는 것을 밝히므로 두 요가의 불가분적 관계를 더 명확하게 설명하는 것으로 파악된다.

matāntare tu-
I.20^{ab} makāreṇa manaḥ proktaṃ trakāraḥ prāṇa ucyate |
I.20^{cd} manaḥprāṇasamāyogād yogo vai mantrasañjñakaḥ |

혹자는 다음과 같이 말한다.

43) 브라흐마난다는 여기서의 라자요가를 ① 운마니-무드라, 샴브하비-무드라와 같은 명상적인 무드라를 의미할 수도 있고 또는 ② 베단따 문헌에서 설명된 15지 요가를 의미할 수도 있는 것으로 해설한 바 있다. 이 점에 대해서는 『월광』II.76(박영길: 2015, pp.411-412)을 참조.

'마'ma 음절은 마음(manas)을 의미하고 '뜨라'tra 음절은 쁘라나prāṇa를 의미한다. '만뜨라라는 명칭을 지닌 요가'(yogo vai mantrasañjñaka)는 마음manas과 쁘라나prāṇa를 결합함으로써 [성취된다].

【해설】

20송은 어떤 학자의 견해를 인용하며 만뜨라mantra에 대한 어원학적 해석을 내놓는데 그에 따르면 '마'ma라는 음절은 마나스(manas, 마음)를 의미하고 '뜨라'tra는 쁘라나를 의미하므로 여기서의 만뜨라mantra는 '마음(ma, =manas)과 쁘라나(tra, =prāṇa)의 결합(samāyoga)'을 의미한다.[44] 만뜨라mantra라는 단어를 '마음(manas)과 쁘라나prāṇa의 결합(samāyoga)'으로 분석, 해석한 사례는 『하타의 보석 목걸이』가 유일한 것으로 판단된다.

5. 하타요가의 목표로서의 라자요가 (I.21)

I.21^{ab} apānavṛttim ākṛṣya prāṇo gacchati madhyame ǀ

I.21^{cd} rājate gaganāmbhuje rājayogas tu tena vai ǀ

[아래로] 흐르려는 아빠나를 끌어 올린 후 쁘라나를 중앙[의 나디]로 보내어 '허공의 연꽃'(=사하스라라 짜끄라)에 고정시킬 때 라자요가가 [성취된다].

【해설】

『하타의 보석 목걸이』는 하타요가의 관점에서 '라자요가의 경지'를 정의하는데 위 게송은 단순히 ① 아빠나를 끌어올려 ② 수슘나로 상승시켜서 ③ 허공의 연꽃, 즉 사하스라라-짜끄라에 고정될 때 라자요가가 성

44) 문맥상, 여기서의 만뜨라요가는 위에서 설명했던 염송요가가 아니라 하타요가의 동의어로 파악된다.

취된다고 말하지만 그 의미는 대단히 함축적인 것으로 파악된다. 『하타의 등불』과 같은 하타요가 문헌에 따르면 ① 아빠나를 끌어올려서 쁘라나와 결합할 때 ② 꾼달리니가 각성되고 그 후 ③ 질적 변화를 겪은 바로 그 쁘라나(=꾼달리니)를 수슘나로 끌어 올려서 ④ 허공의 연꽃, 즉 사하스라라-짜끄라(=브라흐마란드흐라)에 고정될 때 삼매(=라자요가)가 성취되는데 위 게송은 그 과정을 간략하게 표현한 것으로 파악된다.[45)]

6. 하타요가의 의미 (I.22)

I.22^{ab} hakāreṇocyate sūryaṣ ṭhakāraś candrasañjñakaḥ ǀ
I.22^{cd} candrasūryo samībhūto[46)] haṭhaś ca paramārthadaḥ ǀ

'하'ha 음절'은 태양sūrya을 지칭하고 '타'ṭha 음절'은 달candra을 의미한다. '하와 타', 즉 '달과 태양'의 결합이 궁극적 목표로 이끈다.

【해설】

22송은 '하타요가'haṭhayoga라는 복합어를 '하'ha와 타'ṭha의 결합(yoga)'으로 해설한다. 여기서 '하'ha라는 음절은 태양(sūrya)을 지시하고 '타'ṭha는 달(candra)을 의미하므로 '하와 타의 결합', 즉 하타요가는 '태양과 달의 결합'으로 파악된다. 이와같이 하타요가를 '하'(태양)와 '타'(달)의 결합으로 규정했던 것은 『하타의 보석 목걸이』뿐만 아니라 그 이전의

45) 한편, 14세기에 성립된 인도학 백과사전인 『샤릉가드하라 선집』(ŚP)도 이와 유사하게 꾼달리니를 각성시켜 정수리로 끌어올리는 기법을 설명하지만 그것을 하타요가로 규정했던 것이 아니라 라자요가로 정의하였다.
이에 대해서는 박영길: 2019, pp.599-603을 참조.

46) 원문은 'samībhūte'로 되어 있지만 단순 오탈자이므로 'samībhūto'로 수정함.

『요가의 근본』(YB, 14세기)[47] 등을 비롯한 다수의 문헌에서 발견된다.

다수의 하타요가 문헌이 하타요가를 '태양ha과 달ṭha의 결합yoga'로 정의했지만 태양과 달이 각각 무엇을 의미할지는 해설되지 않았다. 하지만 전통적인 하타요가 문헌에서 태양과 달이 상징하는 것은 세 가지이다. 첫 번째는 '태양'을 쁘라나prāṇa로 보고 '달'을 하기 성향의 아빠나apāna로 보는 것이고 두 번째는 '태양'을 '오른쪽 코에서 시작하는 삥갈라 나디'로 보고 '달'을 '왼쪽 코에서 시작하는 이다'로 보는 것이다.[48] 세 번째는 '태양'을 '복부에 있는 소화의 불'로 보고 '달'을 감로로 보는 것이다.[49]

이 중에서 하타요가에 대한 정의, 즉 '태양과 달의 결합'과 실제로 관련되는 것은 첫 번째인 '쁘라나(ha)와 아빠나(ṭha)의 결합(yoga)'이다.[50]

---

47) "'하' 음절(ha-kāra)은 태양(sūrya, 日)을 [의미하고] '타' 음절(ṭha-kara)은 달(月, indu)을 [상징한다고] 말해졌다. [바로 이 두 가지, 즉] 태양과 달을 결합하는 것이 하타 [요가]로 일컬어졌다."

hakāreṇa tu sūryo 'sau ṭhakāreṇendur ucyate ‖ YB. 148[cd]

sūryācandramasor aikyaṃ haṭha ity abhidīyate | YB. 149[ab]. 박영길: 2019, pp.701-702.

48) 예를 들어 『하타의 보석 목걸이』 III.84-86에서 설명된 나디 정화 호흡법의 경우, '태양'은 오른쪽 코에서 시작하는 삥갈라 나디를 의미하고 '달'은 왼쪽 코에서 시작하는 이다 나디를 의미한다.

49) 『하타의 보석 목걸이』(II.72-79)는 도립 무드라를 태양이 위쪽에 달이 아래쪽에 있는 것으로 말하는데 여기서의 태양은 복부를 의미한다.

50) 이 점에 대해 브라흐마난다는 다음과 같이 해설한 바 있다.

『월광』: "하타요가haṭhayoga는 하타haṭha, 즉 하ha와 타ṭha 다시 말해서 '태양과 달' 양자의 결합(yoga)이다. 이것으로써 '하타'라는 단어가 지시하는 두 가지, 즉 '태양과 달로 불리는 두 가지' 다시 말해서 '쁘라나prāṇa와 아빠나apāna'의 결합을 본성으로 하는 쁘라나야마(호흡의 멈춤)가 하타요가라는 하타요가의 정의가 성립된다. 그와 같이 고락샤나타는 『성자들의 정설 선집』에서 다음과 같이 말했다.

7. 요가 수행에 대한 당부 (I.23-25)

I.23[ab] yuvā bhavati vṛddho 'pi vyādhito durbalo 'pi vā ।
I.23[cd] abhyāsāt siddhim āpnoti sarvayogeṣv atandritaḥ ।

모든 기법을 성실하게 수련한다면 늙은이, 병자, 허약자도 회춘하고 [궁극의 목표를] 성취할 것이다.

I.24[ab] abhyāsakāle prathame[51)] śastaṃ kṣīrādibhojanam ।
I.24[cd] tato 'bhyāse dṛḍhībhūte na tāvan niyamagrahaḥ ।

초보 때는 우유 등을 먹는 것이 바람직하지만 그 후 수련이 어느 정도 확고해졌을 때는 이와 같은 규칙을 고수할 필요는 없다.

I.25[ab] abhyāsakāle prathame[52)] niṣiñcanti kaphādayaḥ ।

'하ha라는 말은 태양을 지칭하고 타ṭha는 달로 말해졌다. 태양과 달이 결합하기 때문에 하타요가로 말해졌다.'라고."
haṭhayogavidyā haś ca ṭhaś ca haṭhau sūryacandrau tayor yogo haṭhayogaḥ, etena haṭhaśabdavācyayoḥ sūryacandrākhyayoḥ prāṇāpānayor aikyalakṣaṇaḥ prāṇāyāmo haṭhayoga iti haṭhayogasya lakṣaṇaṃ siddham । tathā coktaṃ gorakṣanāthena siddhisiddhāntapraddhatau "hakāraḥ kīrtitaḥ sūryaṣ ṭhakāraś candra ucyate । sūryācandramasor yogād dhaṭhayogo nigadyate ॥ "iti ॥ Hp-Jt.I.1(박영길: 2015, pp.177-178)

51) 본 게송은 8음절 4구의 아누쉬뚜브-쉴로까 운율로 작성되었는데 첫 번째 구의 5-6-7번째 음절은 '—∪∪'(브하-운각, Bha-gaṇa)로 되어 있다. 이것은 기본형 pathyā은 아니지만 허용 가능한 형식으로 '브하-비뿔라'Bhavipulā로 불린다.

52) 본 게송은 8음절 4구의 아누쉬뚜브-쉴로까 운율로 작성되었는데 첫 번째 구의 5-6-7번째 음절은 '—∪∪'(브하-운각, Bha-gaṇa)로 되어 있다. 이것은 기본형 pathyā은 아니지만 허용 가능한 형식으로 '브하-비뿔라'Bhavipulā로 불린다.

I.25[cd] akāryakarmabhāvena bhaviṣyanty akhilāmayāḥ ǀ

처음 수련할 때 까파 등의 [도샤]들이 소멸되지만
정화법을 수련하지 않으면 몸이 허약해질 것이다.

II. 여덟 정화법Aṣṭakarma (I.26-28)

atra vayaṃ gurusampradāyānusāreṇa cakryādyaṣṭakarmāṇi brūmaḥ

I.26[ab] cakrinaulir dhautinetibastiś ca gajakāriṇī* ǀ

I.26[cd] trāṭakaṃ mastakabhrāntiḥ karmāṇy aṣṭau pracakṣate ǀ

이제, 스승에서 제자로 대대로 전해지는 방법대로 회전[정화법] 등과 같은 여덟 정화법을 말하고자 한다.
여덟 정화법은 회전법cakri, 복부 회전법nauli, 위 청소법dhauti, 코 청소법neti, 관장법basti, 코끼리 행법gajakāriṇī, 응시법trāṭka, 머리 회전법mastakabhrānti이다.

haṭhapradīpikāyām

I.27[ab] dhautir bastis tathā netis trāṭakaṃ naulikaṃ tathā ǀ

I.27[cd] kapālabhrāntir etāni[53)] ṣaṭkarmāṇi pracakṣate ǀ

『하타의 등불』은 다음과 같이 말했다.

53) 『하타의 등불』(II.22)의 원문은 'kapālabhātiś'로 되어 있지만 여기서는 약간 변형되었다.

청소법, 관정법, 코청소, 응시, 복부회전, 정뇌가 여섯 정화법으로 말해졌다.

【해설】

정화법은 1450년경에 성립된 『하타의 등불』에 의해 처음으로 하타요가의 수행법으로 편입되었다. 하지만 『하타의 등불』에서 여섯 정화법은 사지四支 요가의 정식 지분(aṅga)은 아니었고 어디까지나 호흡 수련을 위한 예비적 작법이고 따라서 지나치게 비만이거나 점액질이 많은 사람에게만 해당되는 행법이었다. 하지만 그 이후 정화법은 대단한 인기를 누렸을 뿐만 아니라 대단히 중요시된 것으로 파악되는데 그것을 잘 보여주는 작품이 『하타의 보석 목걸이』이다.[54] 『하타의 보석 목걸이』는, 비교적 정화법을 소홀히 다루는 『하타의 등불』을 비판하는데 첫 번째는 저명한 스바뜨마라마께서 회전 정화법(cakrikarma)를 설명하지 않았다는 것(HR. I.31)이고 두 번째는 호흡 수련만으로도 충분하므로 어떤 스승들이 정화법을 인정하지 않았다는 스바뜨마라마의 견해를 인정할 수 없다는 것(I.85송 이후의 산문)이다.

『하타의 보석 목걸이』에서 설명된 정화법은 『하타의 등불』에서 설명된 여섯 정화법을 포함해서 짜끄리-정화법, 복부 회전법, 위 청소법, 코청소법, 관장법, 코끼리 행법, 응시법, 머리회전법mastakabhrānti과 같은 여덟 종류이다. 그 중에서 짜끄리-정화법은 『하타의 등불』에서 설명되지 않은 새로운 기법이고 가자까라니는 『하타의 등불』에서 설명되었지만 여섯 정화법에 포함되지 않는 별도의 행법이었다.

한 가지 특이한 점은, 위 게송에서 열거된 여덟 정화법 중 마지막은 익숙한 용어인 'kapālabhāti'(두개골 청소, 정뇌)가 아니라 'mastakabhrān-

54) 그 이후 문헌인 『게란다상히따』(GhS)는 여섯 정화법을 칠지요가의 정식 지분으로 설명하는데 『게란다상히따』에서 설명된 세부 기법은 모두 21종류이다. 18세기에는 라그후비라Raghuvīra의 『여섯 정화법 집성』(*Ṣaṭkarmasaṃgraha*, =*Ṣaṭkarmapaddhati*)이라는 단편도 성립되었다.

ti'(머리 회전법)으로 되어 있다는 점이다. 하지만 이 행법을 실제로 설명하는 56-57송에서는 'kapālabhastrikā'(I.56), 'kapālabhastrī(-i)'(I.56,57), 'bhastrā'(I.64)와 같은 용어가 사용되고 있다. 이 용어들은 『하타의 등불』에서 사용된 용어 'kapālabhāti'(정뇌)와 다른 용어이다. 후술하겠지만 『하타의 보석 목걸이』에서 설명된 이 행법은 ① 머리회전법과 ② 정뇌법과 같은 두 종류가 있는 것으로 파악된다.

I.28[ab] karmāṣṭakam idaṃ gopyaṃ ghaṭaśodhanakārakam ।
I.28[cd] kasya cin naiva vaktavyaṃ kulastrīsuratamyathā ।

신체를 맑게 해주는 청정하게 만드는 여덟 정화법을 비밀로 간직해야 한다. 마치 명문가 여인과의 성교처럼 누구에게도 발설해서는 안 된다.

【해설】

28송의 전반부는 여덟 정화법karmāṣṭaka이 신체ghaṭa를 정화하는 것이므로 비밀로 해야 할 것을 당부하고 후반부는 마치 명문가 여성과의 성교처럼 누구에게도 발설해서는 안 된다고 말하는데 이 게송의 후반부는 『하타의 등불』 III.9의 후반부를 인용한 것이다. 『하타의 등불』 III.9송은 '샴브하비-무드라를 비밀로 지킬 것을 당부하는 맥락'으로 사용했지만 『하타의 보석 목걸이』는 정화법과 관련된 당부의 말로 되어 있는데 그것은 아마도 정화법을 중시했던 쉬리니바사의 의중이 담긴 것으로 추정된다.

1. 회전 정화법Cakrikarma (I.29-32)

atha cakrikarma

I.29[ab] pāyunāle prasāryārdham aṅgulīṃ bhrāmayed abhīḥ ।
I.29[cd] yāvad gudavikāsaḥ syāc cakrikarmo[55)] nigadyate ।

회전 정화법이 [설명된다].
손가락의 절반을 항문에 넣은 후 괄약근이 충분히 이완될 때까지 손가락을 회전하는 것을 회전 정화법이라 한다.

I.30[ab] mūlavyādir gulmarogo[56)] naśyaty atra mahodaraḥ ।
I.30[cd] malaśuddhyagnidīptaṃ ca jāyate cakrikarmaṇā ।

회전 정화법에 의해 항문의 질환, 위장 비대, 헛배 부른 것이 소멸되고 몸이 청정해지고 소화의 불이 증대된다.

I.31[ab] sarveṣāṃ karmaṇāṃ cakrisādhanaṃ procyate mayā ।
I.31[cd] svātmārāmaprabhūṇām tu cakrikarma na sammatam ।

모든 정화법들 중에서 내가 설명하는 회전 정화법을 저명하신prabhūṇāṃ 스바뜨마라마는 인정하지 않았다.

55) 원문은 cakrikarma로 되어 있지만 단순 오탈자이므로 수정함.
56) 본 게송은 8음절 4구의 아누쉬뚜브-쉴로까 운율로 작성되었는데 첫 번째 구의 5-6-7번째 음절은 '—∪—'(라-운각, Ra-gaṇa)로 되어 있다. 이것은 기본형pathyā은 아니지만 허용 가능한 형식으로 '라-비뿔라'Ravipulā로 불린다.

I.32[ab] sādhakais tat prakartavyaṃ sarvakarmābhisiddhaye ǀ
I.32[cd] tasmān maduktarītyaiva jñātavyaṃ yogipuṅgavaiḥ ǀ

[그 외의] 다른 모든 정화법들을 온전하게 완성하고자 한다면 수행자들은 내가mad 설명했던 방식대로 [그리고] 저명한 수행자들이 [실행했던] [회전 정화법을] 반드시 수련해야 한다.

【해설】

첫 번째 기법인 '회전 정화법'(cakrikarma)은 손가락의 절반을 항문에 넣고 손가락을 돌려 물로 씻는 것이다. 이 행법은 『하타의 보석 목걸이』가 가장 중요시하는 정화법이지만 『하타의 등불』에서는 언급되지 않은 것이다.[57)]

쉬리니바사는 '모든 정화법 중에서도 가장 중요하다고 할 수 있는 회전 정화법을 저명한 스바뜨마라마가 언급하지 않았다'고 비판한 후 '그 외의 모든 정화법을 온전하게 실행하기 위해서는 반드시 회전 정화법을 해야 할 것'을 당부한다. 하타요가사에서 하타요가 문헌이 타他 학파나 이설을 비판한 사례는 물론이고 특히 전대前代 스승을 비판했던 유일한 사례가 『하타의 보석 목걸이』이다. 특히 쉬리니바사가 스바뜨마라마의 실명을 거론하면서까지 비판했다는 것은 그가 나타전통권에 속했다기 보다는 비판 정신에 충실한 학자(베단따 학자)이면서 요가를 수련했다는 것을 의미할 것이다.

57) 회전 정화법과 유사한 기법은 『게란다상히따』(GhS. I.42-44)에서 '항문청소법'(mūlaśodhanadhauti)으로 설명되었다.
그하로떼(Ghatote, Devnath, and Jha: 2002, p.15)에 따르면, 『여섯 정화법 집성』(*Saṭkarmasaṃgraha*, SKS. 15)은 ūrdhvacakri(상부회전법), madhyacakri(중앙 회전법), adhaś cakri(하부 회전법)과 같은 세 종류의 회전정화법을 언급하는데 그 중에 『하타의 보석 목걸이』에서 설명된 것은 『여섯 정화법 집성』(SKS. 37-38)에서 설명된 adhaś cakri와 유사하다.

2. 복부회전 정화법Nauli (I.33-36)

I.33[ab] sā ca naulir dvidhā proktā bhārī caikāntarābhidhā ।
I.33[cd] bhārī syād bāhyarūpeṇa jāyante 'ntas tu sā tathā ।

복부회전nauli [정화법]은 두 종류가 있는데 하나는 브하리bhārī이고 다른 것은 '안따라'antarā로 불리는 것이데 [그중에] 브하리는 외적인 형태에 의거한 것이고 다른 것(안따라)는 내적인 것이다.

I.34[ab] amandāvartavegena tundaṃ savyāpasavyataḥ ।
I.34[cd] natāṃso bhrāmayed eṣā nauliḥ gauḍaiḥ praśasyate ।

어깨를 [약간 앞으로] 숙인 상태에서 복부를 '왼쪽에서 오른쪽으로'savyāpa-savyataḥ 신속하게 회전시키는 이것이 가우다Gauḍa께서 설명했던 복부회전 [정화법]이다.

I.35[a] tundāgnisandīpanapācanādi-
I.35[b] sandīpikānandakarī sadaiva ।
I.35[c] aśeṣadoṣāmayaśoṣaṇī ca
I.35[d] haṭhakriyāmaulir iyaṃ ca nauliḥ ।[58]

복부의 불tundāgni을 지펴 소화력을 촉진시킬 뿐만 아니라apika 언제나 행복

---

58) 본 송의 운율은 11음절의 인드라바즈라와 우뻰드라바즈라가 혼용된 우빠자띠Upajāti이다. 네 구 중에서 첫 번째와 두 번째 구는 인드라바즈라(Indravajra: ——∪ ——∪ ∪—∪ ——)이고 세 번째와 네 번째 우뻰드라바즈라(Upendravajrā: ∪—∪ ——∪ ∪—∪ ——)인데 이와 같은 구조의 우빠자띠는 재차 라마Rāmā로 불린다.

감을 일으키고 체질 부조화로 생긴 모든 [질병]을 없애는 바로 이 복부회전 [정화법]이 하타정화법haṭhakriyā의 왕관mauli이다.

athāntarā-

I.36[ab] iḍayāvartavegena tathā piṅgalayā punaḥ ।
I.36[cd] ubhābhyāṃ bhrāmayec caiva hy antarā kīrtitā mayā ।

이제 안따라[나울리의 기법]이 기법이 설명된다.
신속히 왼쪽으로 회전하고 다시 오른쪽으로 [회전해서]
양쪽으로 돌리는 것이 내가 말하는 안따라[나울리]이다.

【해설】

복부회전(nauli)[59] 정화법은 15세기 문헌인 『하타의 등불』(II.33-34)에서 처음 설명되었고 그 이후 『하타의 보석 목걸이』를 비롯해서 18세기의 『게란다상히따』(I.52) 그리고 19세기 『여섯 정화법 집성』(110-114)[60]에서 설명되었다. 이 기법은 '상체를 숙인 상태에서 숨을 내쉰 후 복부를 좌우로 격리시키고 정중앙에 모은 복근을 회전하는 것'이다.

『하타의 보석 목걸이』는 '브하리'bhārī와 '안따라'antarā와 같은 두 종류의 기법을 설명하는데 위의 34송에 따르면 브하리는 '복근을 왼쪽에서 오른쪽으로 회전하는 것'이고 36송에 따르면 안따라는 '왼쪽에서 오른쪽으로 회전한 후 자세를 바꾸어 오른쪽에서 왼쪽으로 회전하는 것'이다. 하지만 복부회전법 자체가 좌우로 번갈아가며 복근을 회전한다는 점에서 그하로떼(Ghatote, Devnath, and Jha: 2020, p.17)의 지적대로 브하리와 안따

59) 『하타의 보석 목걸이』 등은 이 기법을 'nauli'로 불렀고 『게란다상히따』는 'naulikī'로 불렀는데 이 단어의 어원은 명확치 않다. 아마도 '회전한다'는 의미를 지닌 어근 √lu에서 파생된 명사 lul에서 유래했을 것으로 추정된다.

60) 한편, 그하로떼(Ghatote, Devnath, and Jha: 2020, p.17)에 따르면 『여섯 정화법 집성』은 세 종류의 기법을 설명하는데 첫 번째는 bāhya-nauli이고 두 번째는 nā

라의 기법은 명확하게 구별되지 않는다.

3. 청소법Dhauti (I.37-39)

I.37^{ab} viṃśad dhastapramāṇena[61] dhautavastraṃ sudīrghitam ।
I.37^{cd} caturaṅgulavistāraṃ siktaṃ caiva śanaiḥ graset ।

스물 뼘 정도의 길고, 폭이 4앙굴라 정도되는 축축하고sikta 깨끗한 천을 천천히 삼키고

I.38^{ab} tataḥ pratyāharec caitad abhyāsād dhautir ucyate ।
I.38^{cd} dine dine tataḥ kuryāj jaṭharāgniḥ pravardhate ।

그 후에 [입으로] 내뱉어야 한다. 이 기법이 청소 [정화법]으로 말해졌는데 매일 매일 수련한다면 [몸속의] 불이 증대될 것이다.

I.39^{ab} kāsaśvāsaplīhakuṣṭhaṃ[62] kapharogāś ca viṃśatiḥ ।
I.39^{cd} dhautikarmaprabhāvena dhāvanty eva na saṃśayaḥ ।

청소법을 매일하게 되면 기침과 천식, 비장비대, 나병 그리고 까파로 인한 스물 가지의 질병이 소멸된다. 이것을 의심해서는 안 된다.

---

la-nauli이고 세 번째는 āntara-nauli이다.

61) viṃśad dhasta…(viṃśat+hasta…)

62) 본 게송은 8음절 4구의 아누쉬뚜브-쉴로까 운율로 작성되었는데 첫 번째 구의 5-6-7번째 음절은 '—∪—'(라-운각, Ra-gaṇa)로 되어 있다. 이것은 기본형pathyā은 아니지만 허용 가능한 형식으로 '라-비뿔라'Ravipulā로 불린다.

【해설】

청소(dhauti) 정화법은 『하타의 등불』에서 설명된 기법으로 산스끄리뜨 원문은 다르지만 내용은 동일하게 축축하고 부드러운 천을 삼켜 위를 청소하는 기법이다. 두 문헌은 이 기법을 간략히 '천을 삼킨 후 빼내는 것'으로 설명했지만 브라흐마난다는 '첫날에는 조금만 삼키고 매일 조금씩 늘려서 하스따-마뜨라(약 45cm)까지 삼킨 후 복부회전(naulī) 정화법을 한 후에 천을 입으로 꺼내는 것'으로 해설한 바 있다.[63]

한편, 『하타의 보석 목걸이』와 『하타의 등불』에서 설명된 '청소 정화법'(dhautikarma)은 천을 이용해서 위를 청소하는 기법 하나뿐이지만 18세기 문헌인 『게란다상히따』(GhS)는 '청소 정화법'(dhautikarmaśodhana)을 내장 청소(antar-dhauti: 4종류), 잇몸 [등의] 청소(danta[ādi]-dauti: 5종류), 위 청소(hṛd-dhauti: 3종류), 항문 청소(mūlaśodhana-dhauti: 1종류) 등 네 유형으로 모두 13가지 기법을 설명하였다.[64]

---

63) 브라흐마난다는 『하타의 등불』 II.24송을 해설하면서 위 청소법을 다음과 같이 설명한다.
"스승이 가르친 방법대로 … 조심스럽게 아주 천천히 조금만 삼켜야 한다. 두 번째 날에는 두 손바닥 [길이] 만큼을 [삼키고], 세 번째 날에는 세 손바닥만큼 [삼켜야 한다]. 이와 같은 방식으로 날짜를 점점 늘려서 '하스따마뜨라'(중지 손가락 끝에서 팔꿈치까지의 길이: 약 43-55cm) 이상으로 삼켜야 한다. 그 천의 끝부분을 앞니에 단단히 고정시킨 후 나울리(복부회전: HP.II.33) 정화법으로써 '위(胃, udara)에 있는 천'을 돌리고 난 후 다시 조심스럽게 그 천을 빼내어야 한다. 입으로 꺼내야 한다."guruṇopadiṣṭo … mārgo … śanair mandaṃ mandaṃ kiṃcit kiṃcid graset । dvitīye dine hastadvayaṃ tṛtīye dine hastatrayam । evaṃ dinavṛddhyā hastamātramadhikaṃ graset । tasya prāntaṃ rājadantamadhye dṛḍhaṃ saṃlagnaṃkṛtvā naulikarmaṇā udarasthavastraṃ samyak cālayitvā । punaḥ śanaiḥ pratyāharec ca tadvastram udgiren niṣkāsayec ca । 『월광』(박영길: 2015, p.334)

64) 이 점에 대해서는 『게란다상히따』 I.12-44(박영길 2022b, pp.92-117)를 참조.

4. 코 청소법Neti (I.40-42)

atha netikarma

I.40[ab] ākhupucchākāranibhaṃ[65] sūtraṃ susnigdhanirmitam ।
I.40[cd] ṣaḍvitastimitaṃ sūtraṃ netisūtrasya lakṣanam ।

이제 코청소 정화법이 설명된다.

'쥐 꼬리와 같은 모양이고'(ākhu-puccha-ākāra-nibhana) '6비따스띠'(ṣaḍ-vitasti, 22.86cm)[66] 정도 길이의 아주 부드럽고 깨끗한 실이 코청소neti [정화법]에 사용될 실의 규정이다.

I.41[ab] nāsānāle praviśyainaṃ mukhān nirgamayet kramāt ।
I.41[cd] sūtrasyāntaṃ prabaddhvā tu bhrāmayen nāsalālayoḥ ।
I.41[ef] mathanaṃ ca tataḥkuryān netiḥ siddhair nigadyate ।

[위에서 규정했던] 실을(enam) 한쪽 콧구멍으로 집어넣은 후 입으로 꺼내어야 한다. [꺼내기 전에] 좌우 콧구멍에 천을 넣은 상태에서 실의 끝을 잡고서 실을 둘둘 돌려야 한다. 이것이 도사들이 설명했던 코청소(neti) [정화법]이다.

I.42[ab] kapālaśodhinī kāryā divyadṛṣṭipradāyinī ।
I.42[cd] jatrūrdhvajātarogaghnī jāyate netir uttamā ।

---

65) 본 게송은 8음절 4구의 아누쉬뚜브-쉴로까 운율로 작성되었는데 첫 번째 구의 5-6-7번째 음절은 '—∪∪'(브하-운각, Bha-gaṇa)로 되어 있다. 이것은 기본형 pathyā은 아니지만 허용 가능한 형식으로 '브하-비뿔라'Bhavipulā로 불린다.

66) 1 비따스띠vitasti는 '손끝에서 손목까지의 길이' 또는 '펼친 손의 엄지손가락에서 새끼손가락까지의 길이'로 약 12앙굴라(9인치, 22.86cm)이다.

코 청소법은 탁월한 기법으로서 두개골을 정화하고, 천안통을 주며, 어깨 위쪽의 질병들을 소멸시킨다.

【해설】

『하타의 보석 목걸이』에서 설명된 코 청소법은 천(sūtra)을 이용하는 것으로 산스끄리뜨 원문은 다르지만 기법은 『하타의 등불』(II.29-30), 『게란다상히따』(I.50-51)와 동일하게 부드러운 실을 한 쪽 코로 집어넣은 후 입으로 빼는 것이다.[67] 세 문헌은 좌우 콧구멍 중 한쪽 코를 청소하는 기법만 언급했지만 반대쪽도 똑같이 실행되어야 할 것으로 보인다.[68]

---

67) 그하로떼(Ghatote, Devnath, and Jha: 2002, p.20)에 따르면 『여섯 정화법 집성』(68)은 두 종류가 있는데 하나는 둘둘 말린 실을 이용하는 것이고 하나는 일반적인 실을 이용하는 것이다.

68) 브라흐마난다는 『하타의 등불』 II.29송에서 설명된 코청소의 방법을 다음과 같이 해설한다.
"실의 끝부분을 콧구멍으로 집어넣은 후 다른 쪽 콧구멍을 손가락으로 막고서 숨을 들여 마셔야 한다. 그 다음에는 숨을 입으로 내쉬어야 한다. 이것을 반복한 후 입에 있는 실의 끝부분을 당겨야 한다. 그리고 그 실의 끝 부분과 코밖에 있는 실을 잡고서 천천히 흔들어야 한다(śanaiścālayet). [세 번째 구에] "그리고"(ca)라는 단어가 있으므로 '한쪽 코로 넣은 후 다른 쪽에서 빼내어야 한다는 것' 역시 언급된 [것으로 파악해야 한다]. 방법은 다음과 같다. 한쪽 콧구멍으로 실의 끝을 집어넣은 후 다른 쪽 콧구멍을 손가락으로 막은 후 숨을 마셔야 하고 그 후에 다른 쪽 콧구멍으로 내쉬어야 하고 그것을 계속 반복한 후 다른 쪽 콧구멍에 있는 실의 끝부분을 당기고 그것을 앞에서와 같은 방법으로 흔들어야 한다."
sūtraprāntaṃ nāsānāle praveśyetaranāsāpuṭam aṅgulyā nirudhya pūrakaṃ kuryāt । punaś ca mukhena recayet । punaḥ punar evaṃ kurvato mukhe sūtraprāntam āyāti । tatsūtraprāntaṃ nāsābahiḥsthasūtraprāntaṃ ca gṛhītvā śanaiś cālayed iti । cakārād ekasmin nāsānāle praveśyetarasmin nirgamayed ity ukatm । tatprakāras tv ekasmin nāsānāle sūtraprāntaṃ praveśyetaranāsāpuṭam aṅgulyā nirudhyā pūrakaṃ kuryāt paścād itaranāsānālena recayet । punaḥ punar evaṃ kurvata itaranāsānāle sūtraprāntam āyāti tasya pūrvavac cālanaṃ kuryād iti । 『월광』I.35(박영길: 2015, p.341)

한편, 현대 요가에서 '네띠'는 일반적으로 물을 이용하는 기법으로 알려져 있으므로 이 기법엔 건식과 습식과 같은 유형이 있을 것으로 추정되지만 현재까지는 습식–네띠를 설명하는 산스끄리뜨 문헌은 발견되지 않는다.

5. 관장법Basti (I.43-50)

atha bastiḥ

I.43ab bastis tu dvividho prokto jalavāyuprabhedataḥ ।

I.43cd cakriṃ kṛtvā yathāśaktyā bastiñ caiva tu kārayet ।

이제 관장법이 설명된다.

관장법은 습식과 건식과 같은 두 종류가 있는 것으로 알려져 있다.

[두 종류의] 관장 [정화법]은 [앞에서 설명했던] 회전 [정화법]을 한 후에 해야 한다.

【해설】

관장(basti) 정화법은 『하타의 등불』(II.26-28)을 비롯해서 『게란다상히따』(I.45-49) 등에서 설명된 기법이다. 『하타의 등불』은 '배꼽 깊이의 물속에 쪼그려 앉아 항문에 관을 삽입해서 괄약근을 수축해서 물을 빨아들이고 흔든 후에 배출하는 기법' 하나만 설명했다. 『게란다상히따』는 습식(jala) 관장법과 건식(śuṣka) 관장법과 같은 두 종류를 설명하는데 전자는 『하타의 등불』에서 설명된 것과 동일하다. 후자는 『게란다상히따』 특유의 기법으로 '등펴기 체위를 실행한 상태에서 암말–무드라(aśvinīmudrā)로 괄약근을 조이고 푸는 것을 반복하는 것'(건식 관장법)이다. 『하타의 보석 목걸이』도 이와 유사하게 두 종류의 관장정화법(basti[69]-śodhana-karma)을 설명하지만 두 기법 모두 『하타의 등불』과 『게란다상히따』에서 설명된 기법과 다르다.

1) 건식乾式 관장법Vāyu-basti (I.44)

I.44[a-b] vāyum ākuñcya jaṭhare[70] gudanāle visarjayet |

숨을 복부로 끌어들인 후 항문으로 내려야 한다.

【해설】

건식 관장법(vāyu-basti)은 『하타의 보석 목걸이』에서 처음 설명된 것으로 그 기법은 단순히 '숨vāyu을 복부jaṭhara까지 끌어 내린 후 항문gudanāla으로 보내는 것'이다. 18세기 문헌인 『게란다상히따』도 건식 관장법(śuṣka-basti)을 설명하는데 그것은 '등펴기 체위를 실행한 상태에서 하복부를 등 쪽으로 끌어당긴 후 암말-무드라(āśvinī-mudrā)를 실행하는 것'으로[71] 『하타의 보석 목걸이』에서 설명된 건식 관장법(vāyu-basti)과 구별된다.

2) 습식濕式 관장법Jala-basti (I.45)

I.45[ab] nābhidaghne jale sthitvā pāyunāle sthitāṅguliḥ |

69) basti의 원어는 vasti(하복부, 골반)이지만 『하타의 보석 목걸이』, 『게란다상히따』 등 다수의 하타요가 문헌은 basti라는 용어를 사용하고 있다.

70) 본 게송은 8음절 4구의 아누쉬뚜브-쉴로까 운율로 작성되었는데 첫 번째 구의 5-6-7번째 음절은 'UUU'(나-운각, Na-gaṇa)로 되어 있다. 이것은 기본형pathyā은 아니지만 허용 가능한 형식으로 '나-비뿔라'Navipulā로 불린다.

71) "등펴기 [체위](paścimottāna)를 실행한 상태에서 하복부를 [등쪽으로] 끌어당긴 후 암말-무드라로 괄약근을 조이고 푸는 것을 [반복해야 한다]". 『게란다상히따』 I.48(박영길: 2022b, p.121)

I. 45^{cd} cakrimārgeṇa jaṭharaṃ[72) pāyunālena pūrayet ।

배꼽이 닿을 정도의 물속에 앉은 후 '손가락을 항문에 넣는 회전-정화법의 방법'대로 항문으로 물을 끌어 올려 몸속[73)에 채워야 한다.

I. 46^{ab} vicitrākaraṇīṃ kṛtvā nirbhīto[74) recayej jalam ।
I. 46^{cd} yāvad balaṃ prapūryaiva kṣaṇaṃ sthitvā virecayet ।

[그 상태에서] 두려워하지 말고 '탁월한 행법'(=회전 정화법)을 행한 후 항문으로 물을 배출해야 한다. 강하게 채우고 잠깐 참은 후에 배출해야 한다.

【해설】

습식 관장법은 『하타의 등불』과 『게란다상히따』에서도 설명된 기법이다. 후술하겠지만 두 문헌에서 설명된 습식-관장법은 항문에 '관'(nāla, 管)을 삽입한 후에 관으로 물을 끌어들이고 내뱉는 기법이지만 『하타의 보석 목걸이』의 경우 '손가락을 항문에 넣는 회전 정화법으로 물을 끌어 올려 복부에 물을 채운 후 항문으로 배출하는 것'이라는 점에서 구별된다.

한편, 위 게송의 'vicitrākaraṇī'는 '다양한 행법'을 의미할 수도 있고 '탁월한(경이로운) 행법'을 의미할 수도 있는데 문맥상, 그것은 『하타의 보석 목걸이』가 가장 중요시하는 탁월한 행법인 회전 정화법'을 의미할 것으로 파악된다.[75)

72) 본 게송은 8음절 4구의 아누쉬뚜브-쉴로까 운율로 작성되었는데 세 번째 구의 5-6-7번째 음절은 '∪∪∪'(나-운각, Na-gaṇa)로 되어 있다. 이것은 기본형pathyā은 아니지만 허용 가능한 형식으로 '나-비뿔라'Navipulā로 불린다.

73) jaṭhara는 일반적으로 위胃를 의미하지만 하복부를 의미할 것으로 파악된다.

74) nirbhītaḥ로 되어 있지만 오탈자이므로 수정함.

75) 마치 『하타의 등불』이 네띠-정화법(복부회전-정화법)을 대단히 중요시하고 네띠-정화법(천絲을 이용하는 코청소-정화법) 등 다양한 정화법을 실행하는 과정에서

I.47[ab] ghaṭītrayaṃ na bhoktavyaṃ bastim abhyasatā dhruvam ।
I.47[cd] nivātabhūmau santiṣṭhed[76)] vaśī hitamitāśanaḥ ।

관장basti [정화법]을 수련한 후 60분(ghaṭī-trayam) 이내에 식사를 해서는 안 되고 또 외풍이 없는 곳에 머물러야 하며 유익한 음식을 먹되 소식해야 한다.[77)]

I.48[ab] gulmaplīhodaraṃ vāpi vātapittakaphādikam ।
I.48[cd] bastikarmaprabhāvena dhāvanty eva saṁśayaḥ ।

부종浮腫, 복수증浮水症 및 바따, 삐따, 카빠[로 인한] 질병은 관장 [정화법]에 의해 모두 소멸된다. 이것을 의심해서는 안 된다.

I.49[a] dhātvindriyāntaḥkaraṇaprasādaṃ
I.49[b] dadyāc ca kāntiṃ dahanapradīptim ।
I.49[c] aśeṣadoṣopacayaṃ nihanyād
I.49[d] abhyasyamānaṃ jalabastikarma ।[78)]

물 관장 [정화법]을 반복한다면 '몸을 구성하는 [일곱] 요소'(dhātu)가 [풍족해

도 네띠-정화법을 활용하듯이 『하타의 보석 목걸이』는 회전-정화법을 중요시하므로 아마도 '탁월한 행법'은 회전-정화법을 의미할 것으로 보인다.

76) 본 게송은 8음절 4구의 아누쉬뚜브-쉴로까 운율로 작성되었는데 세 번째 구의 5-6-7번째 음절은 '———'(마-운각, Ma-gaṇa)로 되어 있다. 이것은 기본형pathyā은 아니지만 허용 가능한 형식으로 '마-비뿔라'Mavipulā로 불린다.

77) 'hitamitśanaḥ'(유익한 음식을 먹고 소식하는 자)는 소유복합어이지만 문맥 혼동을 피하기 위해 의역했다.

78) 본 송은 11음절의 인드라바즈라와 우뻰드라바즈라가 혼용된 우빠자띠Upajāti 운율이다. 이 중에서 세 번째 구는 우뻰드라바즈라(∪—∪ ——∪ ∪—∪ ——)이고 나머지 구는 모두 인드라바즈라(——∪ ——∪ ∪—∪ ——)인데 이와 같은 구조의 우빠자띠는 재차 '살라'Sāla로 불린다.

지고] [외적] 감관과 내적 감관이 깨끗해지며 광채가 생기고 소화의 불이 증대되고 체질 부조화가 소멸될 것이다.

【해설】

47송은 관장 정화법의 주의 사항을 설명하는데 중요한 것은 관장한 후 1시간 이내에 식사를 해서는 안 되는 것이다. 이러한 주의 사항은 『하타의 등불』과 『게란다상히따』에서 발견되지 않지만 『하타의 등불』에 대한 주석에서 브라흐마난다는 '식사를 하기 전에 관장-정화법을 하고 또 관장을 끝낸 후에 너무 늦지 않게 식사할 것'으로 설명한 바 있다.[79] 후술하겠지만 『하타의 등불』과 『하타의 보석 목걸이』에서 설명된 관장 정화의 기법은 다르지만 효과는 동일하게 설명되었다.

atha haṭhapradīpikākāramate tu-

I.50[ab] nābhidaghnajale pāyuṃ nyastanālotkaṭāsanaḥ ।

I.50[cd] ādhārakuñcanaṃ kuryāt kāpālaṃ bastikarma tat ।

한편, 『하타의 등불』에서 저자(=스바뜨마라마)는 다음과 같이 말한다.
'배꼽 깊이의 물속에 쪼그리고 앉은 자'는 항문 속에 관을 삽입하고 괄약근을 수축해야 한다. 이것이 '까빨라-바스띠 행법'이다.

【해설】

50송은 『하타의 등불』(I.26)에서 설명된 관장법을 인용한 것이다. 하지만 위의 제50송의 마지막 구는 'kāpālaṃ bastikarma tat'("이것이 까빨라 바스띠 행법이다")로 되어 있지만 실제 『하타의 등불』II.26송 원문은

79) "청소 정화법(dhautikarma)과 관장 정화법(vastikarma) 이 두 가지는 반드시 식사를 하기 전에 해야 한다. 그리고 그것을 한 후에는 식사가 너무 늦어져서도 안 된다."『월광』 II.26(박영길 2015, p.338)

‘kṣalanaṃ bastikarma tat’(“이것이 물kṣalana 이용한 관장법bastikarma이다.”)로 되어 있다. 『하타의 등불』에 대한 주석에서 브라흐마난다 역시 이 부분을 해설하면서 “이것으로 물(kṣalana) 관장법을 설명했다”고 해설했으므로[80] 아마도 쉬리니바사는 수많은 『하타의 등불』 필사본 중 ‘변형 등 다소간의 문제가 있던 『하타의 등불』 필사본’을 참조한 것으로 보인다.[81]

하지만 쉬리니바사가 『하타의 등불』(II.26송)을 인용했던 것은, 쉬리니바사 자신과 다른 사람의 견해를 단순 소개하기 위한 것인지 또는 타他 기법을 비판하기 위한 것인지는 명확하지 않다. 다만 『하타의 보석 목걸이』 I.50송 이후에 다음과 같은 별도의 산문이 발견된다.

> asmākaṃ tu pāyunyastanālena jalākuñcanam ekadeśayogīndram-ārgabasti-karmaprakārāpekṣayā pāyunāle nyastāṅgulyā ākuñcya jalabastimārgaś carpaṭyādisarvayogīndrasādhāraṇo 'yam eva prakāraḥ samīcīna iva pratibhāti |[82]
>
> [이와 같이] 어떤 지파의 요가 스승들이 사용하는 [또 다른] 방법, 즉 ‘항문에 삽입된 관으로(pāyunyastanālena) 물을 끌어들이는 것’과 같은 관장법도 있지만 우리들은 짜르빠띠Carpaṭi 등과 같은 모든 요가 도사들이 일반적으로 하는 방법을 설명했는데 이 방법이 더 타당하다고 본다.

80) “kṣālanaṃ vastikarmocyate”HP-Jt. (박영길 2015, p.338)

81) 세 문헌의 원문을 비교하면 다음과 같다.
『하타의 등불』I.26: kṣalanaṃ bastikarma tat(이것이 물kṣalana을 이용한 관장법이다.)
『월광』II.26: kṣālanaṃ vastikarmocyate([이것이 …] 물로 하는 관장법이라고 말해졌다.)
『하타의 보석 목걸이』I.50: kāpālaṃ bastikarma tat(이것이 까빨라 바스띠 행법이다)

82) HR. I.50송 이후의 산문임. 레디본(HR^R) p.15; 로나블라본(HR^L), p.23.

【해설】

위의 산문이 쉬리바나사의 자주自註일지 또는 후대의 필사자나 추종자가 가필加筆한 것일지는 분명치 않다. 쉬리니바사가 스바뜨마라의 실명을 언급하면서까지 『하타의 등불』을 비판한 예가 있다는 점에서(I.31송 참조) 그리고 위의 산문이 두 교정본(HR^{R}, p.15와 HR^{L}, p.23)에서 공통적으로 발견되고 두 교정본이 저본으로 삼은 필사본 대부분에서 발견된다는 점에서(HR^{L}. p.23의 각주 5-8을 참조) 쉬리니바사의 자주일 가능성이 높을 것으로 추정된다. 하지만 저명한 학자이고 운율에도 능통했던 작가가 별도의 산문을 만들었을지는 여전히 의심스럽다.

한 가지 분명한 것은 『하타의 보석 목걸이』가 설명하는 방법과 『하타의 등불』이 설명하는 방법이 다르다는 것인데 후자는 관(nāla, 管)을 이용하는 기법이고 전자는 관을 사용하지 않는 기법이다. 『하타의 보석 목걸이』는 관을 사용하지 않는 것을 타당한 것으로 보고 있다. 반면 『하타의 등불』은 관을 항문에 삽입할 것으로 규정하는데 이 부분(HP.II.26)에 대한 주석에서 브라흐마난다는 '관을 항문에 삽입하지 않는다면 불순물이 퍼져 병이 생기고 체액의 유실된다는 이유에서'[83] 반드시 관을 사용해야 할 것으로 해설한 바 있고 더 나아가 브라흐마난다는 '삽입해야 할 관의 길이'[84] 그리고 '관을 삽입한 상태에서 물을 끌어들인 후 나울리(복부회전-정화법)으로 물을

83) "한편, 어떤 사람들은 먼저 항문으로써 바유를 끌어들인 후 물속에 앉아서 항문에 관管을 삽입하지 않고 관장하기도 한다. [하지만] 그와 같이 하면 물이 밖으로 모두 배출되지 않게 되고 이로 인해 [불순물이 퍼짐으로써] 많은 질병이 생기고 [또] 체액dhātu이 유실되는 상황을 맞기도 한다. 이와 같은 방식의 관장법을 해서는 절대로 안 된다. 그러면 달리 어떻게 해야 하는가? 스바뜨마라마께서는 "항문에 삽입된 관으로"(pāyau nyastanāle)라고 답하실 것이다."『월광』 II.26(박영길: 2015, p.338)

84) "6앙굴라(약12cm) 길이의 대나무 관을 잡고서 4앙굴라(약9cm)를 항문으로 삽입해야 한다. [나머지] 2앙굴라를 박에서 잡고 있어야 한다."『월광』 II.26(박영길: 2015, p.337)

흔든 후에 배출하는 것[85]으로 해설한 바 있다.

18세기 문헌인 『게란다상히따』도 『하타의 등불』과 유사하게 배꼽까지 물을 채운 욕조에 쪼그리고 앉아서 항문에 관을 삽입한 후에 암말-무드라(aśvinīmudrā)를 실행해서 관으로 물을 끌어들이고 배출하는 것으로 설명한 바 있다.[86] 이 점에서 『하타의 등불』에서 설명된 기법과 『하타의 보석 목걸이』에서 설명된 기법은 별도의 행법으로 파악된다.

6. 코끼리 행법Gajakaraṇī (I. 51-53)

I. 51[a] udaragatapadārtham udvamantī

I. 51[b] pavanam apānam udīrya kaṇṭhanāle |

I. 51[c] kramaparicayas tu vāyumārge

I. 51[d] gajakaraṇīti nigadyate haṭhajñaiḥ |[87]

아빠나 기로 '위에 들어 있는 음식'을 목구멍으로 끌어올려서 토하는 [방법에] 점차 익숙해져서 나디총總을 통제하는 이것이 '하타[요가]를 아는 자'들이 말하는 코끼리 행법이다.

---

85) "항문을 수축해서 물이 안쪽으로 들어가게끔 수축해야 한다. 안으로 들어간 물을 복부회전법(naulī)으로 흔 든 후에 [관으로] 배출해야 한다."『월광』 II. 26(박영길: 2015, p.337)

86) 『게란다상히따』는 건식 관장법(śuṣkabasti)과 습식 관장법(jalabasti)와 같은 두 종류의 관장법을 설명하는데 그중에 습식 관장법은 『하타의 등불』에서 설명된 것과 동일하게 '배꼽까지 닿는 물속에서 쪼그리고 앉아 항문에 관을 삽입한 후 괄약근을 조이고 푸는 기법'이다. 『게란다상히따』I. 47(박영길: 2022b, p.118)

87) 본 송은 교차 운율(ardhasamavṛtta) 중 하나인 뿌쉬삐따그라puṣpitāgra 운율로 작성되었다. 뿌쉬삐따그라는 홀수 구(pāda[a, c])는 UUUUUUU —U—U——의 12음절이고 짝수 구(pāda[b, d])는 UUUU—UU —U—U——의 13음절로 구성된 정형시이다.

【해설】

『하타의 보석 목걸이』는 두 종류의 코끼리 행법(gajakaraṇī)을 설명하는데 첫 번째는 『하타의 등불』(II.38)에서 설명된 것과 동일한 것으로 '아빠나 바유를 끌어 올려 위胃속에 있는 음식을 목구멍으로 토하는 방법'이다.

atha vā

I.52[a] pītvā kaṇṭhaṃ satilaguḍajalaṃ nālikerodakaṃ vā ǀ
I.52[b] vāyumārge pavanajalayutaṃ kumbhayed vātha śaktyā ǀ
I.52[c] niḥśeṣaṃ śodhayitvā paribhavapavano bastivāyuprakāśāt ǀ
I.52[d] kumbhāmbhaḥ kaṇṭhanāle gurugajakaraṇī procyate 'yaṃ haṭhajñaiḥ ǀ

참깨와 설탕을 섞은 물 혹은 코코넛 즙을 마셔 목을 채우고
공기와 물을 기도에 최대한 채워야 한다.
[이렇게 해서] 위장과 목구멍을 바스띠바유로 청소하는 것을
하타요가의 전문가들은 구루-가자까라니로 불렀다.

【해설】

『하타의 보석 목걸이』는 또 하나의 '코끼리 행법'을 설명하는데 원문이 명확치 않다. 52송의 첫 번째 구는 18음절의 '————∪∪∪∪∪∪——∪——∪——' 구조를 지닌 짠드라레카Candrarekhā로 작성되었지만 두 번째 구의 경우 두 번째 음절이 단음(∪)으로 되어 있으므로 운율에 어긋난다. 뿐만 아니라 세 번째와 네 번째 구는 21음절의 '————∪——∪∪∪∪∪∪——∪——∪——' 구조를 지닌 스락드하라Sragdharā 운율로 되어 있으므로 본 게송의 전반부(pāda[a-b])에 몇 개의 음절이 누락된 것으로 파악된다.[88] 전반부(pāda[a-b])에서 누락된 3음절의 위치는 다음과 같을 것으로 추정된다.

I.52[a] pītvā kaṇṭhaṃ {x[1] x[2] x[3]}[89)] satilaguḍajalaṃ nālikerodakaṃvā ।
I.52[b] {x[1] x[2] x[3]}[90)] vāyumārge pavanajalayutaṃ kumbhayed vātha śaktyā ।
I.52[c] niḥśeṣaṃ śodhayitvā paribhavapavano bastivāyuprakāśāt ।
I.52[d] kumbhāmbhaḥ kaṇṭhanāle gurugajakaraṇī procyate 'yaṃ haṭhajñaiḥ ।

원문이 다소 모호하지만 두 번째 기법은 '참깨satila와 설탕guḍa을 섞은 물jala 혹은 코코넛nālikera 즙을 마셔 목까지 채우고 공기pavana와 물jala을 최대한 유지한 후 입으로 배출하는 것'으로 파악된다.

I.53[ab] yathaiva gajayūthānāṃ rājate rājakuñjaraḥ ।
I.53[cd] tathaiva haṭhatantrāṇāṃ mukhyā hi gajakariṇī ।

마치 우두머리 코끼리가 코끼리 무리에서 빛나듯이
그와 같이 코끼리 행법이 하타의 [정화]법들 중에서 중요하다.

---

88) 물론 본 게송의 전반부(pāda[a-b])를 18음절 2구의 짠드라레카로 분석하고 후반부(pāda[c-d])를 21음절 2구의 스락드하라의 분석해서 본 게송을 두 게송으로 나눌 수 있지만 그럼에도 불구하고 18음절로 된 두 번째 구(pāda[b])도 운율에 어긋나므로 그 가능성은 희박해 보인다.

89) {x[1] x[2] x[3]}: 3음절이 누락됨. 세 음절은 '∪ — —'의 구조를 지녀야 함.

90) {x[1] x[2] x[3]}: 3음절이 누락됨. 세 음절은 '— — —'의 구조를 지녀야 함. 왜냐하면 레디본(HR[R])에는 이 부분이 'kṣīrāṃbho'(우유와 물이)로 되어 있는데 운율 구조에 부합한다.

7. 응시법Trāṭaka (I.54-55)

I.54ab nirīkṣya niścaladṛśā[91] sūkṣmalakṣyaṃ samāhitaḥ ।
I.54cd aśrusaṃpātaparyantam ācāryais trāṭakaṃ smṛtam ।

시선을 고정하고 눈물을 흐를 때까지 미세한 대상을 응시해야 한다. 이것을 스승들은 '응시법'이라 했다.

I.55ab sphoṭanaṃ netrarogāṇāṃ tandrādīnāṃ kapāṭakam ।
I.55cd yatnatāt trāṭakaṃ gopyaṃ yathā ratnasupeṭakam ।

[응시 정화법은] 눈의 질병을 제거하고 나른함 등을 없앤다.
마치 황금이 든 상자처럼 응시법을 비밀로 해야 한다.

【해설】

응시법은, 눈동자를 고정하고 눈물이 흐를 때까지 미세한 대상을 응시하는 것으로『하타의 등불』II.31송의 기법과 동일하고 눈병과 나른함 제거 등과 같은 효과 및 보물 상자처럼 감추어야 할 것을 당부하는 점 역시『하타의 등불』에서 설명된 것과 동일하다. 하지만『하타의 등불』과 마찬가지로『하타의 보석 목걸이』 역시 집중해야 할 구체적 대상은 설명하지 않았다.[92]

---

91) 본 게송은 8음절 4구의 아누쉬뚜브-쉴로까 운율로 작성되었는데 첫 번째 구의 5-6-7번째 음절은 '∪∪∪'(나-운각, Na-gaṇa)로 되어 있다. 이것은 기본형pathyā은 아니지만 허용 가능한 형식으로 '나-비뿔라'Navipulā로 불린다.

92) 후대 문헌인『육따브하바데바』(VII.160-161)은 응시법을 ① 브후짜리bhūcarī 응시법, ② 케짜리khecarī 응시법, ③ 아고짜리agocarī 응시법과 같은 세 종류로 분류하는데 브후짜리는 코끝에서 발끝까지의 몸 전체를 응시하는 것이고 케짜리는

8. 정뇌 풀무법Kapālabhastrī, 머리회전법Mastakabhrānti (I.56-58)

(1) 정뇌 풀무법Kapālabhastrī (I.56)

atha kapālabhastrikā

I.56ab bhastrival lohakārāṇāṃ recapūrasusambhramau |

I.56cd kapālabhastrī vikhyātā[93] sarvarogaviśoṣaṇī |

이제 정뇌 풀무법이 [설명된다].

대장장이들의 풀무질처럼(bhastravat) 날숨과 들숨을 급격하게 하는 [바로 이 것이] 모든 질병을 제거하는 정뇌 풀무법으로 알려져 있다.

【해설】

56송에서 설명된 기법은 '대장장이의 풀무질처럼 들숨과 날숨을 어지럽게 반복하는 것'으로 방법은 『하타의 등불』 II.35송과 동일하다. 하지만 두 문헌의 원문엔 미세한 차이가 있고 효과 역시 『하타의 등불』이 까파도샤를 제거하는 것(kapadoṣaviśoṣaṇī)으로 설명한 반면 『하타의 보석 목걸이』가 '모든 질병을 제거하는 것'(sarvarogaviśoṣaṇī)으로 설명한다는 점에서 차이가 있다.

한편, 여섯 정화법의 명칭을 나열했던 I.26송에서는 이 기법을 '머

미간 앞에 있는 허공 또는 태양과 달을 떠올리는 것이고 아고짜리는 코끝과 복부 근처를 집중적으로 응시하는 것이다. 이 점에 대해서는 박영길: 2019, pp.1,114-1,115를 참조.

93) 본 게송은 8음절 4구의 아누쉬뚜브-쉴로까 운율로 작성되었는데 세 번째 구의 5-6-7번째 음절은 '———'(마-운각, Ma-gaṇa)로 되어 있다. 이것은 기본형pathyā은 아니지만 허용 가능한 형식으로 '마-비뿔라'Mavipulā로 불린다.

리 회전법'(mastakabhrānti, I.26)으로 명명했지만 실제 그것을 설명하는 56-64송에서는 'kapālabhastrikā'(I.56) 'kapālabhastrī(-i, -kā)'(I. 56, 57), 'bhastrika'(I.64)라는 용어로 표현하고 있다. 이 중에서 'kapālabhastrikā, kapālabhastrī(-i, -kā)'는 kapālabhastrī의 운율적 대체어이고 'bhastrika'(I. 64)는 축약형으로 그 의미는 '정뇌 풀무법'으로 파악된다.

하지만 56송에서 설명된 기법과 57송에서 설명된 기법은 서로 다른 행법으로 파악되는데 56송은 『하타의 등불』에서 설명된 정뇌법(kapālabhāti)과 유사한 형태의 기법으로 '정뇌 풀무법'(kapālabhastrī) 정도의 의미로 파악되고 반면, 57송에서 설명된 것은 '머리 회전법'(mastakabhrānti)으로 파악된다. 따라서 『하타의 보석 목걸이』에서 설명된 기법은 『하타의 등불』과 달리 ① '머리 회전법'(mastakabhrānti)과 ② '정뇌 풀무법'(kapālabhastrī)과 같은 두 종류가 있는 것으로 파악된다. 물론 이 두 용어 중 ① 'mastakabhrānti'(머리 회전)를 'mastakabhāti'(두개골 정화, =정뇌)의 오기誤記로 볼 수 있고 또 I.56, 57송에서 사용된 복합어 ② kapālabhastrī(kapālabhastrikā)를 kapālabhāti(두개골 정화, =정뇌)[94]의 오기誤記로 볼 수 있지만[94] 56송과 57송의 설명에 따르면 이 기법에는 두 종류가 있는 것으로 파악되는데 56송에서 설명된 기법은 『하타의 등불』에서 설명된 정뇌(淨腦, kapālabhāti) 정화법과 동일한 행법이고 57송에서 설명된 것은 이와 별개의 행법으로 파악된다.

(2) 머리 회전법Mastakabhrānti (I.57-58)

atha vā

94) 한편, 로나블라본(p.26, 각주의 5)에 따르면 I.56, 57송의 복합어 'kapālabhastrī'가 'kapālabhrānti'로 된 필사본도 3개가 있다. 하지만 그 외의 하타요가 문헌에서 'mastakabhrānti', 'kapālabhastrī'라는 용어는 발견되지 않는다.

95) 'kapālabhāti'는 'kapāla'(구개골)와 'bhāti'(광채)가 결합된 복합어로 문자적 의미는

I.57^ab kapālaṃ bhrāmayet savyam apasavyaṃ tu vegataḥ ।
I.57^cd recapūrakayogena kapālabhastrir ucyate ।

혹은 머리kapāla를 왼쪽과 오른쪽으로 급격하게vegataḥ 흔들어야 한다. '들숨과 날숨을 [함께] 동반하므로'recapūrakayogena[96)] [이것이] 정뇌-풀무 kapālabhastri [정화법]으로 불렸다.

【해설】

57송은 또 다른 기법을 설명하는데 그것은 들숨과 날숨을 급격히 교차하면서 '머리(kapāla)를 왼쪽과 오른쪽으로 급격히 돌리는 기법'이다.

위 인용문은 이 기법을 정뇌 풀무(kapālabhastri)로 부르지만 이 기법은 I.26송에서 열거된 용어인 'mastakabhrānti'(머리회전법)의 의미에 더 부합하는 것으로 파악된다.

I.58^ab kaphadoṣaṃ nihanty eva pittadoṣaṃ jalodbhavam ।
I.58^cd kapālaśodhanaṃ cāpi brahmacakraṃ viśudhyati ।

III. 여덟 정화법의 효능과 효과(I.59-65)

I.59^a vapuḥkṛśatvaṃ vadane prasannatā
I.59^b nādasphuṭatvaṃ nayane ca nirmale ।
I.59^c arogatā bindujayo 'gnidīpanaṃ

'머리가 맑아짐'을 의미한다.

96) 한편 HR^L, p.26의 각주에 따르면 두 필사본에는 'recapūrakayogena'가 아니라 'recapūrakayuktena'로 되어 있는데 동일한 의미로 파악된다.

I.59^{d} nāḍīṣu śuddhir haṭhasiddhilakṣaṇam ।[97)]

몸이 날씬해지고 얼굴에 광채가 나고
비음(秘音, nāda)이 분명히 들리고, 눈이 맑아지며
질병이 소멸되고, 정을 정복하고 소화의 불이 증대되고
나디가 청정해지는 것이 하타[요가]에 성공했다는 증표이다.

【해설】

59송은 하타요가에 성공한 증표로 '날씬해지고, 안색이 밝아지고 비음이 들리고, 눈이 맑아지고 정(bindu)이 통제되고, 질병이 소멸되고 소화의 불이 증대되고 나디가 청정해지는 것' 등을 열거하는데 내용은 『하타의 등불』과 동일하다.

I.60^{ab} karmāṣṭabhir gatasthaulyaṃ kaphamedomalādikam ।
I.60^{cd} prāṇāyāmaṃ tataḥ kuryād anāyāsena siddhyati ।

여덟 정화법으로 까파와 지방질, 불순물을 없앤 후
호흡수련(prāṇāyāma)에 임한다면 힘들이지 않고 [더 쉽게] 성공할 수 있다.

I.61^{ab} ṣaṭcakraśodhanaṃ samyak prāṇāyāmasya kāraṇam ।
I.61^{cd} nāśanaṃ sarvarogāṇāṃ mokṣamārgasya sādhanam ।

[여덟 정화법을 수련한 결과] 호흡수련을 돕는 [여덟 정화법을 수련함으로써]
여섯 짜끄라가 온전하게 정화되고 모든 질병이 소멸되고 해탈이 성취될 것

97) 위 게송은 12음절의 방샤말라Vaṃśamāla 운율로 작성되었다. 이 운율은 홀수 구는 인드라방샤(Indravaṃśa: ――∪――∪∪―∪―∪―)이고 짝수 구는 방샤스타(Vaṃśastha: ∪―∪――∪∪―∪―∪―)로 된 혼합 운율이다.

이다.

【해설】

60송은 '여덟 정화법을 통해 불순물을 제거한 후에 호흡을 수련한다면 더 쉽게 성공할 수 있다'고 말하고[98] 61송은 호흡수련에 의해 여섯 짜끄라가 청정해지고 모든 질병이 소멸되고 해탈의 길을 얻게 된다는 것을 말한다. 여기서 알 수 있는 것은, 여덟 정화법이 호흡을 수련하기 위한 하나의 예비 작법이라는 것이다.

I.62[ab] dehārogyaṃ ca labhate[99]　　hy aṣṭakarmaprabhāvataḥ ।
I.62[cd] ādhāraśodhanaṃ cakryā　　liṅgaṃ vajrolikarmaṇā । HR. I.62.

여덟(8) 정화법에 의해 신체가 강건해진다.
회전정화법에 의해 '아드하라' [짜끄라]가 정화되고 바즈롤리 정화법에 의해 링가(liṅga, =스바드히쉬타나 짜끄라)가 [정화되며]

I.63[ab] maṇipūraṃ nābhigataṃ　　naulyākhyena tu karmaṇā ।
I.63[cd] hṛdayaṃ kaṇṭhacakraṃ ca　　dhautyākhyena tu karmaṇā ।

복부회전법에 의해 복부에 있는 마니뿌라 [짜끄라]가 [정화되고] 위-청소법에 의해 심장 [짜끄라]와 목 짜끄라가 [정화되고]

I.64[ab] śodhanaṃ kāryam ājñāyāṃ　　netitrāṭakakarmaṇā ।

98) 유사한 내용은 HP.I.36송에서도 발견된다.

99) 본 게송은 8음절 4구의 아누쉬뚜브-쉴로까 운율로 작성되었는데 첫 번째 구의 5-6-7번째 음절은 '∪∪∪'(나-운각, Na-gaṇa)로 되어 있다. 이것은 기본형pathyā은 아니지만 허용 가능한 형식으로 '나-비뿔라'Navipulā로 불린다.

I.64[cd] sarvāṅgaśodhanaṃ kāryaṃ bastibhastrikakarmaṇā ।

코청소와 응시법에 의해 야갸 [짜끄라]가 정화된다.
관장과 정뇌법에 의해 온몸이 정화된다.

I.65[ab] syād ādhāraṃ svādhiṣṭānaṃ[100)] maṇipūram anāhatam ।
I.65[cd] viśuddhaṃ kaṇṭhacakrastham ājñācakraṃ bhruvor mukhe ।
I.65[ef] cakrabhedam iti jñātvā cakrātītaṃ nirañjanam ।

아드하라, 스바드히쉬타나, 마니뿌라, 아나하따 그리고 목에 있는 짜끄라인 비숫드하viśuddha 및 양 눈썹 안쪽에 있는 아갸 짜끄라와 같은 종류의 [짜끄라가 있고] 그리고 그 짜끄라[들]을 초월한 '절대 경지'가 있는 것으로 알아야 한다.

IV. 수련 터, 음식, 주의 사항 (I.66-79)

I.66[ab] surāṣṭre dhārmike deśe subhikṣe nirupadrave ।
I.66[cd] ekāntamaṭhikāmadhye sthātavyaṃ haṭhayoginā ।

하타요가 수행자는 선정과 덕치가 이루어지는 곳, 음식이 풍부한 곳, 재난이 없는 곳, 한적한 암자에 머물러야 한다.

100) 본 게송은 8음절 4구의 아누쉬뚜브-쉴로까 운율로 작성되었는데 첫 번째 구의 5-6-7번째 음절은 '———'(마-운각, Ma-gaṇa)로 되어 있다. 이것은 기본형 pathyā은 아니지만 허용 가능한 형식으로 '마-비뿔라'Mavipulā로 불린다.

I.67[ab] alpadvāram arandhragartapiṭharaṃ nātyuccanīcāyataṃ
I.67[cd] samyaggomayasāndraliptavimalaṃ niḥśeṣabādhojjhitaṃ |
I.67[ef] bāhye maṇḍapavedikūparuciraṃ prākārasaṃveṣṭitam
I.67[cd] proktaṃ yogamaṭhasya lakṣaṇam idaṃ siddhair
haṭhābhyāsibhiḥ | [101)]

출입문이 작고 [해충이 들어올] 틈이나 구멍이 없는 곳, 지나치게 고지대이거나 저지대가 아닌 곳, 쇠똥으로 부드럽게 잘 발라서 깨끗한 곳, 위험요소가 모든 제거된 곳,
외부엔 누각과 연못을 갖추고 울타리로 둘러싸인 곳이 하타요가의 도사들이 말했던 요가 수련터에 대한 규정이다.

I.68[ab] evaṃ vidhe maṭhe sthitvā sarvacintāvivarjitaḥ |
I.68[cd] gurūpadiṣṭamārgeṇa yogam eva sadābhyaset |

이와 같이 규정된 암자에 머물면서 일체의 잡념을 버리고
스승이 가르친 방법대로 항상 요가를 수련해야 한다.

I.69[ab] tyaktanidro mitāhāro jitaśvāso jitendriyaḥ |
I.69[cd] haṭhābhyāsaparo nityaṃ yogī brahmasamo bhavet |

졸지 않고 절식하며 호흡을 정복하고 감관을 정복한 요가수행자가 하타요가를 수련하는데 매진한다면 브라흐만과 동등해질 것이다.

I.70[ab] yogīśvarasya yogasya yogaśāstrasya pārvati |

101) 본 송의 운율은 19음절로 구성된 샤르둘라비끄리디따(Śārdūlavikrīḍita: ———∪∪—∪—∪∪∪———∪——∪—)이다.

I.70[cd] nindaṃ ca ye prakurvanti rākṣasās te narāḥ kṣitau ।

빠르바띠여! [그 반대로] 요가수행자를 험담하고 요가와 요가 경전을 [험담하는] 자들은 종말기에 락샤사로 태어날 것이다.

I.71[a] godhūmaśāliyavaṣaṣṭikaśobhanānnaṃ
I.71[b] kṣīrājyamaṇḍanavanītasitāmadhūni ।
I.71[c] śuṇṭhīpaṭolaphalapatrajapañcaśākaṃ
I.71[d] mudgādidivyam udakaṃ ca yamīndrapathyam ।[102)]

요가수행자에게 적합한 음식은 밀, 쌀, 보리와 같이 '60일간 익은' 좋은 음식,
우유, 버터, 사탕수수, 신선한 버터, 설탕-캔디, 꿀,
말린 생강 그리고 오이 등의 다섯 야채,
콩 등의 곡물, 깨끗한 물이다.

I.72[a] kaṭvamlatīkṣṇalavaṇoṣṇaharītaśākaṃ
I.72[b] sauvīratailatilasarṣapamatsyamadyam ।
I.72[c] ajādimāṃsadadhitakrakulatthakodra-
I.72[d] piṇyākahiṅgulaśunādyam apathyam āhuḥ ।[103)]

쓰고, 시큼하고, 매운 것, 짠 것, 뜨거운 것, 모링가, 오트밀,
기름, 참기름, 겨자, 생선, 술,
염소 등의 육류, 응류, 탈지유, 말콩, 대추, 사프란,
흥거, 마늘 등이 부적절한 음식으로 말해졌다.

102) 본 송의 운율은 14음절의 바산따띨라까(Vasantatilakā: ——U —UU U—U U—U — —)이다.

103) 본 송의 운율은 14음절의 바산따띨라까(Vasantatilakā: ——U —UU U—U U—U — —)이다.

tathā ca gorakṣavacanam -

I.73[ab] varjayed durjanaprītivahnistrīpathasevanam ।

I.73[cd] prātaḥsnānopavāsādikāyakleśādikaṃ tathā ।

고락샤께서는 다음과 같이 말씀하셨다.

악인을 가까이 하는 것, 불(火)과 여자와 여행을 탐닉하는 것,

새벽에 목욕하는 것, 단식(斷食, upavāsa) 등 '몸에 고통을 주는 행위'를 해서는 안 된다.

【해설】

위 게송은 '수행 초기에 지켜야 할 주의 사항'을 설명하는 『하타의 등불』 I.61송 중에서 후반부(I.61[c-f])를 인용한 것이다. 브라흐마난다는 『월광』에서, 새벽의 목욕이 냉병을 일으키고, 단식에 의해 삣따pitta 도샤를 항진시키는 것으로 해설하였고 '몸에 고통을 주는 행위'를 신체적 고통을 가중하는 행위, 태양경배(sūryanamaskāra) 따위의 고된 운동을 많이 하는 것 등으로 해설한 바 있다.[104)]

matsyendravacanam api -

I.74[a] rasamāre māre hemakare

I.74[b] malajāre jāre rogahare ।

I.74[c] vāyupūre pūre āyukare

I.74[d] ātmadhyāne dhyāne mokṣakare ।[105)]

104) 이 점에 대해서는 『하타의 등불』I.61(박영길: 2015, p.285)를 참조.

105) 위 게송은 10음절 4구로 작성되었는데 어떤 운율인지는 파악되지 않는다. 아마도 각 구의 후반부 6음절이 '———UU—'로 끝나는 압운押韻 형식일 것으로 추정되지만 현존하는 운율서에는 발견되지 않는 형식이다.

[a] UU——　———UU—

[b] UU——　———UU—

맛첸드라의 말씀도 있다.
수은을 죽이고 살해해서 금으로 만들고
불순문을 제거하고 제거해서 질병을 없애고
바유를 [브라흐마란드흐라에] 채움으로써 수명을 늘리고
아뜨만을 명상함으로써 해탈을 얻는다.

【해설】

위 게송은 '연금술에 의해 금이 만들어지고[106] 치유술에 의해 육체의 질병이 소멸되고, 몸에 바유를 채움으로써 수명이 늘어나고, 아뜨만에 대한 명상으로 해탈을 얻는다'는 맛첸드라의 말씀을 인용한 것인데 원문의 출처는 알려져 있지 않다.

I.75[ab] śreṣṭhaṃ samadhuraṃ snigdhaṃ gavyaṃdhātuprapoṣaṇam
I.75[cd] manobhilaṣitaṃ yogyaṃ caturthāṃśavivarjitam ।

예쁘고 향긋하며 부드러운 음식과 우유, 인체의 구성물을 풍족하게 하는 음식, 마음에 끌리는 음식을 적절하게 섭취하되

I.75[ab] śivārpitaṃ ca naivedyaṃ yogī bhojanam ācaret ।
I.76[cd] ayam eva mitāhārī kadannena vivarjitaḥ ।

위장의 1/4은 채우지 않아야 한다. 해로운 음식을 피하고 이로운 음식을 쉬바에게 공양[하듯이] 음식을 섭취하는 자가 바로 절식자(mitāhārin)이다.

---

[c] —∪—— ———∪∪—
[d] ———— ———∪∪—

106) 위 게송에서 '수은을 죽이는 것'은, 한시도 가만히 있지 못하고 움직이는 수은을 죽여서 마치 환丸처럼 만드는 연금술과 관련된다.

【해설】

75-76송은 요가 수행자들이 취해야 할 음식을 간략히 규정하고 또 '절식하는 자'(mitāhārī)를 설명하는데 요지는 영양가 있는 음식을 섭취하되 위장의 1/4를 비워야 하고[107] '쉬바에게 음식을 바치듯이' 음식을 섭취하는 것이다.[108]

I.77^ab atyāhāraḥ prayāsaś ca prajalpo niyamagrahaḥ |
I.77^cd janasaṅgaṃ ca laulyaṃ ca ṣaḍbhir yogo vinaśyati |

과식, 과로, 말을 많이 하는 것, 통설을 고수하는 것, 사람들과 어울리는 것, 변덕과 같은 여섯ṣaṭ 가지가 요가를 망친다.

I.78^ab utsāhān niścayād dhairyāt tattvajñānārthadarśanāt |
I.78^cd bindusthairyān mitāhārāj janasaṅgavivarjanāt |
I.78^ef nidrātyāgāj jitaśvāsāt pīṭhasthairyād anālasāt |
I.78^gh gurvācāryaprasādāc ca ebhir yogas tu sidhyati |

굳은 의지, 확신, 인내, 진리의 의미를 아는 것, 정(bindu)의 고정, 절식, 사람과의 접촉을 피함,
잠(nidrā)을 줄임, 호흡의 정복(jitaśvāsa), 아사나(pīṭha)에 확고함, 정진, 스승의 은총에 의해 요가는 완성된다.

---

107) 후대 문헌인 『게란다상히따』는 '위장의 1/4부분을 비워놓는 것'을 조금 더 구체적으로 '위장의 절반만 음식으로 채우고 세 번째 부분은 물로 채우고 나머지 네 번째 부분은 기(vāyu)가 통하게끔 비워놓는 것'으로 규정하였다. 『게란다상히따』V.21(박영길: 2022b, p.308)

108) 『하타의 등불』은 절식을 다음과 같이 규정하였다.
"아주 두드럽고 달콤한 음식을, [위장의] 1/4부분을 비워 둔 채 쉬바를 즐겁게 하기 위해 먹는 것이 절식이라도 말해졌다."『하타의 등불』I.58(박영길: 2015, p.277)을 참조

I.79[ab] śrutyācāryaprasādāc ca yogābhyāsabalena ca ǀ
I.79[cd] īśvarānugraheṇaiva yogasiddhis tu jāyate ǀ

경전과 스승의 은총, 요가의 수행력,
신의 가호에 의해 요가를 성공할 수 있다.

V. 하타요가의 계보 (I.80-84)

I.80[ab] śrīādināthamatsyendraśābarānandabhairavāḥ ǀ
I.80[cd] śāraṅgīmīnagorakṣavirūpākṣabileśayāḥ ǀ

쉬리-아디나타, 맛첸드라, 샤바라, 아난다브하이라바,
샤량기, 미나, 고락샤, 비루빡샤, 아빌레샤야

I.81[ab] manthānabhairavo yogī siddhabuddhaś ca kandalī ǀ
I.81[cd] korandakaḥ surānandaḥ siddhipādaś ca carpaṭī ǀ HR. I.82.

만타나, 브하이라바 요기, 싯드하, 붇드하, 깐달리
꼬란다까, 수라난다, 싯드히빠다, 짜르빠띠

I.82[ab] karoṭiḥ pūjyapādaś ca nityanātho nirañjanaḥ ǀ
I.82[cd] kapālī bindunāthaś ca kākacaṇḍīśvarāhvayaḥ ǀ

까로띠, 뿌즈야빠다, 니띠야나타, 니랑자나,

까빨리, 빈두나타, 까까짠디쉬바라,

I.83ab allamaḥ prabhudevaś ca naiṭacūṭiś ca ṭiṇṭiṇiḥ |
I.83cd bhālukir nāgabodhaś ca khaṇḍakāpālikas tathā |

알라마, 쁘라브후데바, 나이따쭈띠, 띤띠니,
브하룰끼, 나가보다, 칸다까빨리

I.84ab ity ādayo mahāsiddhāḥ haṭhayogaprasādataḥ |
I.84cd khaṇḍayitvā kāladaṇḍam[109] brahmāṇḍe vicaranti te |

등등(ādyaḥ)의 위대한 도사들은 하타요가의 은총으로 죽음(kāladaṇḍa, 시간의 막대기)을 정복하고 우주에 유영하신다.

【해설】

80-84송은 하타요가의 스승들을 나열하고 이 스승들이 죽음을 극복하고 우주를 자유롭게 돌아다닌다고 말하는데 스승의 이름은『하타의 등불』I.5-8송과 거의 동일하지만 다음과 같이 몇몇 스승의 이름엔 차이가 있다.

『하타의 보석 목걸이』에서 열거된 스승 계보		
번호	이름	비고:『하타의 등불』
1	아디나타 Ādinātha	=
2	맛첸드라 Matsyendra	=
3	샤바라 Śābara	=
4	아난다브하이라바 Ānandabhairava	=

109) 본 게송은 8음절 4구의 아누쉬뚜브-쉴로까 운율로 작성되었는데 세 번째 구의 5-6-7번째 음절은 '—∪—'(라-운각, Ra-gaṇa)로 되어 있다. 이것은 기본형 pathyā은 아니지만 허용 가능한 형식으로 '라-비뿔라'Ravipulā로 불린다.

5	샤랑기 Śāraṅgī	짜우랑기Cauraṅgī
6	미나 Mīna	=
7	고락샤 Gorakṣa	=
8	비루빡샤 Virūpākṣa	=
9	빌레샤아 Bileśaya	=
10	만타나 Manthāna	=
11	브하이라바요기 Bhairavo yogī	=
12	싯드하 Siddha	=
13	붓다 Buddha	=
14	깐달리 Kandalī	깐타디 Kanthaḍi
15	꼬란다까 Korandaka	꼬란따까 Koranṭaka
16	수라난다 Surānanda	=
17	싯드하빠다 Siddhipāda	=
18	짜르빠띠 Carpaṭī	=
19	까로띠 Karoṭi	까네리 Kānerī
20	뿌즈야빠다 Pūjyapāda	=
21	니띠야나타 Nityanātha	=
22	니랑자나 Nirañjana	=
23	까빨리 Kapālī	=
24	빈두나타 Bindunātha	=
25	까까짠디쉬바라 Kākacaṇḍīśvara	=
26	알라마 Allama	=
27	쁘라브후데바 Prabhudeva	=
28	나이따쭈띠 Naiṭacūṭi	그호다쫄리 Ghoḍācolī
29	띤띠니 Ṭiṇṭiṇi	=
30	브할루끼 Bhāluki	브하누끼 Bhānukī
31	나가보드하 Nāgabodha	나라데바 Nāradeva
32	칸다 Khaṇḍa	=
33	칸다까빨리까 Khandakāpālika	까빨리까 Kāpālika
...	등등ādayaḥ	=

【해설】

위 계보에 따르면 하타요가의 계보는 아디나타Ādinātha를 필두로 해서 맛첸드라Matsyendra,샤바라Śābara, 아난다브하이라바Ānandabhairava, 샤랑기Śāraṅgī, 미나Mīna, 고락샤Gorakṣa, 비루빡샤Virūpākṣa 순으로 전승되었다.

하타요가의 계보는 박영길(2019, pp.35-75)이 논의한 바 있고 『하타의 등불』(박영길: 2015, pp.198-208)에서 다루었지만 새롭게 알려진 것을 추가해서 간략히 언급하면 다음과 같다.

(1) 아디나타Ādinātha:

아디나타는 첫 번째(Ādi)의 나타Nātha로, 맛첸드라나타Matsyendra-nātha, 미나나타Mina-nātha, 고락샤나타Gorakṣa-nātha 등 나타Nātha로 계승되는 나타-전통(Nāthasampradāya)의 요가, 즉 하타요가의 창시자로 알려져 있고[110] 일반적으로 쉬바Śiva와 동일시된다.[111]

(2) 맛첸드라Matsyendra:

맛첸드라(Matsyendra, 9-10세기)[112]는 인도뿐만 아니라 네팔과 티벳에서도 널리 알려진 성자로 티벳에서는 루이빠Luīpā와 동일 인물로 간주되고 네팔에서는 관세음보살의 화신으로 숭배되었다.[113] 일반적으로 맛첸드라

---

110) 아디나타가 하타요가를 처음으로 가르쳤다는 전설은 수많은 하타요가 문헌에서 발견되지만 대표적인 것은 브라흐마난다의 『월광』을 들 수 있다.
『월광』: "아디나타는 쉬바Śiva이고 모든 나타들 중에서도 첫 번째(으뜸)의 나타이다. 아디나타로부터 나타파派의 전통(nāthasaṃpradāya)이 개시되었다고 나타[파] 전통-권圈의 [스승]들은 말한다."
ādināthaḥ śivaḥ sarveṣāṃ nāthānāṃ prathamo nāthaḥ। tato nāthasaṃpadāyaḥ pravṛtta iti nāthasaṃpradāyino vadanti। Hp-Jt. I.6(박영길: 2015, pp.199-200)

111) 『월광』: "아디나타Ādinātha는 '첫 번째의(ādiḥ) 나타'인 만물의 주(Sarveśvara), 즉 쉬바Śiva를 의미한다."
ādiś cāsau nāthaś cādināthaḥ sarveśvaraḥ। śiva ity arthaḥ. HP-Jt. I.1(박영길: 2015, p.176)

112) 맛첸드라의 생존 시기 및 주요 작품에 대해서는 박영길: 2019, pp.49-60을 참조.

는 쉬바(아디나타)에게 요가를 배운 첫 번째 제자로 알려져 있고 또 고락샤와 같은 12명의 제자를 둔 것으로 알려져 있다. 하지만『까울라의 지혜 해설』(KjN)을 비롯해서 맛첸드라의 것으로 알려진 작품은 나타Nātha 전통에 입각한 하타요가 문헌이기보다는 까울라 문헌에 가깝고 나타 전통의 하타요가라는 정체성(identity)은 발견되지 않는다. 맛첸드라의 것으로 알려진 하타요가 문헌은 아마도 13세기 이후 '맛첸드라의 위대함에 감화된 나타권에서 하타요가의 우월성을 과시하기 위해 쉬바와 물고기의 전설을 통해 맛첸드라를 나타 계보로 끌어들인 후' 나타권에서 편집했을 가능성이 더 높을 것으로 추정된다.[114)]

(5) 샤랑기Śāraṅgī:

『하타의 보석 목걸이』에는 샤랑기로 열거되어 있지만『하타의 등불』에는 짜우랑기Cauraṅgī로 되어 있다. 여타의 스승들과 마찬가지로 샤랑기 역시 사랑가드하라Sāraṅgadhara 혹은 뿌랑 브하갓Pūraṇ Bhagat, 샤랑기 Śāraṅgī 등으로 지역에 따라 다양하게 불렸던 것으로 추정되는데 브라흐마난다에 따르면 그는 힌두스탄 지역에서 '친나하스따빠다'(Chinnahastapāda, 사지가 짤린 자)로 불리기도 했다. 전설에 따르면 샤랑기는 벵갈의 데바빨라Devapāla 왕과 마야마띠Mayamatī 왕비의 아들로 사지가 짤린 채 숲에 유기되었지만 맛첸드라에 의해 몸을 회복하고 그의 제자가 된 것으로 알려져 있다.[115)]

(6) 미나Mīna:

일반적으로 맛첸드라와 미나는 동일 인물로 알려져 있지만『하타의

113) Bagchi: 1934, p.12, 13, 21, 23, 24.
114) 박영길: 2019, pp.49-60.
115) 짜우랑기와 맛첸드라의 전설에 대해서는 박영길: 2015, p.201 및 2019, pp.61-62를 참조.

등불』과 『하타의 보석 목걸이』 등에 따르면 두 스승은 별개의 인물로 파악된다.[116)]

맛츠야Matsya와 미나Mīna가 모두 물고기를 의미한다는 점에서 맛첸드라나타와 미나나타가 동일시되었고 고락샤는 맛첸드라의 12제자 중 한 명으로 알려졌다. 하지만 위 계보에서 알 수 있듯이 고락샤는 미나의 제자로 추정된다.

(7) 고락샤Gorakṣa:

고락샤는 하타요가의 실질적 개조開祖 84명의 도사 목록을 비롯해서 9나타 목록, 연금술사 목록에도 등장하며 인도뿐만 아니라 티벳과 네팔에서도 위대한 성자로 추앙받고 있다. 고락샤의 생존 시기는 1050~1100년 무렵으로 추정되고 『고락샤의 백송』 등 다수의 작품이 현존하지만 대부분 12~13세기의 영적 제자들에 의해 편집된 것으로 보인다.[117)]

(8) 비루빡샤Virūpakṣa:

비루빡샤는 비루빡샤 빵차쉬카Virūpakṣa Pañcaśikha로 불리기도 하며 티벳에서는 비루빠Virūpa로 불린다. 뗄루구어로 된 『아홉 나타의 행적』(*Navanāthacarita*)에 따르면 *Amṛtasiddhiyoga*(=*Amṛtasiddhi*)가 그의 작품으로 알려져 있다. *Amṛtasiddhiyoga*의 경우 다수의 필사본이 존재하는데 그 중에 가장 오래된 것은 1,160년에 필사된 티벳어 번역본이다. 이 작품은 초기 하타요가를 대표하는 걸작이자 현존하는 하타요가 문헌 중 가장 오래된 작품으로 추정된다.[118)]

---

116) 티벳의 84 도사 목록을 비롯한 다수의 목록 역시 맛첸드라(=Luī-pā)와 미나는 별개의 인물로 열거되고 있다. 박영길: 2019, pp.46-47의 도표를 참조.

117) 고락샤에 대한 간략한 논의는 박영길: 2019, pp.28-29, 63-66을 참조.

118) 이 작품은 근래, 번역과 함께 출판되었다.
James Mallinson & Peter-Daniel Szanto(Eds. & Trs.), *The Amṛtasiddhi*

(10) 만타나Manthāna, (11) 브하이라바요기bhairavayogī:

『하타의 등불』은 만타나와 브하이라바 요기를 별개의 인물로 보고 있지만 화이트(White: 1996, p.83)에 따르면 14세기 연금술 문헌인 『라사라뜨나사무짜야』(RRS)에 '만타나브하이라바'라는 한 인물로 언급되었다.[119]

(12) 싯드하Siddha, (13) 붓드히Buddhi:

싯드하와 붓드히는 별개의 인물로 파악되지만 1,400년경에 작성된 뗄루구 사본 『아홉 나타의 행적』(*Navanāthacarita*)와 연금술 도사 목록에는 '붓드하싯드하'Buddhasiddha로 되어 있다.[120]

(14) 깐달리Kandalī:

『하타의 보석 목걸이』에는 깐달리로 되어 있지만 『하타의 등불』에서는 깐타디Kanthaḍi로 되어 있다. 그하로떼(Ghatorte, Devnath, and Jha: 2002, p.37)에 따르면 깐달리는 샤이바-요기Śaivayogī로 맛첸드라와 고락샤의 동시대 사람이고 쫄라Cola, 짤루끼야Cālukya 왕조와 관련된 수행자이고 그의 제자들은 마하라쉬뜨라의 비다Bīḍa 지역에서 활동했던 것으로 알려져 있다.

(15) 꼬란다까Korandaka:

꼬란다까는 꼬란따까Koraṇṭaka, 꼬란다까Koraṇḍaka, 꾸란따까Kuraṇṭaka, 빠우란따까Pauraṇṭaka 등으로 불려지기도 하는데 그의 것으로 귀속된 *Kapālakuraṇṭaka-haṭhābhyāsapaddhti*라는 서명(필사본)도 존재한

---

and Amṛtasiddhimūla: *The Earliest Texts of the Haṭhayoga Tradition*. Pondichery: Ecole Francaise D'extreme-Orient, 2002.
한글 번역은 박영길: 2019, pp.227-310을 참조.

119) 박영길: 2019, p.67.

120) 박영길: 2019, p.67.

다.[121]

(16) 수라난다Surānanda, (17) 싯드히빠다Siddhipāda:

수라난다, 싯드히빠다는 14세기 문헌인 『라사라뜨나사무짜야』(RRS. I.2-5, VI.51-55)에 연금술사로 언급되었다.[122]

(18) 짜르빠띠Carpaṭi:

짜르빠띠는 티벳의 84 도사 목록과 연금술사 목록에 등장하는데 짜르빠따-빠Carpaṭā-pā, 짜르빠띠Carpaṭī 등 지역에 따라 다양하게 불렸다. 그는 일반적으로 고락샤와 동시대 사람으로 알려져 있는데, 10세기 짬발라Cambala/Camba/Cambaka왕국의 샤힐라바르마Sāhilavarmā 왕이 그의 제자였으므로 짜르빠띠는 10세기 무렵에 활동했던 것으로 추정된다.[123] 『하타의 보석 목걸이』 I.50송 이후의 산문(이 산문이 쉬리니바사의 육성일 가능성 보다는 후대에 가필되었을 것으로 의심됨)에서 등장하는데 그 내용은 '『하타의 등불』에서 설명된 관장법(basti)보다 짜르빠띠가 설명한 기법이 더 타당하다는 것'이다.

(19) 까로띠Karoṭi:

『하타의 보석 목걸이』에는 까로띠로 되어 있지만 『하타의 등불』과 다양한 연금술사 목록에는 까네리Kānerī로 되어 있다. 까로띠는 연금술사 나가르주나의 제자로 1078~1138년경까지 생존했으며 '라세쉬바라'Raseśvara 전통의 본산인 마하라쉬뜨라 주의 네바사Nevāsā 지역에서 활동했던 것으

121) Ghatote, Devnath, and Jha: 2002, p.37; 박영길: 2019, pp.67-68.
하지만 이 작품은 19세기에 성립되었으므로 동명이인의 작품일 것으로 추정된다.

122) 박영길: 2019, p.68.

123) 박영길: 2019, p.68.

로 알려져 있다.[124] 까로띠는 까네리 외에 깐후kānhu, 까니파Kānipha, 깐하빠Kānhapā 등 다양하게 불렀으며 그가 나가르주나의 제자였다는 전설 외에 잘란드하라나타의 제자였다는 전설 등 다양한 일화가 전해진다.[125]

(20) 뿌즈야빠다Pūjyapāda:

뿌즈야빠다는 요가, 연금술서에서도 등장하며 특히 *Ratnākarādi-auṣadhayogasaṃgraha*, *Vaidyakagrantha*, *Siddhāntabhāṣya*, *Nidānamuktāvali*, *Samādhiśataka*와 같은 의학서의 저자로 알려져 있다.[126]

(21) 니띠야나타Nityanātha:

니띠야나타는 연금술사 목록에도 등장하는 스승이다. 그는 *Rasaratnākara*와 *Siddhikhaṇḍa*의 저자로 알려져 있고 스스로를 빠르바띠-뿌뜨라(Pārvatīputra, 빠르바띠의 아들)로 불렀고 대략 1,300년 경에 생존했던 것으로 추정된다.[127]

(22) 니랑자나Nirañjana, (23) 까빨리Kapālī:

니랑자나, 까빨리, 빈두나타는 연금술사 목록에도 등장하는 스승이다. 하지만 여기서의 까빨리가 『하타의 등불』에서 설명된 아마롤리-무드라 수행자를 의미할지 샤이바 수행자로서의 까빨리 또는 연금술사로서의 까빨리를 의미할지는 분명치 않다.

124) Ghatote, Devnath, and Jha: 2002, p.38.
125) 박영길: 2019, p.69.
126) Ghatote, Devnath & Jha: 2002, p.38.
127) Ghatote, Devnath & Jha: 2002, p.38.

(24) 빈두나타Bindunātha, (25) 까까짠디쉬바라Kākacaṇḍīśvara:

빈두나타와 까까짠디쉬바라 역시 연금술사 목록에도 등장하는 스승이다. 빈두나타는 *Rasapaddhti*를 저술했던 것으로 알려져 있고 까까짠디쉬바라는 의학서인 *Kākacaṇḍīśvara*[*kalpa*][*tantrā*]라는 작품(Nepāl Library 소장 필사본)의 저자로 알려져 있다.[128)]

(26) 알라마Allāma, (27) 쁘라브후데바Prabhudeva:

『하타의 보석 목걸이』와 『하타의 등불』은 "allamaḥ prabhudevaś ca"로 열거하므로 알라마와 쁘라브후데바는 별개의 인물로 추정된다. 하지만 알라마-쁘라브후데바로 불리는 나타가 1150년경에 '링가야따'Linṅgāyata 의례를 만들었다는 전설도 있고 또 그가 마하라쉬뜨라 지역의 아홉 나타 중 다섯 번째인 레바나Revaṇa의 동료였다는 전설, 그리고 그가 바사바(Basaba, 1120-1168)와 동시대 사람이라는 전설도 있다.[129)]

(28) 니이뜨쭈띠Naiṭcūṭi:

『하타의 보석 목걸이』에는 나이뜨쭈띠로 되어 있지만 『하타의 등불』과 연금술사 목록에는 그호다쫄리Ghoḍācolī로 되어 있다. 그는 그호라쫄리 Ghorācoli, 쫄리까Colika, 쫄리Coli로도 불리며 1266년 무렵에 까르나따까주의 끼쉬낀드하Kiṣkindhā에서 활동했던 것으로 전해진다.[130)] 그는 *Ghoḍācolivākya*라는 단편을 비롯해서[131)] 의약서인 *Aśvakaṅkuki*의 저자로 추정된다.[132)]

128) Ghatote, Devnath & Jha: 2002, p.38.
129) 박영길: 2019, p.70.
130) Ghatote, Devnath & Jha: 2002, p.39.
131) 박영길: 2019, p.70.
132) Ghatote, Devnath & Jha: 2002, p.39.

(29) 띤띠니Tiṇṭiṇi:

띤띠니는 티벳의 84 도사 목록에 딴띠-빠Taṇṭi-pā로 언급되었으며 연금술사 목록에는 낑끼니까Kiṅkinika로 언급되었다. 그하로떼에 따르면, 몇몇『하타의 등불』필사본에서는 띤띠니가 아니라 찡찌니Ciñcini로 기록되기도 했는데 네팔 도서관(Nepāl Library)에 *Ciñcinimatasārasamuccaya*라는 그의 작품이 필사본이 현존한다.[133]

(30) 브할루끼Bhāluki:

『하타의 등불』은 브하누끼Bhānukī로 되어 있지만『하타의 보석 목걸이』를 비롯해서 연금술사 목록에는 브할루끼로 되어 있다. 브하누끼 역시 14세기 연금술서인『라사라뜨나사무짜야』(RRS)에 언급되었다.

(31) 나가보드하Nāgabodha:

나가보드하는 탁월한 연금술사로 나가보드히Nābabodhi로 불리기도 했다.[134]『하타의 보석 목걸이』에는 나가보드하로 되어 있지만『하타의 등불』에는 나라데바Nāradeva로, 그리고 연금술사 목록에는 나렌드라Nārendra로 되어 있다.

(32) 칸다Khaṇḍa:

칸다 역시 14세기 문헌인『라사라뜨나사무짜야』(RRS)에 연금술사로 언급되었다.

(33) 까빨리까Kāpālika:

까빨리까는 티벳의 84명의 도사 목록에 까빨라-빠Kapāla pā로 기록되

133) Ghatote, Devnath & Jha: 2002, p.39.
134) Ghatote, Devnath & Jha: 2002, p.39.

어 있고 연금술사 목록에는 까빨리까Kāpālika로 되어 있다. 여기서의 까빨리까가 '해골을 들고 다니는 자'를 의미할지 연금술사를 의미할지 분명치 않다.

한편, 인도-티벳의 84도사(mahāsiddha, siddhācārya) 계보와 9나타(navanātha)를 비롯해서 연금술사(rāsacārya, rāsasiddha)의 계보 등이 전해지지만 이 계보 역시 지역과 문헌에 따라 그 계보는 상당히 다르다.[135] 『하타의 보석 목걸이』와 『하타의 등불』에서 열거된 33나타 계보에 의거해서, 두 문헌의 계보와 동일하게 등장하는 9나타, 84도사(mahāsiddha, or siddhācārya) 그리고 연금술사 계보를 정리해 보면 다음과 같다.

HP, HR의 나타(Nātha)계보	84 도사(Siddha)계보			연금술사 (Rāsasiddha) 계보
HP[1450년]	Gt[14th-중반]	VRĀ[1300년]	NCS[19th(?)]	RM/RRS[A 14th] RRĀ/RRS[B 13th] RRS[C 14th] ĀK[14th.]
1 Ādinātha				Ādima/Āduma[A1] Ādinātha[ĀK1]
2 Matsyendra Mīna[NC1, NN1]	Luī-pā[1]	Mīna[41]	Matsyendra[10]	
3 Śābara	Śābara-pā[5]	Śavara[43]		
4 Ānandabhairava				
5 HP: Cauraṅgī[NN6] HR: Śāraṅgī	Cauraṅgi-pā[10]	Cauraṅgi-nātha[3]	Cauraṅgi[5]	Cauraṅgi[ĀK9]
6 Mīna	Mīna-pā[8]	Mīnanātha[1]	Mīna[9]	Mīnanātha/ Mūlanātha[ĀK2]
7 Gorakṣa[NN2] Gopāla[NC2]	Gorakṣa-pā[9]	Gorakṣa[2]	Gorakṣa[4]	Gorakṣa[ĀK3]

---

135) 이와 관련된 논의는 브릭스(Briggs: 1938), 박치(Bagchi: 1934), 화이트(White: 1996) 그리고 말린슨(Mallinson: 2018)을 참조.

-	Śāraṅgadhara[NC3]			Śṛṅgī[7]	
-	Meghanātha[NC4]				
-	Jālandharanātha[NN4, Jt]	Jālandha-rapā[46]	Jāland-hara[19]		
8	Virūpākṣa[NC5]	Virūpa[3]			
-	Nāgārjuna[NC6, NN7]	Nāgārjuna[16]	Nāgārju-na[22]	Nāgārjuna[39]	Nāgārjuna[A18,B5]
-	Khanika[NC7]				
-	Mañjunātha[NC8]				
-	Bhartṛhari[NN8, Jt]				
-	Gopīcanda[NN9, Jt]				
9	Bileśaya				
10	Manthāna				Manthāna-bhairava[A32,C32]
11	Bhairava				Bhairava[A29,C29]
12	Siddhi / Budd-hasid-dha[NC9]				Buddhasiddha[C39]
13	Bud-dha			Buddhāi[22]	Maithilā-[hvaya][A39]
14	HP:Kanthaḍi HR:Kandalī			Kanthaḍi[13]	Kanthaḍi[C41] Kanthanīśa[ĀK6]
15	HP:Koranṭaka HR:Korandaka				Koraṇḍa[ĀK18]
16	Surānanda				Surānanda[B7]
17	Siddhapāda				Siddhapāda[C40]
18	Carpaṭi[NN3]	Carpaṭ-āpā[64]	Carpaṭi[31]	Carpaṭī[6]	Carpaṭi[C50] Carpaṭa[ĀK11]
19	HP: Kānerī[NN5] HR: Karoṭi			Kaṇerī[14]	Kānerī[C47] Kaṇairika[ĀK24]
20	Pūjyapāda				Pūjyapāda[C46]
21	Nityanātha				Nityanātha[C48]
22	Nirañjana				Nirañjana[C49]
23	Kapālī		Kapāli[11]	Kapila[12]	Kapāla/Kapālī[45]
24	Bindunātha				Bindunātha[C51]
25	Kākacaṇḍīśvara				Kāka-caṇḍīśvara[A33,C33]
26	Allāma				
27	Prabhudeva				Prabhudeva[C52]

28	HP: Ghoḍācolī HR: Naiṭacūṭi			Ghoḍācolī[67]	Ghoḍacoli[C55]
29	Ṭiṇṭiṇi	Taṇṭi-pā[13]			Ṭiṇṭaṇī[C56] Kiṅkinika/ Tiṇṭini[ĀK25]
30	HP: Bhānukī HR: Bhāluki				Bhāluki[A38] Bhānukar-merita[C45]
31	HP: Nāradeva HR: Nābabodha				Nārendra[A35,C41]
32	Khaṇḍa				
33	Kāpālika	Kapāla -pā[72]			Kāpālika[A23,B16]
등등 ādyāḥ					
Tārānātha[Jt]					

ĀK: Ānandakaṇda of Mahābhairava.
Gt: Grub thob.
NCS: Nāvanātha caurāsīsiddha
HP: Haṭhapradīpikā.
RM/RRS[A]: Rasendramaṅgala of Nāgārjuna[14th.]
RRĀ/RRS[B]: Rasaratnākara of Nityānātha[13th.] and Rasaratnasamucchaya of Vāgbhaṭṭa II[14th.]
RRS[C]: Rasaratnasamucchaya[14th.]
RM의 27도사 목록은 RRS의 목록과 일치함.
RRĀ (3.1.66-69)와 RRS (6.51-53)의 27 목록은 RM과 약간 다르고 RRS는 위의 두 목록의 27도사 외에 40 도사를 추가로 열거함.
VRĀ: Varṇaratnākara.

[Jt]: Jyotsnā of Brahmānanda.
[NC]: Navanāthacarita의 9나타 계보.
[NN]: 아홉 나타의 일반적 계보.
[1,2...(위첨자 숫자)]: 각 계보 내에서의 순서.
이탤릭: 동일인일지 미심쩍음.

-: 『하타의 등불』에는 발견되지 않고 『아홉 나타의 행적』(NC), 『월광』(HP-Jt)에만 등장함.
* 이 도표는 『하타의 등불』에서 열거된 계보와 일치하는 것만 정리한 것임.

** 위 도표 중 Gt, VRĀ, RM/RRS, RRĀ/RRS, RRS, ĀK는 White: 1996, pp. 78-89에 의거한 것이고 NCS는 뷔네만(박영길: 2011역) pp. 130-131에 의거한 것임.
위 도표는 박영길(2019, pp. 46-49를 재가공한 것임

VI. 에필로그 (I.85-86)

I.85[ab] prāṇāyāmair eva sarve[136) praśuṣyanti malā iti ǀ
I.85[cd] ācāryāṇāṃs tu keṣāṃcid anyat karma nasammatam ǀ

호흡수련(prāṇāyāma)만으로도 모든 불순물이 소멸된다는
이유에서 어떤 스승들은 그 외의 정화법을 인정하지 않는다.

idaṃ vacanaṃ haṭhābhyāsakaraṇāsāmarthyam iti bodhyam ǀ [137)

[하지만] 이 말은 하타요가를 수련할 자격이 없는 자들이나 하는 소리로 알아야 한다.

【해설】

85송은 '호흡수련만으로도 모든 불순물이 소멸한다는 이유에서 어떤 스승들이 여타의 정화법(anyatkarma)을 인정하지 않았다'는 『하타의 등불』 I.37송을 인용한 후 별도의 산문에서 '이 말을 하타요가를 수행할 능력이 없는 자들이나 하는 소리로 알아야 할 것'으로 비판한다. 또한 85송과 86

136) 본 게송은 8음절 4구의 아누쉬뚜브-쉴로까 운율로 작성되었는데 첫 번째 구의 5-6-7번째 음절은 '—∪—'(라-운각, Ra-gaṇa)로 되어 있다. 이것은 기본형 pathyā은 아니지만 허용 가능한 형식으로 '라-비뿔라'Ravipulā로 불린다.
137) HR. I.85송 다음의 산문(p. 40)

송은 그 이전 게송들의 맥락에서 벗어나 있으므로 아마도 정화법의 중요성을 열거하는 85송은 원래 I.58 또는 I.64송 이후에 있었을 것으로 추정된다.

I.86^{ab} sampradāyābdhimathanāj[138] jāyate ratnamālikā ।
I.86^{cd} suvarṇakhacitā seyaṃ ko vā yogī hy upekṣate

전통에 의거해서 바다를 휘저어 만든 황금세공보석의 화관이 생겨났는데 황금으로 세공한 이것을 어떤 요기가 마다할까?

간기

iti śrīnivāsayogī viracitāyāṃ haṭharatnāvalyāṃ prathamopadeśaḥ॥

이것으로 쉬리니바사 요기가 저술한 『하타의 보석 목걸이』 중에서 첫 번째 가르침이 끝났다.

---

138) 본 게송은 8음절 4구의 아누쉬뚜브-쉴로까 운율로 작성되었는데 첫 번째 구의 5-6-7번째 음절은 'UUU'(나-운각, Na-gaṇa)로 되어 있다. 이것은 기본형pathyā은 아니지만 허용 가능한 형식으로 '나-비뿔라'Navipulā로 불린다.

두 번째 가르침
Dvitīyopadeśaḥ

I. 꿈브하까의 기법

1. 꿈브하까 수련의 목적 (II.1-4)

II.1^ab aṣṭānāṃ kumbhakānāṃtu lakṣaṇaṃ lakṣyate mayā ।
II.1^cd apūrvādhikasiddhyarthaṃ kumbhakān abhyaset sudhīḥ ॥

이제 여덟 꿈브하까의 기법을 살펴보고자 한다. 전례 없는 지고한 행복을 누리고자 하는 지혜로운 이는 꿈브하까를 수련해야 한다.

【해설】

꿈브하까kumbhaka는 하타요가 특유의 용어로 '숨을 마신 후 그 숨을 하복부에 채우는 것', 즉 '들숨 후 멈춤'을 의미한다. 하타요가의 다양한 꿈브하까들은 '숨을 마시고 그 숨을 최대한 참는다는 점'(=들숨 후 멈춤)에서 동일하지만[1] 숨을 마시는 방법과 내쉬는 방법에 의해 풀무-꿈브하까, 승리-꿈브하까 등으로 구별된다.[2]

II.2^ab vidhivat prāṇasaṃyāmaiḥ nāḍicakre viśodhite ।
II.2^cd suṣumṇāvadanaṃ bhitvā sukhād viśati mārutaḥ ॥

규정대로(vidhivat) 호흡을 수련함으로써 나디-짜끄라(나디-총)가 청정해졌을

1) 꿈브하까의 원칙에 대해서는 아래의 II.7-9송을 참조.
2) 예를 들어, 태양관통-꿈브하까는 '오른쪽 코로 숨을 마시고 규정대로 그 숨을 참은 후 왼쪽 코로 내쉬는 것을 반복하는 기법'이고 승리-꿈브하까는 '양쪽 코로 숨을 마시고 규정대로 그 숨을 참은 후 왼쪽 코로 내쉬는 것을 반복하는 기법'이다.

때 기(氣, māruta)는 수슘나의 입구를 열고 편하게 진입한다.

II.3[ab] mārute madhyame jāte manaḥ sthairyaṃ prajāyate |
II.3[cd] manasaḥ susthirībhāvaḥ saivāvasthā manonmanī ||

기(māruta)가 중앙(=수슘나)으로 흐를 때 마음manas이 고정되고, 마음이 고정된 바로 그 상태가 마논마니(manonmanī, =삼매)이다.

II.4[ab] tatsiddhaye vidhānajñāś sadā kurvīta kumbhakān |
II.4[cd] vicitrakumbhakābhyāsād vicitrāṃ siddhim āpnuyāt ||

마논마니를 성취하기 위해서 '방법을 아는 사람들'은 항상 꿈브하까를 수련해야한다.
다양한 꿈브하까를 수련한다면 다양한 초능력을 얻을 것이다.

【해설】

3-5송은 『하타의 등불』 II.41-43송을 인용한 것으로 쁘라나를 수슘나로 끌어올려 정수리의 브라흐마란드흐라에 고정될 때 삼매가 성취된다는 하타요가의 수행 원리를 요약한 유명한 게송이다. 『하타의 등불』과 마찬가지로 『하타의 보석 목걸이』도 단순히 '쁘라나가 중앙(수슘나)으로 흐를 때 마음이 고정되는 것'으로 설명하지만 브라흐마난다는 주석에서 '정수리까지 완벽하게 흐르는 것'[3], 즉 '쁘라나가 수슘나로 상승해서 정수리에 도달하는 것'으로 해설한 바 있다.

---

3) 『월광』 II.42: "[쁘라나가] 가운데 [나디], 즉 수슘나 속에서 흐르는 것, 다시 말해서 정수리까지 완벽하게 흐르는 것이 [위 게송의] '중앙으로 흐르는 것'[이라는 말의 의미인데] 바로 그 상태에 도달할 때 마음은 고정된다."
madhye suṣumnāmadhye saṃcāraḥ samyak caraṇaṃ gamanaṃ mūrdhapar

제3송의 '규정대로(vidhivat)[4] 호흡을 수련함으로써'의 의미 역시 브라흐마난다가 해설한 바 있는데 그에 따르면 '호흡 수련의 규정'은 '[달인좌와 같은] 자세를 취한 후 잘란드하라반드하 등등(ādi)의 [반드하]를 실행하는 것'이다.[5] 여기서 '등등'이라는 표현이 있으므로 잘란드하라 외에 '물라반드하와 웃디야나반드하도 실행되어야 한다는 것'을 알 수 있다.[6]

2. 꿈브하까의 종류 (II.5-6)

II.5[ab] bhastrikā bhrāmarī sūryabhedojjāyī ca śītalī ।
II.5[cd] mūrcchānāmakasītkāraṃ kevalaś cāṣṭakumbhakāḥ ।
II.5[ef] bhujaṅgakaraṇī ceti kumbhakā navasaṅkhyakāḥ ॥

풀무(bhastrikā), 벌소리(bhrāmarī), 태양관통(sūryabheda), 승리(ujjāyī), 냉각(śītalī), 실신(mūrcchā), 싯소리(sītkāra), 께발라kevala가 여덟 꿈브하까이고 [여기에] 브후장가까라니(bhujaṅgakaraṇī, bhujaṅgīkaraṇa)를 포함하면 아홉 꿈브하까이다.

atha vā
II.6.[ab] sūryabhedanam ujjāyī tathā sītkāraśītalī ।
II.6.[cd] bhastrikā bhrāmarī mūrcchā kevalaś cāṣṭakumbhakāḥ ॥

---

yantaṃ yasya sa madhyasaṃcāras । HP-Jt. II.42(박영길: 2015, p.356)

4) 꿈브하까의 규정(원칙)에 대해서는 아래의 II.7-9송을 참조.

5) 『월광』 II.42: "규정대로 호흡을 수련함으로써, 다시 말해서 [달인좌와 같은 정좌] 자세에서 잘란드하라반드하 등등의 [반드하를 실행해야 한다는] 규정에 의거해서 호흡을 수련함으로써 … "
vidhivat prāṇasaṃyāmair āsanajālaṃdharabandhādividhiyuktaprāṇayāmair… । HP-Jt. II.42(박영길 2015역, p.354)

6) 『하타의 보석 목걸이』는 아래의 7-9송에서 '꿈브하까의 원칙'을 설명한다.

한편, 다른 견해로는 태양관통, 승리, 싯-소리, 냉각,

풀무, 벌소리, 실신, 께발라와 같은 여덟 꿈브하까들이 있다.

【해설】

쉬리니바사는 앞의 II.1송에서 '여덟 꿈브하까'의 기법을 설명하겠다는 것을 천명했지만 II.5-6송은 꿈브하까를 여덟 종류로 보는 견해와 아홉 종류로 보는 견해를 소개한다. 『하타의 보석 목걸이』가 실제로 설명하는 기법은 모두 아홉 종류이므로 '여덟 꿈브하까의 기법을 살펴보겠노라'는 II.1송의 내용과 맞지 않는다. 하지만 아홉 꿈브하까 중에서 께발라-꿈브하까는 구체적인 호흡법이 아니라 '다양한 꿈브하까에 의해 도달된 일종의 경지'이므로 께발라-꿈브하까를 제외했던 것으로 추정된다. 바로 이 여덟 꿈브하까는 『하타의 등불』에서 설명된 여덟 꿈브하까 중에서 부양(plāvinī, 浮揚) 꿈브하까가 누락되고 대신 브후장가까라니(bhujaṅgakaraṇī, 뱀의 행법)라는 새로운 꿈브하까가 포함된 것이다.

『하타의 보석 목걸이』를 비롯해서 『요가의 성전』(*Yogaśāstra*, DyŚ) 『요가의 근본』(*Yogabīja*, YB), 『하타의 등불』(*Haṭhapradīpikā*, HP) 등 께발라-꿈브하까를 언급했던 문헌에 따르면, 께발라-꿈브하까는 '하나의 구체적인 수행법'이 아니라 '다양한 꿈브하까를 통해 도달된 일종의 경지'다. 『하타의 보석 목걸이』는 비록 께발라를 아홉 꿈브하까에 포함시켜 나열하지만 여기서의 께발라-꿈브하까 역시 '호흡 수련의 최고 경지'를 의미한다.[7]

『하타의 보석 목걸이』와 『하타의 등불』의 분류 체계에서 미세한 차이가 발견되는데 그것은 사히따-꿈브하까이다. 『하타의 등불』에 따르면 태양관통, 승리, 풀무, 실신, 부양, 벌소리, 싯소리, 냉각과 같은 여덟 꿈브하까는 '숨을 마시고 그 숨을 참은 후 내쉰다는 점'에서 동일하지만 숨을 마시는 방법과 내쉬는 방법에 따라 구별될 뿐이다. 따라서 이 여덟 꿈브하까는 '숨을 마시고 내쉬는 행위'가 동반된(sahita)[7] 꿈브하까들이고 따라서 여

덟 꿈브하까는 사히따-꿈브하까로 통칭統稱된다.[8] 하지만 『하타의 보석 목걸이』는 사히따-꿈브하까를 언급하지 않았다.

3. 꿈브하까의 원칙 (II.7-9)

II.7ab pūrakānte tu kartavyo bandho jālandharābhidhaḥ |
II.7cd kumbhakānte recakādau[9] kartavyas tūḍḍiyānakaḥ ||

들숨이 끝날 때(=숨을 마시자마자 곧바로) 잘란드하라로 불리는 반드하를 해야만 하고
꿈브하까(들숨 후 그 숨을 참는 것)를 끝낼 무렵 '숨을 내쉬기에 앞서'(recaka-ādau) 웃디야나 [반드하]를 해야만 한다.

II.8ab adhastāt kuñcanenāśu kaṇṭhasaṅkocane kṛte |
II.8cd madhye paścimatānena syāt prāṇo brahmanāḍigaḥ ||

아랫부분(=회음)을 신속히 조이고(=물라반드하를 실행한 후), 목을 끌어당긴 후(잘란드하라반드하를 실행한 후) 가운데(배꼽 주위)를 뒤로 당기면(=웃디야나반

---

7) 이 점에 대해서는 아래의 II.28-30송을 참조.
또한 사히따-꿈브하까와 께발라-꿈브하까에 대한 논의는 박영길: 2023, pp.9-48을 참조.

8) 반면 께발라-꿈브하까는 태양관통, 풀무 등 다양한 꿈브하까(=사히따-꿈브하까)에 의해 도달된 경지로 '숨을 마시는 행위와 내쉬는 행위'가 배제되고 순수히(kevala) '숨을 유지한 상태'이므로 순수-꿈브하까로 불린다.
사히따-꿈브하까에 대한 논의는 박영길: 2023, pp.9-48을 참조.

9) 본 게송은 8음절 4구의 아누쉬뚜브-쉴로까 운율로 작성되었는데 첫 번째 구의 5-6-7번째 음절은 '—∪—'(라-운각, Ra-gaṇa)로 되어 있다. 이것은 기본형pathyā은 아니지만 허용 가능한 형식으로 '라-비뿔라'Ravipulā로 불린다.

드하를 실행한다면) 쁘라나prāṇa는 브라흐마-나디(=수숨나)로 들어갈 것이다.

II.9[ab] apānam ūrdhvam utthāpya prāṇaṃ kaṇṭhād adho nayet |
II.9[cd] yogī jarāvimuktaḥ syāt ṣoḍaśo vayasā bhavet ||

아빠나를 위로 끌어올리고서(=물라반드하) 쁘라나를 목 아래로 내린다면(=잘란드하라반드하) 요가 수행자는 노화老化에서 벗어나 이팔청춘의 젊은이처럼 될 것이다.

【해설】

7-9송은 모든 꿈브하까에 적용되는 원칙을 설명하고 있다. 이 세 게송은 쉬리니바사의 독창적인 설명이 아니라 『하타의 등불』(HP) II.45-47을 인용한 것이다. 하지만 『하타의 등불』 II.45-47송 역시 스바뜨마라마의 독창적인 설명이 아니라 14세기 문헌인 『요가의 근본』(YB) 118-124송을 선택적으로 편집한 것이다.

일종의 원본이라 할 수 있는 『요가의 근본』 118-124송을 비롯해서 『하타의 등불』과 『하타의 보석 목걸이』의 일치표는 다음과 같다.

YB		HP		HR
		II장	III장	II장
118[ab]	꿈브하까를 끝낼 무렵, 내쉬기에 앞서 웃디야나 [반드하]를 해야만 한다. kumbhakānte recakādau kartavyas tūḍḍiyānakaḥ	45[cd]		7[cd]
118[cd]	웃디야나에 의해 [아빠나와] 결합된 쁘라나는 수숨나 속에서 상승한다.		55[ab]	
119[ab]	이러한 이유에서 … 이 기법을 '웃디야나'… [반드하]로 불렀다.		55[cd]	
119[cd]	스승이 설명했던 웃디야나[반드하]를 늘 자연스럽게		58[ab]	
120[ab]	반복해서 수련한다면 늙은이조차 젊어지게 될 것이다.		58[cd]	
120[cd]	배꼽의 위-아래 [부분]을 최대한 [등 쪽으로] 수축해야 한다.		59[ab]	

121^{ab}	6개월 동안 수련한다면 그는… 죽음을 정복한다.		59^{cd}	
121^{cd}	들숨이 끝날 무렵(=숨을 마시지 마자) 잘란드하라로 불리는 반드하를 해야만 한다. pūrakānte 'pi kartavyo bandho jālandharābhidaḥ	45^{ab}		7^{ab}
122^{ab}	목[구멍]을 수축하는 것을 본질로 하는 바로 이 반드하는 숨의 통로 차단한다.	-	-	
122^{cd}	목[구멍]을 수축한 후에… [턱을] 가슴에 단단히 붙여야 한다.		70^{ab}	
123^{ab}	잘란드하라로 불리는 이 반드하는 [수행자를] 불멸로 이끈다.		70^{cd}	
123^{cd}	아랫부분회음부을 신속히 조이고(=물라반드하를 실행한 후) 목을 끌어당긴 후(=잘란드하라반드하를 한 후) adhastāt kuñcanenāśu kaṇṭhasaṃkocane kṛte	46^{ab}		8^{ab}
124	가운데(복부)를 뒤로 당기면(=웃디야나반드하를 한다면) 쁘라나prāṇa는 브라흐마나디로 들어갈 것이다. madhyamābhramaṇena syāt prāṇo brahmanāḍigaḥ	46^{cd}		8^{cd}
*madhye paścimatānena HP.II.46^{cd}				
YB: *Yogabīja* HP: *Haṭhapradīpikā* HR: *Haṭharatnāvalī*				
위 도표는 박영길: 2019, p.692의 도표를 재가공한 것임				

『요가의 근본』은 네 종류의 꿈브하까[10]를 설명한 후 '꿈브하까를 수련할 때 물라반드하, 잘란드하라반드하, 웃디야나반드하를 병행해야 하는 것'으로 규정했고[11] 『하타의 등불』에 대한 주석 『월광』 역시 『하타의 등불』 II.45, 46, 47(=HR. II.7,8,9)송을 '모든 꿈브하까에 공통적으로 적용되는

10) 『요가의 근본』은 태양관통, 승리, 냉각, 풀무와 같은 네 종류의 꿈브하까를 설명했고 그 이후 『하타의 등불』은 여덟 꿈브하까를 설명했다.

11) 『요가의 근본』: "[지금까지 설명했던] 네 종류의 꿈브하까를 수련할 때엔 지금부터 내가 상세히 설명하고자 하는 세 반드하를 [병행]해야만 한다. 첫 번째는 물라반드하이고 두 번째는 웃디야나이며 세 번째는 잘란드하라반드하인데 [이제] 각각의 특성을 설명하겠다."

원칙(yukti)'을 설명하는 것으로 해설한 후[12] II.45송(=HR.II.7)을 '세 반드하의 실행 타이밍'(kāla)를 규정하는 것으로 해설하고 II.46송(=HR.II.8)을 세 반드하의 고유한 형태를, 그리고 II.47송(HR.II.9)은 그 효과를 설명한 것으로 해설한 바 있다.[13]

『하타의 보석 목걸이』가 인용했던 세 게송(II.7-9)의 요지 역시 '숨을 마시자마자 그 숨을 참은 상태에서 물라반드하, 잘란드하라반드하, 웃디야나반드하를 실행해야 한다는 것'이다. 따라서 모든 꿈브하까는 '숨을 마시고 그 숨을 최대한 참은 상태에서 물라반드하, 잘란드하라반드하, 웃디야나반드하를 실행한다는 것'을 알 수 있다. 반면, '숨을 마시고 그 숨을 참을지라도 바로 이 세 가지 반드하를 수반하지 않는 것'은 꿈브하까로 분류될 수 없을 것이다. 이 점에서 태양관통, 풀무, 승리 등 모든 꿈브하까들은 '숨을 참은 상태에서 세 반드하를 순서대로 실행한다는 점'에서 동일하지만 '숨을 마시는 방법'과 '내쉬는 방법'에 따라 구별된다.

세 반드하 중에서 물라반드하는 '회음부(괄약근)를 수축하는 것'이고 잘란드하라반드하는 '턱을 당겨 쇄골에 붙이는 것'이고 웃디야나반드하는 '복부를 척추 쪽으로 최대한 끌어당기는 것'을 의미하므로 제7송에서 언급된 '아랫부분을 신속히 조이는 것'(adhastāt kuñcana)은 물라반드하를 의미하는 것으로 파악되고 '목을 끌어당기는 것'(kaṇṭha-saṅkocana)은 잘란드하라반드하를, 그리고 '가운데(복부)를 뒤로 당기는 것'(madhye paścimatāna)은 웃디야나반드하를 의미하는 것으로 파악된다.

한편, 웃디야나반드하는 일반적으로 '일어 선 상태에서 상체를 숙이

---

caturṇām api bhedānāṃ kumbhake samupashite ।
bandhatrayam idaṃ kāryaṃ vakṣyamāṇaṃ mayā sphuṭam ‖ YB. 114.
prathamo mūlabandhas tu dvitīya uḍḍiyānakaḥ ।
jālandharas tṛtīyas tu lakṣaṇaṃ kathayāmy aham ‖ YB. 115 (박영길: 2019, p.688)

12) 『월광』 II.45(박영길: 2015, p.360)

13) 『월광』 II.47(박영길: 2015, p.368)

고 복부를 끌어당기는 기법' 또는 '숨을 내쉰 상태에서 복부를 끌어당기는 것'으로도 알려져 있지만 역자가 아는 한, 그러한 유형의 웃디야나반드하는 산스끄리뜨 문헌에서 발견되지 않는다.[14] 제7송의 "숨을 내쉬기에(recaka) 앞서(ādau) 웃디야나 [반드하]를 해야만 한다."는 규정에서 알 수 있듯이 웃디야나반드하는 '숨을 참고 있는 상태에서 실행되는 것'으로 파악되고[15] 또 제8송에서 알 수 있듯이 웃디야나반드하는 '뒷꿈치로 회음을 압박하는 물라반드하'를 실행한 상태에서 실행된다는 점에서 달인좌와 같은 정좌正坐 자세에서 실행되는 것으로 파악된다.

4. 꿈브하까의 기법

1) 태양관통—꿈브하까Sūryabhedana-kumbhaka (II.10-12)

atha sūryabhedanaṃ nāma kumbhakaḥ

II.10^{ab} dakṣanāḍyā samākṛṣya bahiḥsthaṃ pavanaṃ śanaiḥ |

II.10^{cd} yathā lagati kaṇṭhāt tu hṛdayāvadhi sasvanam ||

---

14) 현대 요가에서 널리 알려진 '웃디야나반드하'는 일어선 상태에서 상체를 약간 숙이고 두 손을 양 무릎에 올린 상태에서 복부를 당기는 것으로 알려져 있는데 이것은 아마도 '나울리(복부 회전 정화법)를 연습하는 과정에서의 동작'을 편의상, 웃디야나반드하로 이름붙였을 것으로 추정된다.

15) 바로 이 제7송은 『하타의 등불』 II.45송을 인용한 것인데 브라흐마난다는 『하타의 등불』에 대한 주석 『월광』에서 이 부분을 다음과 같이 해설한 바 있다.
『월광』 II.45: "'웃디야나로 불리는 반드하'는 꿈브하까(=숨을 마시고 참는 것)를 끝낼 무렵, 즉 '꿈브하까의 끝자락에'(kumbhakasyānte), 다시 말해서 '숨을 참고 있는 상태가 약간 유지된 상태에서'(kiṃcit kumbhakaśeṣe) 숨을 내쉬기에 앞서(recakād ādau), 즉 '숨을 내쉬기 전에'(recakāt pūrvaṃ) [웃디야나반드하를] 실행해야만 한다. 복부 부위를 최대한 뒤로 끌어당기는 것이 웃디야나반드하이다."(박영길: 2015, p.362)

이제 태양관통으로 불리는 꿈브하까가 설명된다.
오른쪽 나디(오른쪽 코)로 바깥의 공기를 천천히 끌어 마시고서samākṛṣya
[다시 말해서] 마치 목구멍에서 심장에 이르기까지 소리가 닿듯이 [마시고서]

II.11[ab] yatheṣṭaṃ kumbhayed vāyuṃ recayed iḍayā tataḥ |
II.11[cd] kapālaṃ śodhanaṃ cāpi recayet pavanaṃ śanaiḥ ||

최대한 숨을 참은 후에 숨을 이다(īḍā, 왼쪽 코)로 내쉬어야 한다.
[내쉴 때는] 숨을 천천히 내쉬어야 한다. [이 꿈브하까는] 두개골을 청소한다.

II.12[ab] ālasyaṃ vātadoṣaghnaṃ kṛmikīṭaṃ nihanti ca |
II.12[cd] punaḥ punar idaṃ kāryaṃ sūryabhedākhyakumbhakam ||

태양관통-꿈브하까는 무기력감, 바따(水, vāta) 도샤를 제거하고 기생충을 박멸하므로 반복해서 수련해야 한다.

【해설】

하타요가 문헌에서 '태양'은 여러 가지를 상징하지만 여기서의 태양은 오른쪽 코, 즉 '오른쪽 코에서 수슘나까지 이어진 삥갈라-나디'를 의미하므로 태양관통-꿈브하까는 삥갈라-나디를 뚫어서 활성화시키는 기법으로 파악된다. 태양관통-꿈브하까는 오른쪽 코를 활성화시켜 몸에 열을 일으키므로 추운 지역이나 추울 때 유용한 수행법으로 알려져 있다.[16)]

태양관통-꿈브하까는 14세기 문헌인 『요가의 근본』(YB. 102-103)에서 처음 설명되었고 그 이후 『하타의 등불』(HP.II.48-50)에서 정립된 기법이다. 그 이후 『하타의 보석 목걸이』를 비롯해서 『게란다상히따』(GhS.

16) 『월광』: "모든 꿈브하까들이 언제나 유익한 것이기는 하지만 태양관통과 승리와

V.61-62), 『꿈브하까 편람』(KP.126-127)[17] 등에서도 설명되었는데 방법은 모두 동일하다. 모두 동일하다.

위 게송은 '숨을 마시고 참은 상태에서 물라–반드하, 잘란드하라–반드하, 웃디야나–반드하를 실행하라는 규정'을 언급하지 않았지만 이미 앞의 7-9송에서 꿈브하까의 원칙을 밝혔으므로 생략된 것으로 파악된다.

『하타의 보석 목걸이』를 비롯한 하타요가 문헌에서 설명된 태양관통–꿈브하까의 기법을 정리하면 다음과 같다.

① 오른쪽 코로 소리를 내며 강하게 숨을 마시고
② 그 숨을 최대한 참은 상태에서
물라, 잘란드하라, 웃디야나–반드하를 실행한 후
③ 왼쪽 코로 숨을 내쉬고
④ 다시 ①-③을 반복함

한편, 『하타의 보석 목걸이』는 『하타의 등불』에 의거해서 태양관통을 설명했지만 원문엔 다소간의 차이가 발견된다. 이 차이는 '쉬리니바사가

같은 두 가지 [꿈브하까]는 주로 열을 내므로 추울 때 유익하다. 싯소리와 냉각 [꿈브하까]는 주로 [몸을] 시원하게 하므로 더울 때 유익하다. 풀무 꿈브하까는 추울 때와 더울 때 모두 유익하다."

sarveṣāṃ kumbhakānāṃ sarvadā hitatve 'pi sūryabhedanojjāyināv uṣṇau prāyeṇa śīte hitau। sītkārīśītalyau śītale prāyeṇoṣṇe hite। bhastrākumbhakaḥ samaśītoṣṇaḥ sarvadā hitaḥ। HP-Jt. II.66(박영길: 2015, p.391)

『하타따뜨바-까우무디』: "승리 [꿈브하까]와 태양관통 [꿈브하까]는 열을 일으키는 것으로 전해졌다."

ujjāyīsūryabhedau dvau kumbhāv uṣṇau smṛtau muneḥ ‖ HTK. X.9[ab]

17) 19세기 작품으로 약 40여 종류의 꿈브하까를 설명하는 『꿈브하까 편람』은 태양관통–꿈브하까의 반대 기법으로 달관통–꿈브하까를 설명하는데 그 기법은 '왼쪽 코로 숨을 마시고 규정대로 꿈브하까를 한 후에 오른쪽 코로 숨을 내쉬는 것을 반복하는 기법'이다. 이 점에 대해서는 『꿈브하까 편람』 126-127(박영길: 2023b, pp.254-255)을 참조.

참조했던 『하타의 등불』 필사본의 원문'이 일반적인 유포본과 조금 달랐거나 혹은 오류가 있었던 것으로 추정된다. 특히 위 게송의 "마치 목구멍에서 심장에 이르기까지 소리가 닿듯이 [마셔야 한다]"(10^{cd})는 내용은 승리 꿈브하까(13^{cd})에서도 똑같이 발견되는데 아마도 이 부분은 필사상의 오류 또는 '쉬리니바사가 참조했던 『하타의 등불』 필사본의 오류'로 '[그 숨이] 머리카락과 발톱까지 채워질 때까지 참아야 한다'(ākeśād ānakhāgrāc ca nirodhāvadhi kumbhayet HP.II.49^{ab})는 내용을 대체한 것으로 추정된다. 그 이유는 10^{ab}의 '마시고서'(samākṛsya)라는 행위 이후에 '추가로 실행해야 할 행위'가 10^{cd}에서 누락된 채 '소리가 닿듯이 숨을 마시는 방법이 재차 설명되었다는 점'에서 연결이 어색할 뿐만 아니라 그 내용(10^{cd})은 그 다음에 설명할 승리 꿈브하까(13^{cd})의 방법이기 때문이다.

두 문헌의 설명은 대동소의하지만 미세한 차이를 정리하면 다음과 같다.

『하타의 보석 목걸이』		『하타의 등불』	
-		II.48^{ab}	요가수행자는 안락한 자리에서 바로 그 좌법을 취한 후
II.10^{ab}	오른쪽 나디(오른쪽 코)로 바깥의 공기를 천천히 끌어 마시고서	II.48^{cd}	오른쪽 나디로 바깥의 공기를 천천히 끌어 마신 다음
II.10^{cd}	[다시 말해서] 마치 목구멍에서 심장에 이르기까지 소리가 닿듯이 [마시고서]	-	
II.11^{ab}	최대한 꿈브하까를 한 후에 숨을 이다(īḍā)로 내쉬어야 한다.	II.49^{ab}	[그 숨이] 머리카락과 발톱까지 채워질 때까지 참아야 한다.
II.11^{cd}	천천히 숨을 내쉬어야 한다. [이 꿈브하까는] 두개골을 청소한다.	II.49^{cd}	그 후에 천천히 왼쪽 나디로 부드럽게 내쉬어야만 한다.

한편, II.11송은 '숨을 마신 후 최대한 참은 후'에 '천천히 숨을 내쉴 것'을 강조하는데 이것은 그 외의 모든 꿈브하까에도 적용되는 것으로 파악된다.[18]

2) 승리-꿈브하까Ujjāyī-kumbhaka (II.13-15)

athojjāyī

II.13ab mukhaṃ saṃyamya nāḍībhyām ākṛṣya pavanaṃ śanaiḥ ।
II.13cd yathā lagati hṛtkaṇṭhaṃ hṛdayāvadhi svasvanaḥ ॥

승리ujjāyī [꿈브하까가 설명된다].

---

18) 브라흐마난다는『하타의 등불』II.49를 해설하며 '극도로 숨을 참는 것'(atiprayatena kumbhakaṃ kuryāt) 다시 말해서 '숨을 마신 후 그 숨을 최대한 참는 것'이 몸에 해롭다는 반론을 소개하고 그것에 대한 답변을 제시한 후 결론적으로 다음과 같이 말한다.
『월광』II.49: "그러므로 최대한 [참을 수 있을 때까지 길게] 숨을 참아야 한다. 최대한 숨을 오랫동안 참으면 그 만큼의 공덕이 더해질 것이고 가볍게 숨을 참는다면 그 만큼 공덕은 적어지게 될 것이다. 이 점은 요가수행자들의 경험으로 증명된 것이다."
tasmāt kumbhakas tv atiprayatnapūrvakaṃ kartavyaḥ । yathā yathātiyatnena kumbhakaḥ kriyate tathā tathā tasmin guṇādhikyaṃ bhavet । yathā yathā śithilaḥkumbhakaḥ syāt tathā tathā guṇālpatvaṃ syāt । atra yoginām anubhavo 'pi mānam । HP-Jt. II.49(박영길: 2015, p.373)
또한 브라흐마난다는『하타의 등불』II.49를 해설하며 '숨을 천천히 내쉬어야 하는 이유'를 다음과 같이 말한 바 있다.
『월광』II.49: "한편, '들숨'은 대단히 천천히 하거나 급격히 해도 무방하다. 그 이유는 급격하게 숨을 들여마셔도 부작용이 없기 때문이다. 하지만 날숨은 아주 천천히 해야만 한다. 왜냐하면 급격하게 숨을 내쉬게 되면 기력氣力이 빠져나가기 때문이다."
pūrakas tu śanaiḥ śanaiḥ kāryaḥ vegād vā kartavyaḥ । vegād api kṛte pūrake doṣābhāvāt । recakas tu śanaiḥ śanair eva kartavyaḥ । vegāt kṛte recake balahāniprasaṅgāt । HP-Jt. II.49(박영길: 2015, p.373)

입mukha을 닫은 후 두 나디(양쪽 코)로 숨을 천천히 마셔야 한다.
이때 마치 목구멍에서 가슴에 이르기까지 소리를 내면서 [마셔야 한다].

II.14[ab] pūrvavat kumbhayet prāṇaṃ recayed iḍayā tataḥ ।
II.14[cd] gale śleṣmaharaṃ proktaṃ dehānalavivardhanam ॥

앞에서처럼(=태양관통-꿈브하까와 동일하게) 숨을 참아야 한다. 그 후에 이다(iḍā, 왼쪽 코)로 내쉬어야 한다. [승리-꿈브하까는] 목구멍에 있는 점액질 śleṣma을 없애고 체내의 불을 증대시키고

II.15[ab] nāḍījālodarādhātugatadoṣavināśanam ।
II.15[cd] gacchatā tiṣṭhatā kāryam ujjāyyākhyaṃ hi kumbhakam ॥

혈관, 수종, 체질과 관련된 불균형을 제거하는데
승리로 불리는 [바로 이] 꿈브하까는 걸어가면서도 서 있으면서도 해야 한다.

【해설】

승리-꿈브하까는 14세기 문헌인 『요가의 근본』(YB. 104-106)에서 처음 설명되었고 그 이후 『하타의 등불』(HP.II.48-50), 『게란다상히따』(GhS. V.72-75), 『꿈브하까 편람』(KP.131-135), 『하타따뜨비—까우무디』(HTK. X.7) 등에서 설명되었는데 방법은 거의 동일하다.

승리-꿈브하까의 기법을 정리하면 다음과 같다.

① 양쪽 코로 숨을 마시고 그 숨을 복부로 내려 보내고
② 그 숨을 최대한 참은 상태에서
물라, 잘란드하라, 웃디야나—반드하를 실행한 후

(서 있거나 걸어갈 때는 세 반드하를 해서는 안 됨)

③ 왼쪽 코로 내쉬고

④ 다시 ①-③의 과정을 반복함

승리-꿈브하까는 '서 있거나 걸어가면서도 할 수 있는 유일한 기법'인데『하타의 등불』에 대한 주석『월광』에서 브라흐마난다는 '서 있거나 걸어갈때는 반드하를 병행하지 않는 것'으로 해설한 바 있다.[19]

3) 싯소리-꿈브하까Sītkāra-kumbhaka (II.16-18)

atha sītkāraḥ

II.16ab sītkāṃ kuryāt tathā vaktre ghrāṇenaiva visarjayet |

II.16cd evam abhyāsayogena kāmadevo dvitīyakaḥ ||

이제 싯소리 [꿈브하까가 설명된다].

입으로 '싯'이라는 소리를 내면서 [숨을] 마시고 코(ghrāṇa)로만 [숨을] 내쉬어야 한다. 이것을 반복해서 수련한다면 다시 한 번 사랑의 신이 된다.

II.17ab yoginīcakrasaṃsevyaḥ sṛṣṭisaṃhārakārakaḥ |

II.17cd na kṣudhā na tṛṣā nidrā naivālasyaṃ prajāyate ||

요기니 무리yoginīcakra는 [세계의] 창조자이자 파괴자인 그를 존경해야 한다. [싯소리에 통달한 수행자는] 배고픔, 갈증, 니드라(졸음), 무기력함이 생기지 않는다.

19) 『월광』 II.53: "걸어가면서 혹은 서 있으면서 [승리 꿈브하까를 할 때]는 반드하를 해서는 절대로 안 된다."
gacchatā tiṣṭhatā tu bandharahitaḥ kartavyaḥ | HP-Jt. II.53(박영길: 2015, p.377)

II.18^{ab} bhavet svacchandadehas tu sarvopadravavarjitaḥ ǀ
II.18^{cd} anena vidhinā satyaṃ yogīndro bhāti bhūtale ǁ

요긴드라(yogīndra, 요기의 왕)는 이 기법을 통해 자신의 의지대로 몸을 유지하고 모든 불행을 떨치게 되고 진실로 지상에서 [빛나게] 된다.

【해설】

싯소리(śītkara)[20] 꿈브하까는 뒤에서 설명될 냉각-꿈브하까(śītalīkumbhaka)와 동일하게 혀를 이용하는 기법으로 몸을 시원하게 해주므로 더울 때 유용한 것으로 알려져 있다. 이 기법은 『하타의 등불』(HP.II.57-58)에서 처음 설명되었고 그 이후 『하타의 보석 목걸이』를 비롯해서 『육따브하바데바』(YD. VII.104-107), 『꿈브하까 편람』(KP.136-140) 등에서도 거의 동일하게 설명되었다.[21] 『하타의 등불』과 『하타의 보석 목걸이』는 단순히 이 기법을 '입으로 싯-소리를 내면서 숨을 마시고 코로 숨을 내쉬는 것'으로 설명했지만 『하타의 등불』에 대한 주석 『월광』에서 브라흐마난다는 조금 더 구체적으로 '입술 안쪽에 혀를 붙여서 싯이라는 소리를 내면서 숨을 마시는 것'으로 해설한 바 있고[22] 또 숨을 내쉴 때는 '입을 사용하지 말고 오직 코로만 숨을 내쉬는 것'으로 설명한 바 있다.[23] 이와 유

20) 여타의 문헌에서는 기법을 'śītkārī'로 부르지만 『하타의 보석 목걸이』는 'śītkāra'로 부르고 있다.

21) 『게란다상히따』는 싯소리-꿈브하까를 설명하지 않았다.

22) 『월광』: "입술 안쪽에 혀를 붙임으로써 '싯'소리를 내면서 입을 숨을 마셔야 한다는 의미이다."
oṣṭhayor antare saṃlagnayā jihvayā sītkārapūrvakaṃ mukhena pūrakaṃ kuryād ity arthaḥ ǀ HP-Jt. II.54(박영길: 2015, p.378)

23) 브라흐마난다는, 싯소리-꿈브하까를 수련할 때 '입으로 숨을 내쉬면 기력氣力이 빠져나간다는 이유'에서 입으로 숨을 내쉬는 것을 금시기한다.
『월광』 II.54: "[내쉴 때는] '오직(eva) [코로만]'이라는 말이 있으므로 입을 사용해서는 안 된다. 수련 직후에도 입으로 숨을 내쉬어서는 안 된다. 기력이 빠져나가기 때문이다."

사하게 『꿈브하까 편람』(KP.137)도 '혀를 들어 올려 [윗니에 살짝 붙인 후] 후 '싯'(sīt)소리를 내면서 숨을 마시고 꿈브하까를 한 후에 양쪽 코로(nāsikābhyāṃ) [숨을] 내쉬어할 것'[24]으로 규정한 바 있다.[25] 『하타의 보석 목걸이』의 기법도 이와 동일할 것으로 파악된다.

4) 냉각-꿈브하까Śītalī-kumbhaka (II.19-20)

atha śītalī

II.19[ab] jihvayā vāyum ākṛṣya pūrvavat kumbhakād anu ǀ

II.19[cd] śanair aśītiparyantaṃ recayed anilaṃ sudhīḥ ǁ

이제 냉각 [꿈브하까]가 설명된다.

지혜로운 이는, 혀(jihvā)로 숨을 마신 후 앞에서와 마찬가지로 꿈브하까를 한 후에 여든(aśīt, 80)에 이르기까지 천천히 숨을 내쉬어야 한다.

II.20[ab] gulmaplīhodaraṃ doṣaṃ jvarapittakṣudhātṛṣām ǀ

II.20[cd] viṣāṇi śītalī nāma kumbhako 'yaṃ nihanti ca ǁ

---

evaśabdena vatrasya vyavacchedaḥ ǀ vatreṇa vāyor niḥsāraṇaṃ tv abhyāsānantaram api na kāryam ǀ balahānikaratvāt ǀ HP-Jt. II.54(박영길: 2015, pp.378-379)

24) 『꿈브하까 편람』 137: "혀를 들어 올려 [윗니에 살짝 붙인 후] 후 '싯'sīt소리를 내면서 숨(marut)을 마시고 꿈브하까를 한 후에 양 코로 [숨을] 내쉬어야 한다."

asanam unmukhīkṛtya sītkāraṃ kurvatā marut ǀ
pīyante kumbhake yasmin nāsikābhyāṃ virecana ǀ KP.137(박영길: 2023b, pp.259-260)

25) 대부분의 문헌은 싯소리를 내면서 숨을 마신 후 '그 숨을 규정대로 참아야 하는 것'을 언급하지 않았지만 그것은 이미 『하타의 보석 목걸이』(II.7-9)를 비롯해서 그 이전 작품인 『하타의 등불』(II.45-47)에서 '꿈브하까의 원칙'으로 확립되었기 때문에 생략된 것으로 보인다.

'냉각이라는 이름을 가진 이 꿈브하까'는 비장비대와 같은 질병, 열병, 담즙병, 배고픔, 갈증, 독소를 제거한다.

【해설】

냉각-꿈브하까는 『고락샤의 백송』(GŚ. II.38-39)[26]을 비롯해서 샤릉가드하라 선집』(ŚP.4379), 『요가의 근본』(YB, 106^{cd}-107), 쉬바상히따』(ŚS. III.81-86), 『하타의 등불』(HP.II.57-58), 『게란다상히따』(GhS. V.76-77), 『꿈브하까 편람』(KP.141-152) 등에서 설명된 대중적인 호흡법이다.[27] 이 기법은 명칭에서 알 수 있듯이, 더울 때 또는 더운 지역에서 유용한 것으로 몸을 시원하게 해주고 열을 내리는 기법으로 알려져 있다.

대부분의 문헌은 이 기법을 '혀로 숨을 마시는 것'으로 간략히 설명했지만 『꿈브하까 편람』(143, 148)은 좀 더 구체적으로 '혀를 까마귀 부리처럼 [둥글게 말아] 입 밖으로 내밀어서 혀로 숨을 마신 후 혀를 입천장에 붙이고 참은 후 양쪽 코로 숨을 내쉬는 것'으로 설명하고 이 기법을 '쉬딸리-까끼-깐쭈까'(까마귀 부리로 하는 냉각)로 부르기도 했다.[28]

---

26) 『고락샤의 백송』에서 설명된 냉각-꿈브하까는 꿈브하까의 기법 중 하나가 아니라 감로를 회수하는 기법, 즉 쁘라띠야하라의 기법들 중 하나이다. 이 점에 대해서는 박영길: 2019, pp.559-560을 참조.

27) 한편, 『샤릉가드하라 선집』(ŚP)과 『쉬바상히따』(ŚS)는 한 종류의 쁘라나야마를 설명했는데 그것이 냉각-꿈브하까이다.

28) 『꿈브하까 편람』 142: "까마귀의 부리처럼 [혀를 말아서 밖으로 내민] 입(āsaya)으로 숨을 마신 후 [그 숨을] 참아야 한다. [그다음에] 지혜로운 이는 혀를 위쪽의 [입천장]으로 들어 올려 '[달에서] 흘러내리는 감로'(dhārāmṛta)를 마셔야 한다. [그 후에] 양 콧구멍으로 숨을 내쉬어야 한다. 이것이 '쉬딸리-까까깐쭈까'(까마귀-부리로 하는 냉각 꿈브하까)이다."

kākacañcuvad āsayenā　　pūrya vāyuṃ nirodhayet ǀ
ūrdhvajihvāṃ samānīya　　pibed dhārāmṛtaṃ sudhīḥ ǀ
recayed ghrāṇarandhrābhyāṃ　　śītalīkākacañcukaḥ ǁ KP.143(박영길 2023역, p.261)

『꿈브하까 편람』 148: "입을 다문 후 '까마귀의 부리[처럼 둥글게 만 입술]'로 천천히 숨을 마셔야 한다. [그 후에는] '혀를 입천장에 붙이고서 꿈브하까를 한 후'

한편, 위의 19송은 『하타의 등불』에서 인용한 것이 분명하지만 후반부 반송의 경우 『하타의 등불』은 '두 콧구멍으로 숨을 내쉬는 것'[29]으로 규정하며 '숨을 내쉬는 방법'(양쪽 코로 내쉼)을 설명하지만 『하타의 보석 목걸이』는 단순히 '천천히 숨을 내쉬는 것'만 규정하고 있다. 하타요가의 호흡법을 집대성한 19세기 작품인 『꿈브하까 편람』(KP.141) 역시 '양쪽 코로 숨을 내쉴 것'으로 규정했으므로[30] 냉각-꿈브하까는 혀(입)로 숨을 마시고 양쪽 코로 숨을 천천히 내쉬는 것으로 파악된다.[31]

5) 풀무-꿈브하까Bhastrikā-kumbhaka (II.21-25)

atha bhastrikā

II.21[ab]	recakaḥ pūrakaś caiva	kumbhakaḥ praṇavātmakaḥ ।
II.21[cd]	recako 'jasraniḥśvāsaḥ	pūrakas tannirodhakaḥ ।
II.21[ef]	samānasaṃsthito yo	'sau kumbhakaḥ parikīrtitaḥ ॥

이제 풀무 [꿈브하까가 설명된다].

콧구멍으로 숨을 내쉬어야 한다. 까꾸다쉬라바kākudaśravā는 이것을 '까까깐쭈-꿈브하[까]kākacañcuḥkumbhaḥ라고 했다."

ūrdhvajihvaḥ kumbhakāro recayed ghrāṇavartmanā ।
kākacañcuḥ kumbha uktaḥ kenāyaṃ kākudaśravā ॥ KP.148(박영길: 2023, p.263)

29) "지혜로운 이는 두 콧구멍으로 숨을 천천히 내쉬어라"
śanakair ghrāṇarandhrābhyāṃ recayet pavanaṃ sudhīḥ. HP.II.57[cd]

30) 『꿈브하까 편람』 141: "혀를 [둥글게 말아] 관처럼 만든 후 [바로 그 혀]로 숨을 마셔야 한다. [그리고 규정대로 꿈브하까를 한 후에] 양쪽 코로 숨을 내쉬어야 한다."
nalikāsadṛśaṃ kākuṃ vidhāyā pūrayet tayā
śvasanaṃ kumbhayen nobhyāṃ recayet.… KP.141(박영길: 2023b, p.261)

31) 이 점에 대해서는 앞의 각주 28번을 참조. 그리고 '숨을 천천히 내쉬어야 한다는 점'에 대해서는 앞의 각주 18번을 참조.

레짜까recaka, 뿌라까pūraka, 꿈브하까kumbhaka는 쁘라나바(praṇava, = a-u-m)
를 본질로 한다.

레짜까는 지속적으로 숨을 내쉬는 것이고 뿌라까는 그것과 반대로 행하는 것
이고 꿈브하까는 [그 두 작용이] 결합된 상태라고 불렸다.

II.22^{ab} yathaiva lohakārāṇāṃ   bhastrī vegena cālyate ।
II.22^{cd} tathaiva svaśarīrasthaṃ   cālayet pavanaṃ sudhīḥ ॥

마치 대장장이가 급격하게 풀무질하듯이
그와 같이 현자는 자신의 몸에 있는 기pavana를 돌려야 한다.

II.23^{ab} yathā śramo bhaved dehe   tathā sūryeṇa pūrayet ।
II.23^{cd} yathodaraṃ bhavet pūrṇaṃ   pavanena tathā laghu ॥

몸에 피로가 몰려오면 태양(오른쪽 코)로 [숨을] 마시고
숨이 복부udara에 채워지면 신속히

II.24^{ab} dhārayen nāsikāṃ madhyātarjanībhyāṃ vinā dṛḍham ।
II.24^{cd} kumbhakaṃ pūrvavat kṛtvā recayed iḍayānilam ॥

가운데와 집게를 제외한 손가락으로 코를 단단히 막아야 한다.
앞에서와 똑같이(=최대한) 꿈브하까를 한 후에 이다(왼쪽 코)로 숨을 내쉬어야
한다.

II.25^{ab} vātapittaśleṣmaharaṃ[32]   śarīrāgnivivardhanam ।

---

32) 본 게송은 8음절 4구의 아누쉬뚜브—쉴로까 운율로 작성되었는데 첫 번째 구의
   5—6—7번째 음절은 '—∪∪'(브하-운각, Bha-gaṇa)로 되어 있는데 이것은 기본형pa-

II.25[cd] brahmanāḍīmukhesaṃsthakaphādyargalanāśanam |

II.25[ef] viśeṣenaiva kartavyaṃ bhastrākhyaṃ kumbhakaṃ tv idam ||

[풀무-꿈브하까는] 바따vāta, 삣따pitta, 점액śleṣma[으로 인한 질병을] 없애고 체내의 불을 지피고 브라흐마-나디의 입구에 있는 까파kapha 등의 장애물을 없앤다.

따라서 풀무로 불리는 이 꿈브하까를 특별히 [많이] 수련해야만 한다.

【해설】

풀무(bhastrikā)[33] 꿈브하까는 『요가의 근본』(YB. 108-112)에서 처음 설명되었고 그 이후 『하타의 등불』(HP.II.59-67)과 『월광』(HP-Jt. II.59-67)[34], 『하타의 보석 목걸이』, 『육따브하바데바』(YD. VII.110-118)를 비롯해서 『게란다상히따』(GhS. V.78-80), 『꿈브하까 편람』(KP.164-166) 등에서 설명된 기법이다.

『하타의 보석 목걸이』에서 설명된 풀무-꿈브하까는, 『하타의 등불』과

---

thyā은 아니지만 허용 가능한 형식으로 '브하-비뿔라'Bhavipulā로 불린다.

33) bhastrikā는 '풀무질(bhatra)과 같은 기법'이라는 의미를 지니는데 그것은, 마치 대장장이의 풀무질처럼 '신속하게 숨을 마시고 신속하게 내쉬는 것'을 반복하는 외형적 형태를 표현하는 용어로 파악된다.

34) 『하타의 등불』은 풀무-꿈브하까가 세 결절(granthi-traya)을 뚫어준다는 점에서 대단히 중요시하는데(HP.II.67) 후대의 주석서 『월광』은 풀무-꿈브하까의 중요성을 다음과 같이 해설한 바 있다.

"[풀무-꿈브하까는] 세 가지 결절들, 즉 브라흐마 결절, 비쉬누 결절, 루드라 결절과 같은 것을 완전히 파괴한다. … 풀무로 불리는 꿈브하까 만큼은 특별히 수련해야만 한다. [풀무는] 어떤 경우에도 수련해야 한다는 뜻이다. 하지만 태양관통 등등의 [꿈브하까]들은 상황에 따라야 한다."

granthitrayaṃ brahmagranthiviṣṇugranthirudragranthirūpaṃ tasya viśeṣeṇa bhedajanakam … bhastrākhyaṃkumbhakaṃ tu viśeṣeṇaiva kartavyam | avaśyakartavyam ity arthaḥ | sūryabhedanādasyas tu yathāsaṃbhavaṃkartavyāḥ || HP-Jt. II.67(박영길: 2015, pp.393-394)

동일하게 정뇌淨腦–정화법(Kapālabhāti)[35]에 기반을 둔 호흡법이다. 정뇌–정화법과 풀무–꿈브하까는 대장장이의 풀무질처럼 양쪽 코로 들숨과 날숨을 급격히 반복한다는 점에서 동일하지만 풀무–꿈브하까는 그 이후에 세 개의 후속 동작을 포함한다. 다시 말해서 풀무–꿈브하까는 정뇌정화법(들숨과 날숨을 급격하게 반복함)을 계속 실행한 후 적절한 시점(몸에 피로가 몰려오면)에 ① 숨을 최대한 들어 마시고 그 숨을 참은 상태에서 ② 물라–반드하, 잘란드하라–반드하, 웃디야나–반드하와 같은 세 가지 반드하를 차례대로 실행한 후 ③ 왼쪽 코로 천천히 숨을 내쉬는 것과 같은 행위가 추가된다는 점에서 정뇌–정화법과 구별된다.[36]

하지만 풀무–꿈브하까의 경우 '숨을 마시는 방법'과 '내쉬는 방법'은 문헌에 따라 조금씩 다르게 설명되었다. 『요가의 근본』을 비롯해서 『하타의 등불』, 『하타의 보석 목걸이』, 『꿈브하까 편람』은 '숨을 마시고 내쉬는 것을 반복(=정뇌 정화법)한 후 오른쪽 코로 숨을 마시고 규정대로 참은 후 왼쪽 코로 내쉬는 것'으로 설명하고 『게란다상히따』는 '숨을 마시고 내쉬는 것을 반복(=정뇌 정화법)한 후 양쪽 코로 숨을 마시고 규정대로 참은 후 양쪽 코로 내쉬는 것'으로 설명한다. 『하타의 등불』에 대한 주석 『월광』(HP-Jt)에서 브라흐마난다는 두 종류의 방법을 새롭게 설명하는데 첫 번째는 '오른쪽 코로 숨을 마시고 오른쪽 코로 숨을 내쉬는 것을 반복(≠정뇌–정화법)한 후 오른쪽 코로 숨을 마시고 규정대로 참은 후 왼쪽 코로 내신 후 방향을 바꾸어 왼쪽 코로 숨을 마시고 내쉬는 것을 반복한 후 왼쪽 코로 숨을 마시고 참은 후 오른쪽 코로 숨을 내쉬는 것'을 반복하는 것이다.

35) 'kapālabhāti'는 'kapāla'(구개골)와 'bhāti'(광채)가 결합된 복합어로 문자적 의미는 '머리가 맑아짐'을 의미한다.

36) 『하타의 보석 목걸이』와 『하타의 등불』의 기법은 거의 동일하지만 한 가지 차이점이 발견되는데 그것은 숨을 마시는 시점이다. 『하타의 등불』은 정뇌–정화법을 최대한 반복해서 피로가 몰려올 때 숨을 마시고 규정대로 숨을 참고 내쉬는 기법인 반면, 『하타의 보석 목걸이』는 20번 정뇌–정화법을 반복한 후 숨을 마시고 규정대로 숨을 참고 내쉬는 기법이다.

두 번째는 '오른쪽 코로 숨을 마시고 왼쪽 코로 내쉬는 것을 100번 반복(≠정뇌-정화법)한 후 오른쪽 코로 숨을 마시고 참은 후 왼쪽으로 내쉬고, 다시 방향을 바꾸어 왼쪽 코로 숨을 마시고 오른쪽 코로 내쉬는 것을 100번 반복한 후 규정대로 참은 후 오른쪽 코로 내쉬는 것을 반복하는 것'이다.

하타요가의 호흡법을 집대성한 『꿈브하까 편람』도 두 종류의 기법을 설명하는데 첫 번째는 『하타의 등불』과 동일하게 오른쪽 코로 숨을 마시고 왼쪽 코로 내쉬는 기법이고 다른 하나(안따랑가-풀무-꿈브하까)는, 다소 분명치 않지만 『월광』에서 설명된 첫 번째의 기법과 동일한 것으로 추정된다.

하타요가 문헌에서 설명된 풀무-꿈브하까의 기법을 정리하면 다음과 같다.

1. 『요가의 근본』, 『하타의 등불』, 『하타의 보석 목걸이』의 기법

① 숨을 마시고 내쉬는 것을 신속하게 반복한 후
(=정뇌 정화법)

② 피로가 몰려오면 오른쪽 코로 숨을 마시고

③ 그 숨을 최대한 참은 상태에서 물라, 잘란드하라, 웃디야나-반드하를 차례대로 실행함

④ 왼쪽 코로 숨을 천천히 내쉼

⑤ 다시 ①~④의 과정을 반복함

2. 『게란다상히따』의 기법

① 숨을 마시고 내쉬는 것을 신속하게 20번 반복한 후

② 양쪽 코로 숨을 마시고

③ 그 숨을 최대한 참은 상태에서 물라, 잘란드하라, 웃디야나-반드하를 차례대로 실행함

④ 양쪽 코로 숨을 천천히 내쉼

⑤ 다시 ①~④의 과정을 반복함

3. 『월광』의 두 기법

『월광』에서 설명된 기법은 위에서 설명했던 것과 달리 정뇌-정화법과 구별되는 기법으로 한쪽 코를 사용하는 기법이다.

첫 번째 기법:

① 급격하게 오른쪽 코로 숨을 급격히 마시고 급격하게 오른쪽 코로 내쉬는 것을 반복하되

② 피로가 몰려오면 오른쪽 코로 숨을 마시고 '규정대로 참은 후'*

③ 왼쪽 코로 천천히 숨을 내쉬고

④ 다시 급격하게 왼쪽 코로 숨을 마시고 왼쪽 코로 내쉬는 것을 반복하되

⑤ 피로가 몰려오면 왼쪽 코로 숨을 마시고 '규정대로 참은 후'*

⑥ 오른쪽 코로 천천히 숨을 내쉼

⑦ 다시 ①~⑥의 과정을 반복함

두 번째 기법

① 급격하게 오른쪽 코로 숨을 마시고 급격하게 왼쪽으로 내쉬는 것을 100번 반복한 후

② 오른쪽 코로 최대한 숨을 마시고 '규정대로 참은 후'*

③ 왼쪽 코로 천천히 내쉰 후

④ 다시 급격하게 왼쪽 코로 숨을 마시고 급격하게 오른쪽으로 내쉬는 것을 100번 반복한 후

⑤ 왼쪽 코로 최대한 숨을 마시고 '규정대로 참은 후'*

⑥ 오른쪽로 천천히 숨을 내쉼

⑦ 다시 ①~⑥의 과정을 반복함

* '규정대로 참은 후': 숨을 마시자마자 물라, 잘란드하라, 웃디야나 반드하를 차례대로 실행한 상태에서 그 숨을 최대한 참음

한편, 『꿈브하까 편람』(KP.164-168)은 두 종류의 풀무-꿈브하까를 설명하는데 첫 번째는 『하타의 보석 목걸이』를 비롯해서 『하타의 등불』 등과 같은 문헌에서 설명된 기법과 동일하다. 또 하나의 기법은 '안따랑가-풀무'(antaraṅga-bhastra)[37]로 불리는 것인데 이 기법은 아마도 『월광』에서 설명된 두 기법 중 첫 번째와 동일할 것으로 추정된다.

6) 벌소리-꿈브하까Bhrāmarī-kumbhaka (II.26)

atha bhrāmarī

II.26[a] vegād[38)*] ghoṣaṃ pūrakaṃ bhṛṅganādaṃ

II.26[b] bhṛṅgīnādaṃ recakaṃ mandamandam ǀ

II.26[c] yogīndrāṇāṃ nityam abhyāsayogāc

II.26[d] citte jātā kācid ānandalīlā ǁ [39]

37) "[한쪽] 코를 막은 후 들숨과 날숨을 계속한 후 앞에서처럼 숨을 참는 것을 안따르-브하스뜨리까라고 한다. 신속하게 숨을 내쉬고 마심으로써 숨을 참는 이것이 안따랑가[브하스뜨리까 꿈브하까]이다."

nāsāgramudraṇaṃ kṛtvā	yad antā recapūrakau ǀ
pūrvavat kumbhakaṃ kuryād	antarbhastreyam īritā ǁ KP.167
sakṛd recakapūrabhyāṃ	kumbho 'yaṃ cāntaraṅgakaḥ ǁ KP.168(박영

길: 2023b, p.272)

38) 원문은 vegod로 되어 있지만 단순 오탈자이므로 vegād로 수정함.

39) 본 송의 운율은 11음절 4구의 샬리니(Śālinī: ——— —æ—∪ ——∪ ——)이다.

이제 벌소리 [꿈브하까가 설명된다].
숫벌bhṛṅga의 소리nāda를 내면서 숨을 급격히 마시고
암벌의 소리로 천천히 내쉬어야 한다.
반복해서 수련하는 요가수행자들의 마음에는 형용할 수 없는 황홀감이 생긴다.

【해설】

벌소리-꿈브하까는 『하타의 등불』(II.68)에서 처음 설명되었고 그 이후 『게란다상히따』(V.81-85), 『꿈브하까 편람』(169) 등에서 설명되었다. 『하타의 등불』, 『하타의 보석 목걸이』 등에 따르면 이 기법은 들숨은 강하게, 날숨은 약하게 하는 것이다.[40)]

한편, 후대 문헌인 『게란다상히따』(GhS. V.81-85)의 경우 벌소리-꿈브하까는 이와 달리 손가락으로 귀, 눈, 코와 같은 여섯 출입구를 막은 상태에서 숨을 마시고 그 숨을 참은 상태에서 북소리 등을 듣고 궁극적으로 소리마저 소멸시키는 기법으로 규정된다. 이 점에서 『게란다상히따』의 벌소리-꿈브하까는 『하타의 등불』에서 설명된 '비음 명상법'(nādānusaṃdhana)과 사실상 동일한 것으로 파악된다.

7) 실신-꿈브하까Mūrcchana-kumbhaka (II.27)

atha mūrcchā
II.27*ab* pūrakānte gāḍhataraṃ[41)] baddhvā jālandharaṃ śanaiḥ |

40) 『하타의 보석 목걸이』는 '숨을 마시고 그 숨을 참는 것' 그리고 '숨을 참고 있는 동안 물라, 잘란드하라, 웃디야나와 같은 세 반드하를 실행하는 것'을 언급하지 않았지만 그것은 이미 앞의 II.7-9에서 '꿈브하까의 원칙'을 밝혔으므로 생략된 것으로 파악된다.
41) 본 게송은 8음절 4구의 아누쉬뚜브-쉴로까 운율로 작성되었는데 첫 번째 구

II.27cd recayen mūrcchanākhyo 'yaṃ manomūrcchā sukhapradā ||

이제 실신 [꿈브하까가 설명된다].

들숨이 끝날 무렵(=숨을 마시자마자) 더 강하게 잘란드라하[반드하]를 실행한 후 천천히 숨을 내쉬어야 한다. 실신으로 불리는 이 [꿈브하까]는 마음을 기절시키고 즐거움을 준다.

【해설】

실신(mūrcchana) 꿈브하까는 『하타의 등불』(II.69)에서 처음 설명되었고 그 이후 『게란다상히따』(GhS. V.86), 『꿈브하까 편람』(KP.170) 등에서 설명되었다. 『하타의 보석 목걸이』는 『하타의 등불』과 동일하게 이 기법을 '숨을 마시고 참은 상태에서 잘란드하라반드하(목을 조이고 턱을 당겨 쇄골이 붙임)를 좀 더 강하게 하는 것'으로 설명한다. 그 이후 문헌인 『꿈브하까 편람』(KP)[42]과 『하타따뜨바—까우무디』(HTK)[43]도 이와 유사하게 숨을 참은 상태에서 잘란드하라반드하를 실행하는 것으로 설명하지만 『게란다상히따』의 경우, 잘란드하라반드하를 언급하지 않고 그 대신 '숨을 참은 상태에서 의식을 미간에 집중하는 것'으로 규정하고 그 효과를

의 5–6–7번째 음절은 '—∪∪'(브하-운각, Bha-gaṇa)로 되어 있는데 이것은 기본형 pathyā은 아니지만 허용 가능한 형식으로 '브하—비뿔라'Bhavipulā로 불린다.

42) "숨을 [마시고 복부에 그] 숨을 참은 상태에서 잘란드하라를 한 후에 천천히 내쉬어야 한다. 실신 꿈브하까는 '[배회하려는] 마음'을 기절시키고 즐거움을 준다."

āpūrya kumbhitaṃ prāṇaṃ baddhvā jālandharaṃ$śanaiḥ |
recayen mūrchanākumbho manomūrchā sukhapradā || KP.170(박영길: 2023, pp.275-276)

43) "먼저 들숨이 끝날 때 강하게 목에 잘란드하라반드하를 하고 천천히 숨을 내쉬어야 한다."

'마음이 대상에서 분리되어 자아와 결합함으로써 환희를 경험하는 것'[44]으로 설명했다는 점에서 구별된다.

8) 께발라-꿈브하까Kevala-kumbhaka (II.28-30)

II.28ab recakaṃ pūrakaṃ muktvā sukhaṃyad vāyudhāraṇam |
II.28cd prāṇāyāmo 'yam ity uktaḥ[45][46] sa vai kevalakumbhakaḥ ||

'들숨과 날숨을 버리고서 편하게 숨을 유지하는 쁘라나야마(호흡의 멈춤)'로 말해진 이것인 바로 께발라-꿈브하까이다.

II.29ab kevale kumbhake siddhe recapūrakavarjite |
II.29cd na tasya durlabhaṃ kiñ cit triṣu lokeṣu vidyate ||

들숨과 날숨이 사라진 께발라-꿈브하까를 성취한다면 그가 삼계에서 얻지 못할 것은 없다.

---

purā pūrakānte vidhāya pragāḍhaṃ
gale jālabandhaṃ śanaiḥ recayet tam | HTK. X.19(박영길: 2023, p.276 재인용)

44) "즐거운 마음으로 꿈브하까를 한 후에 마음을 미간에 [집중해서] [마음을] 일체의 대상에서 떼어낸다면 환희로 가득 찬 망아[의 상태가 일어나고] 마음이 자아 속에서 결합할 때 환희가 일어난다."
sukhena kumbhakaṃ kṛtvā manaś ca bhruvor antaram
saṃtyajya viṣayān sarvān manomūrcchā sukhapradā
ātmani manaso yogād ānando jāyate dhruvam | GhS. V.87(박영길 2022b, p.346)

45) muktaḥ로 되어 있지만 단순 오탈자이므로 uktaḥ로 수정함.

46) 본 게송은 8음절 4구의 아누쉬뚜브-쉴로까 운율로 작성되었는데 첫 번째 구의 5-6-7번째 음절은 '—∪—'(라-운각, Ra-gaṇa)로 되어 있다. 이것은 기본형pathyā은 아니지만 허용 가능한 형식으로 '라-비뿔라'Ravipulā로 불린다.

II.30^ab^ śaktaḥ kevalakumbhena yatheṣṭaṃ vāyudhāraṇam |
II.30^cd^ etādṛśo rājayogo kathito nātra saṃśayaḥ ||

께발라-꿈브하까로 원하는 만큼 기vāyu를 유지하는데 성공하는 바로 이것이 라자요가라고 일컬어졌다. 여기엔 의심의 여지가 없다.

【해설】

께발라-꿈브하까는 『요가야갸발꺄』(YY. 28-35), 『요가의 성전』(DyŚ. 73-74), 『하타의 등불』(HP.II.72-75), 『게란다상히따』(GhS. V.88-101), 『꿈브하까 편람』(KP.88-89) 등에서 거의 동일하게 정의되었다.[47]

태양관통, 풀무 등 다양한 꿈브하까들은 '숨을 마신 후 그 숨을 규정대로 참는다는 점'에서 동일하지만 숨을 마시고 내쉬는 방법에서 구별된다. 예를 들어 '오른쪽 코로 숨을 마시고 왼쪽 코로 내쉬는 것'이 태양관통-꿈브하까이고, 혀로 숨을 마시고 양쪽 코로 내쉬는 것이 냉각-꿈브하까이며, 양쪽 코로 숨을 마시고 왼쪽 코로 내쉬는 기법이 승리-꿈브하까이다. 이와 같이 '숨을 마시고 내쉬는 방법'에 따라 구별된다는 것이 암시하는 것은 꿈브하까가 숨을 참는 행위뿐만 아니라 숨을 마시고 내쉬는 행위를 동반(sahita)한다는 점이다. 이 이유에서 『요가의 근본』과 『하타의 등불』은 들숨과 날숨을 동반하는 다양한 꿈브하까를 사히따-꿈브하까(sahitakumbhaka)로 통칭한다.[48] 반면, 께발라-꿈브하까는 시작 시점 자체가 들숨 후 '그 숨을 참고 있는 시점'이고 바로 그 '멈춤'이 자연스럽게 연장된다는 점에서 '들숨과 날숨이 배제된 것', 즉 순수하게kevalam '숨을 멈

47) 께발라-꿈브하까와 사히따-꿈브하까에 대한 자세한 논의는 박영길: 2023a, pp.9-48을 참조.

48) 하지만 『요가의 성전』, 『게란다상히따』, 『꿈브하까 편람』의 사히따-꿈브하까는 '들숨과 날숨이 동반된 다양한 꿈브하까'의 통칭어가 아니라 한 개의 구체적인 기법이다. 박영길: 2023, pp.9-48을 참조.

추고 있는 기법'으로 정의된다.

9) 뱀-꿈브하까Bhujaṅgīkaraṇa-kumbhaka (II.31)

II.31[ab] kaṇṭhena pūrayed vāyuṃ recayet kaṇṭhanālataḥ ǀ
II.31[cd] bhujaṅgīkaraṇaṃ ceti kumbhako 'yaṃ navamaḥ smṛtaḥ ǁ

목으로 숨을 마시고 목구멍로 숨을 내쉬는 것이
뱀-꿈브하까인데 이것이 아홉 번째 [꿈브하까]로 알려져 있다.

【해설】

『하타의 보석 목걸이』는 아홉 번째 꿈브하까로 '뱀bhujaṅgī 소리'를 빗댄 브후장기까라나를 언급하는데 그 기법은 '목으로 숨을 마시고 내쉬는 것'이다.

18세기 문헌인 『게란다상히따』는, 이와 유사한 기법을 '뱀-무드라'(bhujaṅgīmudrā)로 설명하는데 그것은 '입으로 숨을 마시되 목구멍으로(galayā) 숨(anila)을 끌어들이는 느낌으로 숨을 마시는 기법'이다.[49)]

49) "입을 약간 앞으로 내민 상태에서 목구멍으로 숨을 마셔야 한다. 이것이 노화를 방지하고 죽음을 정복하게 만드는 뱀 무드라이다."

II. 무드라의 기법

1. 열(10) 무드라mudrā의 명칭과 효과 (II.32-35)

II.32ab mahāmudrā mahābandho mahāvedhas tṛtīyakaḥ |
II.32cd uḍḍiyānaṃ mūlabandho bandho jālandharābhidhaḥ ||
II.33ab karaṇī viparītākhyā vajrolī śakticālanam |
II.33cd sampradāyā khecarī sā[50)] daśamudrāḥ prakīrtitāḥ ||

전통적으로 열(10) 무드라로 일컬어지는 것은 마하무드라mahāmudrā, 마하반드하mahābandha [그리고] 세 번째인 마하베드하mahāvedha[를 비롯해서] 웃디야나반드하uḍḍiyānabandha, 물라반드하mūlabandha, 잘란드하라반드jālandharabandha, 도립으로 불리는 행법(karaṇīviparītākhyā), 바즈롤리vajrolī, 샥띠짤라나śakticālana, 케짜리khecarī이다.

II.34ab ādināthoditā mudrā aṣṭaiśvaryapradāyakāḥ |
II.34cd vallabhāḥ sarvasiddhānāṃ durlabhā mahatām api ||

아디나타Ādinātha께서 가르친 무드라들은 여덟 개의 신통력을 주는 것으로 모든 도사들이 좋아하는 것이지만 위대한 존재들조차 얻기 힘든 것이다.

---

vaktraṃ kiṃcit suprasārya cānilaṃ galayā pibet |
sā bhaved bhujagīmudrā jarāmṛtyuvināśinī || GhS. III.92(박영길 2022역, p.284)

50) 본 게송은 8음절 4구의 아누쉬뚜브-쉴로까 운율로 작성되었는데 네 번째 구의 5-6-7번째 음절은 '—∪—'(라-운각, Ra-gaṇa)로 되어 있다. 이것은 기본형pathyā은 아니지만 허용 가능한 형식으로 '라-비뿔라'Ravipulā로 불린다.

II.35[ab] iti mudrā daśa proktā ādināthena śambhunā ।
II.35[cd] ekaikā tāsu mukhyā syān mahāsiddhipradāyinī ॥

이상이 아디나타, 샴브후께서 가르친 열 무드라이다. 이 열 무드라 각각은 위대한 신통력을 주는 중요한 기법들이다.

【해설】

하타요가의 무드라는 초기 문헌인 『불멸의 성취』(AS, 12세기)와 『고락샤의 백송』(GŚ, 12-13세기), 『요가의 성전』(DyŚ, 13세기), 『쉬바상히따』(ŚS, 14세기)를 거쳐 『하타의 등불』(HP, 1450년경)에 의해 열 무드라 체계로 정립되었다. 『하타의 등불』에서 정립된 열 무드라는 그 이후의 『육따브하바데바』(YD. 1623년경)를 비롯해서 『하타의 보석 목걸이』 등으로 계승되었다.[51)]

2. 무드라의 기법

1) 마하무드라Mahāmudrā (II.36-42)

atha mahāmudrā
II.36[a-b] mahāmudrā pravakṣyāmi vaśiṣṭhenoktam ādarāt ॥

이제 마하무드라가 [설명된다].
바쉬스타께서 가르쳤던 마하무드라를 조심스럽게 설명하고자 한다.

51) 18세기 작품인 『게란다상히따』는 기존의 10무드라 외에 15개의 대중적인 무드라를 추가로 설명하고 있다.

II.37[ab] pādamūlena vāmena yoniṃ sampīḍya dakṣiṇam |
II.37[cd] pādaṃ prasāritaṃ kṛtvā karābhyāṃ pūrayen mukham |
II.37[ef] kaṇṭhe bandhaṃ samāropya pūrayed vāyum ūrdhvataḥ ||

왼쪽 발꿈치로 회음을 압박한 후 오른쪽 발을 [옆으로] 쭉 펼치고서 두 손으로 karābhyām [오른쪽 엄지발가락을] 잡은 후 [숨을 복부에] 채워야 한다. [그 후] 목-반드하(=잘란드하라반드하)를 한 후 숨을 위로 [끌어올려 수슘나에] 채운다면

II.38[ab] yathā daṇḍāhataḥ sarpo daṇḍākāraḥ prajāyate |
II.38[cd] ṛjvībhūtā tathā śaktiḥ kuṇḍalī sahasā bhavet ||

마치 막대기에 맞는 뱀이 막대기처럼 곧게 일어나듯이
그와 같이 꾼달리 샥띠는 신속히 서게 될 것이다.

II.39[a-b] tadā sā maraṇāvasthā jāyate dviputīsthitā ||

그때 '두 통로를 의지처로 하는 것'(쁘라나)은 죽은 상태가 된다.

【해설】

마하무드라는 초기 문헌인 『불멸의 성취』(AS. X.1-10), 『요가의 성전』(DyŚ. 132-134)에서 간략히 설명되었고 그 이후 『하타의 등불』(III.10-18)에 의해 체계화되었다. 『하타의 보석 목걸이』는 거의 전적으로 『하타의 등불』에 의거해서 그 기법을 설명한다.

마하무드라의 외형은 널리 알려진 대로 ① 왼발을 구부려 왼쪽 뒤꿈치로 회음을 압박하고 오른발을 옆으로 펴고 앉은 상태에서 ② 숨을 마시고 참은 후 상체를 오른쪽으로 숙여 두 손으로 오른쪽 엄지발가락을

몸쪽으로 끌어당기고 이마를 오른쪽 무릎에 붙이는 것이다.

『하타의 보석 목걸이』와 『하타의 등불』은 먼저 '왼쪽 발꿈치로 요니yoni를 압박할 것'을 규정하는데 『월광』에 따르면 여기서의 요니yoni는 항문(guda)과 성기(meṇḍhra)의 중간(madhyabhāga) 지점, 즉 회음會陰을 의미한다.[52] 또한 두 문헌은 단순히 '두 손으로 잡는 것'만 언급했을 뿐이지만 『월광』은 '구부린 두 집게 손가락으로 오른쪽 엄지발가락을 당기는 것'으로 해설한 바 있다. 따라서 이 동작은 왼발로 회음을 압박하고 오른발을 옆으로 펼친 후 숨을 마시고 참은 상태에서 상체를 오른쪽으로 숙여 두 집게 손가락을 구부려 오른쪽 엄지발가락을 당기는 형태로 파악된다.

한편, 위의 II.39송의 원본에 해당하는 『하타의 등불』은 그 이후 동작으로 '천천히 숨을 내쉴 것'(HP.II.14)을 규정하고 또 '자세를 바꾸어 횟수가 동일할 때까지 실행할 것'(HP.II.15)을 말하지만 여기서는 생략되었다.

II.40^{ab} na hi pathyam apathyaṃ vā rasāḥ sarve 'pi nīrasāḥ ǀ
II.40^{cd} api bhuktaṃ viṣaṃ ghoraṃ pīyūṣam iva jīryate ǁ

[마하무드라를 수련하면] 이로운 것과 해로운 [음식에 대한 구별이] 없어지고 맛있거나 맛없는 것을 모두 [소화하고] 심지어 해로운 독을 먹을지라도 감로처럼 소화한다.

II.41^{ab} kṣayakuṣṭhagudāvartagulmājīrṇapurogamāḥ ǀ
II.41^{cd} doṣāḥ sarve kṣayaṃ yānti mahāmudrāṃ tu yo 'bhyaset ǁ

마하무드라를 수련한다면 폐병, 나병, 변비, 비장비대, 소화불량, 만성질환이 모두 소멸된다.

52) 박영길 2015, pp.432-433.

II.42ab kathiteyaṃ mahāmudrā jarāmṛtyuvināśinī |
II.42cd gopanīyā prayatnena na deyā yasya kasya cit ||

이 마하무드라는 늙음과 죽음을 없애는 것으로 말해졌다. 성심을 다해 [마하무드라를] 비밀로 지켜야 하고 누구에게 말해서도 안 된다.

2) 마하반드하Mahābandha (II.43-46)

atha mahābandhaḥ
II.43b pārṣṇiṃ vāmasya pādasya yonisthāne niyojayet |
II.43cd vāmorūpari saṃsthāpya dakṣiṇaṃ caraṇaṃ tathā ||

이제 마하반드하가 [설명된다].
왼쪽 뒤꿈치를 회음부yonisthāna에 붙여라.
그와 같이 오른쪽 발을 왼쪽vāma 허벅지ūru 위에upari 올려놓은 뒤

II.44ab pūrayen mukhato vāyuṃ hṛdaye cibukaṃ dṛḍham |
II.44cd nibhṛtya yonim ākuñcya mano madhye niyojayet |
II.44ef recayec ca śanair evaṃ mahābandh 'yaṃ ucyate ||

먼저 숨을 마시고 턱을 가슴에 단단히 붙인 후
회음을 압박하고 마음을 중앙에 집중해야 한다.
[그 후에] 천천히 숨을 내쉬는 이것이 마하반드라고 말해졌다.

II.45ab ayaṃ yogo mahābandhas sarvasiddhipradāyakaḥ |
II.45cd savyāṅge ca samabhyasya dakṣiṇāṅge samabhyaset ||

이 기법yoga이 모든 신통력을 주는 마하반드하이다.
왼쪽으로savyāṅge 수행한 후 [자세를 바꾸어] 오른쪽으로dakṣiṇāṅge 똑같이 수련해야 한다.

II.46[ab] ayaṃ ca sarvanāḍīnām ūrdhvagatinirodhakaḥ ǀ
II.46[cd] triveṇīsaṅgamaṃ dhatte kedāraṃ prāpayen manaḥ ǁ

마하반드하는 모든 나디들의 상승 흐름을 억제하는 것이고
세 하천(이다, 삥갈라, 수슘나)을 결합시키고 마음을 케다라(kedāra, 미간)로 이끌 것이다.

【해설】

마하반드하 역시 초기 문헌인 『불멸의 성취』(AS. XII.12-16), 『요가의 성전』(DyŚ. 135), 『아마라우그하의 자각』(AP.33-35), 『쉬바상히따』(ŚS. V.37-42) 등에서 간략히 설명되었고 그 이후 『하타의 등불』(III.19-29)에서 정교하게 체계화되었다. 그 이후, 백과사전적 대작인 『요가의 여의주』를 비롯해서 『육따브하바데바』는 『하타의 등불』을 거의 그대로 인용했고 『하타의 보석 목걸이』와 『게란다상히따』는 간략히 요약해서 설명하는데 방법은 거의 동일하다.

마하반드하의 외형은 '왼쪽 뒤꿈치로 회음을 압박하고(=물라반드하) 턱을 당겨 쇄골에 붙인다'는 점(=잘란드하라반드하)에서 달인좌와 유사하다.

3) 마하베드하Mahāvedha (II.47-52)

아름다움과 기품을 지닌 여인[일지라도] 남자 없이는 [자식을 가질 수 없듯이]
마하무드라와 마하반드하도 [마하]베드하 없이는 결과를 얻지 못한다.

II.47[ab] rūpalāvaṇyasampannā yathā strī puruṣaṃ vinā ǀ
II.47[cd] mahāmudrāmahābandhau niṣphalau vedhavarjitau ǁ

이제 마하베드하가 [설명된다].
마음을 집중한 요가수행자는 마하반드하의 자세를 취한 후 숨을 마시고 목 무드라(kaṇṭhamudrā, =잘란드하라반드하)로써 숨들의 흐름을 완전히 막아야 한다.

atha mahāvedhaḥ
II.48[ab] mahābandhasthito yogī kṛtvā pūrakam ekadhīḥ ǀ
II.48[cd] vāyūnāṃ gatim ākṛṣya nibhṛtaṃ kaṇṭhamudrayā ǁ

매일 [하루에] 세 시간마다 여덟 번 [마하베드하를] 수련한다면 늘 공덕은 쌓이고 누적된 악업은 소멸된다.

II.49[ab] aṣṭadhā kriyate caitat yāme yāme dine dine ǀ
II.49[cd] puṇyasaṅghātasandhāyī pāpaughabhiduraḥ sadā ǁ

올바른 믿음을 가진 자는 처음 수련할 때는 편하게 [수련해야 하고] 초기에는 불, 여자, 여행을 삼가해야 한다.

II.50[ab] samyakśraddhāvatām eva sukhaṃ prathamamasādhane ǀ
II.50[cd] vahnistrīpathasevāṃ ca prathamaṃ parivarjayet ǁ

두 손을 펴서 바닥에 대고 양쪽 엉덩이를 [들어 올린 후] 땅바닥을 천천히 때려야 한다. 이것이 수행자에게 신통력을 주는 마하베드하이다.

II.51[ab] samahastayugo bhūmau sphicau saṃtāḍayec chanaiḥ ।
II.51[cd] ayam eva mahāvedhaḥ siddhido 'bhyāsato bhavet ॥

[지금까지 설명했던] 이 세 가지는 늙음과 죽음을 없애고 소화의 불을 증대시키고 축소술 등의 신통력을 주는 최고의 비밀이다.

II.52[ab] etat trayaṃ mahāguhyaṃ jarāmṛtyuvināśanam ।
II.52[cd] vahnivṛddhikaraṃ caiva hy aṇimādiguṇapradam ॥

【해설】

마하베드하는 위에서 설명했던 마하무드라, 마하반드하와 하나의 세트를 구성하는 기법이다.[53] 마하베드하의 의미는 '위대한 관통'인데 그것은 이 무드라에 의해 꾼달리니의 상승을 가로막는 세 결절granthi가 뚫어지기 때문에 마하베드라로 불렸던 것으로 알려져 있다. 특히 초기 문헌인 『불멸의 성취』(AS. XIII.9)는 마하베드하에 의해 메루가 뚫리면 브라흐마를 위시한 신들이 죽는 것으로 설명하는데 여기서의 브라흐마는 물라드하라-짜끄라에 있는 브라흐마-결절(brahmagranthi)를 의미한다. 『불멸의 성취』(AS. XIII.10)에 따르면 브라흐마가 죽은 후에는 차례대로 비쉬누-결절(viṣṇugranthi)과 루드라-결절(rudragranthi)도 뚫리게 된다.[54]

한편, 『불멸의 성취』를 비롯해서 『아마라우그하의 자각』(AP.37-41), 『요가의 성전』(DyŚ. 136), 『하타의 등불』(HP.III.27), 『하타의 보석 목걸이』에 따르면 이 기법은 '마하반드하의 자세를 취한 후 숨을 마시고 참은 상태에서 잘란드하라를 실행한 후 두 손바닥을 바닥에 대고 엉덩이

53) 『하타의 등불』(HP.III.25)와 『게란다상히따』(GhS. III.21) 등은 '아름다운 여인일지라도 남편 없이는 후사가 없듯이 그와 같이 마하베드하에 의해 마하무드라와 마하반드하가 완성된다는 것'을 언급하고 있다.

54) 이 점에 대해서는 박영길 2019, pp.25-26을 참조.

를 들어 올려 엉덩이로 땅바닥을 때리는 것'이다.[55)]

4) 웃디야나반드하Uḍḍiyānabandha (II.53-57)

athoḍḍyānabandhaḥ

II.53[ab] baddho yena suṣumnāyāṃ prāṇas tūḍḍiyate yataḥ ।

II.53[cd] tasmād uḍḍiyānākhyo 'yaṃ yogibhiḥ samudāhṛtaḥ ॥

이제 웃디야나반드하가 [설명된다].

'결합된 기'가 이것에 의해 수슘나 속에서 날아오르므로 이 이유에서 요가수행자들은 이 기법을 '웃디야나(공중비행)라고 불리는 [무드라]'라고 했다.

II.54[ab] uḍḍīnaṃ kurute yasmād aviśrāntaṃ mahākhagaḥ ।

II.54[cd] uḍḍiyānaṃ tad eva syāt tatra bandho 'bhidhīyate ॥

큰 새mahākhaga를 쉼 없이 [수슘나 속에서] 날아오르게 하므로 이것이 웃디야나이다. 여기서 [이] 반드하가 설명된다.

II.55[ab] udare paścimaṃ tānaṃ nābher ūrdhvaṃ ca dhārayet ।

II.55[cd] uḍḍiyāno hy asau bandho mṛtyumātaṅgakesarī ॥

배꼽(nābhi)에서 위쪽의 위(udara), 그리고 [배꼽의 아래 부분을] 등쪽으로 수축해야 한다. 실로 이 웃디야나 반드하는 죽음을 [몰라내는] 사자[와 같다].

55) 그 이후, 백과사전적 대작인 『요가의 여의주』를 비롯해서 『육따브하바데바』는 『하타의 등불』을 거의 그대로 인용했다. 하지만 『게란다상히따』는 이와 달리 엉덩이를 바닥에 때리는 것이 아니라 웃디야나를 실행하는 것으로 설명하였다. 『게란다상히따』 III.21-24(박영길 2013역, pp.231-233)를 참조.

II.56[ab] guruṇā sahajaṃ proktaṃ vṛddho 'pi taruṇo bhavet |
II.56[cd] bāhyoḍyāṇaṃ ca kurute[56)] bāhyālaṅkāravardhanam ||

스승이 자연스럽게 설명했던 웃디야나를 한다면 늙은이도 회춘하고 외모가 아름다워진다.

II.57[ab] nābher ūrdhvam adho vāpi tānaṃ kuryāt prayatnataḥ |
II.57[cd] ṣaṇmāsam abhyasen mṛtyuṃ jayaty eva na saṃśayaḥ ||

복부의 위쪽과 아래쪽을 최대한 [등 쪽으로] 끌어당겨야 한다.
6개월 동안 수련한다면 의심할 바 없이 죽음을 정복한다.

【해설】

마치 마하무드라, 마하반드하, 마하베드하와 같은 '3종 무드라'처럼 웃디야나반드하는 물라반드하와 잘란드하라반드하와 함께 하나의 세트처럼 실행되는 '3종의 반드라-무드라'이다. 『하타의 보석 목걸이』는 웃디야나, 물라, 잘란드하라를 순서대로 설명하는데 여기서는 세 무드라의 외형과 효과만 간략히 설명하고 세 무드라를 실행하는 구체적 '시점'은 설명하지 않았다. 하지만 그것은 앞에서 언급했듯이 '꿈브하까의 원칙'을 설명하는 II.7-9에서 자세히 설명되었기 때문에 생략된 것으로 파악된다.

웃디야나반드하는 『고락샤의 백송』(GŚ. I.60-61), 『요가의 성전』(DyŚ. 141-143), 『쉬바상히따』(ŚS. IV.72-77)에서도 설명되었고 그 이후 『하타의 등불』(III.55-60)에서 체계화된 기법이다. 웃디야나반드하는 달인좌 자세에서 숨을 마시고 그 숨을 참은 상태에서 하복부를 등 쪽으로 끌어당기는 동작이므로 하타요가의 호흡법, 즉 꿈브하까에 익숙했을 때 실행할

56) 본 게송은 8음절 4구의 아누쉬뚜브-쉴로까 운율로 작성되었는데 세 번째 구의

수 있는 기법이다.[57]

5) 물라반드하Mūlabandha (II.58-65)

atha mūlabandhaḥ

II.58^{ab} pārṣṇibhāgena sampīḍya yonim ākuñcayed gudaṃ ।
II.58^{cd} apānam ūrdhvam ākuñcya mūlabandho 'yam ucyate ॥

이제 물라반드하가 [설명된다].
뒤꿈치로 회음(yoni)를 압박한 후 항문(guda)을 조여야 한다.
아빠나를 위로ūrdhva 끌어 올리기 때문에 이것이 물라반드라로 불렸다.

II.59^{ab} adhogatim apānaṃ vai ūrdhvagaṃ kurute balāt ।
II.59^{cd} ākuñcanena taṃ prāhur mūlabandhaṃ hi yoginaḥ ॥

'아래로 흐르는 아빠나'(adhogatim apānam)를 수축함으로써 위쪽으로(ūrdhvagam) 강력하게 상승시키는 이것을 요가수행자는 물라반드하라고 했다.

II.60^{ab} gudaṃ pārṣṇyā ca saṃpīḍya vāyum ākuñcayed balāt ।
II.60^{cd} vāraṃ vāraṃ yathā cordhvaṃ samāyāti samīraṇaḥ ॥

5-6-7번째 음절은 '∪∪∪'(나-운각, Na-gaṇa)로 되어 있다. 이것은 기본형pathyā은 아니지만 허용 가능한 형식으로 '나-비뿔라'Navipulā로 불린다.

57) 일반적으로 웃디야나반드하는 '일어선 상태에서 상체를 숙이고 실행되는 기법' 또는 '숨을 내쉰 상태에서 실행되는 것'으로 알려져 있지만 하타요가 문헌에 따르면 이 기법은 달인좌와 같은 정좌 자세에서, 그리고 숨을 마시고 그 숨을 참은 상태에서 실행된다. 이 점에 대한 간략한 논의는 앞의 II.9송을 참조.

항문을 발꿈치로 압박한 후 힘껏 기vāyu를 수축해야 한다.
기samīraṇa가 위로 상승할 때까지 반복하라.

II.61^ab prāṇāpānau nādabindū[58] mūlabandhena caikatām ǀ
II.61^cd gatau tadā yogasiddhiṃ prāpnoty eva na saṃśayaḥ ǁ

쁘라나와 아빠나는 물라반드하에 의해 나다와 빈두와 하나가 되고 그럼으로써 요가가 완성된다. 이것은 의심할 여지가 없다.

II.62^ab apānaprāṇayor aikyaṃ kṣayo mūtrapurīṣayoḥ ǀ
II.62^cd yuvābhavati vṛddho 'pi satataṃmūlabandhanāt ǁ

지속적으로 물라반드라를 수련해서 아빠나와 쁘라나가 합일하면 대소변이 줄어들고 늙은이도 회춘한다.

【해설】

물라반드하는 근본(mūla) 자리인 회음(yoni)을 조이는 것으로 '아래로 흐르는 성향의 아빠나-바유를 위로 끌어올리는 기법'이다. 이 기법은 『고락샤의 백송』(GŚ. I.58-59), 『요가의 성전』(DyŚ. 143-145), 『요가의 근본』(YB. 116-117), 『쉬바상히따』(ŚS. IV.64-68)에서 설명되었고 『하타의 등불』(III.61-65)에서 정립되었다. 『하타의 등불』에서 정립된 기법은 『육따브하바데바』 등의 문헌에 그대로 인용되었고 『하타의 보석 목걸이』 역시 『하타의 등불』 원문을 거의 그대로 인용하고 있다.

물라반드하는 달인좌 자세에서, 다시 말해서 한쪽 발을 끌어당겨 뒤꿈

58) 본 게송은 8음절 4구의 아누쉬뚜브-쉴로까 운율로 작성되었는데 첫 번째 구의 5-6-7번째 음절은 '—∪—'(라-운각, Ra-gaṇa)로 되어 있다. 이것은 기본형pathyā은 아니지만 허용 가능한 형식으로 '라-비뿔라'Ravipulā로 불린다.

치로 회음을 압박한 상태에서 괄약근을 수축하는 형태이고 그것의 효과는 '아래로 흐르는 바유'(adhogatim apānam), 즉 하기下氣 성향의 아빠나를 위로 끌어올리는 것이다.

『월광』이 정의했듯이 하타요가haṭhayoga는 쁘라나를 상징하는 '하'ha와 아빠나를 상징하는 '타'ṭha의 '결합'(yoga)을 의미하는데 바로 이 '하ha와 타ṭha의 결합(yoga)', 즉 쁘라나(ha)와 아빠나(ṭha)의 결합(yoga)이 중요한 이유는 '꾼달리니가 하와 타가 결합된 이후'에 각성되기 때문이다. 아래의 세 게송은 그 과정을 간략히 설명한다.

II.63ab apāne cordhvage jāte prayāte vahnimaṇḍale ǀ
II.63cd tathānalaśikhādīptir vāyunā preritā yathā ǁ

아빠나가 상승해서 [복부에 있는] 불꽃의 수레에 도달한다면 바유에 의해 불꽃의 화염이 빛나게 된다.

II.64ab tato yātau vahnyapānau[59] mūlarūpasvarūpakau ǀ
II.64cd tenābhyantaḥ pradīptas tu jvalano dehajas thatā ǁ

그 후 근원적 본성인 불과 본질적인 아빠나는 결합된다. 그것으로 인해 체내에서 생긴 내적인 불이 빛나게 된다.

II.65ab daṇḍāhatā bhujaṅgīva niścitaṃ ṛjutām iyāt ǀ
II.65cd bilaṃ praviṣṭeva tato[60] brahmanāḍyantaraṃ vrajet ǀ

59) 본 게송은 8음절 4구의 아누쉬뚜브-쉴로까 운율로 작성되었는데 첫 번째 구의 5-6-7번째 음절은 '—∪—'(라-운각, Ra-gaṇa)로 되어 있다. 이것은 기본형pathyā은 아니지만 허용 가능한 형식으로 '라-비뿔라'Ravipulā로 불린다.

60) 본 게송은 8음절 4구의 아누쉬뚜브-쉴로까 운율로 작성되었는데 세 번째 구

II.65[ef] tasmān nityaṃ mūlabandhaḥ[61) kartavyo yogibhiḥ sadā ॥

마치 막대기에 맞은 뱀처럼 곧게 일어서고 그다음에는 [뱀이] 구멍 속으로 들어가듯이 [각성된 샥띠도] 브라흐마나디brahmanāḍī 안으로 들어간다. 그러므로 요가수행자들은 언제나 항상 물라반드하를 수련해야만 한다.

6) 잘란드하라반드하Jālandharabandha (II.66-67)

atha jālandharaḥ
II.66[ab] kaṇṭham ākuñcya hṛdaye[62) sthāpayec cibukaṃ dṛḍham ।
II.66[cd] bandho jālandharākhyo 'yaṃ jarāmṛtyuvināśakaḥ ।
II.66[ef] badhnāti hi śirājālaṃ nādho yāti nabhojalam ॥

이제 잘란드하라가 [설명된다].
목을 수축한 후 턱을 가슴에 단단히 붙여야 한다.
잘란드하라로 불리는 이 반드하는 늙음과 죽음을 없애며 물의 통로śirājāla를 막고 감로는 아래로adhaḥ 흐르지 않게 [한다].

II.67[ab] tato jālandharo bandhaḥ kaṇṭhasaṅkocane kṛte ।
II.67[cd] na pīyūṣaṃ pataty agnau na ca vāyuḥ prakupyati ॥

의 5–6–7번째 음절은 '—∪∪'(브하-운각, Bha-gaṇa)로 되어 있는데 이것은 기본형pathyā은 아니지만 허용 가능한 형식으로 '브하-비뿔라'Bhavipulā로 불린다.

61) 본 게송은 8음절 4구의 아누쉬뚜브-쉴로까 운율로 작성되었는데 다섯 번째 구의 5–6–7번째 음절은 '—∪—'(라-운각, Ra-gaṇa)로 되어 있다. 이것은 기본형pathyā은 아니지만 허용 가능한 형식으로 '라-비뿔라'Ravipulā로 불린다.

62) 본 게송은 8음절 4구의 아누쉬뚜브-쉴로까 운율로 작성되었는데 첫 번째 구의 5–6–7번째 음절은 '∪∪∪'(나-운각, Na-gaṇa)로 되어 있다. 이것은 기본형pathyā은 아니지만 허용 가능한 형식으로 '나-비뿔라'Navipulā로 불린다.

따라서 잘란드하라반드하를 [해야만 한다]. 목을 수축한다면(=잘란드하라반드하를 한다면) 감로pīyūṣa는 불agni 속으로 떨어지지 않고 기도 동요되지 않는다.

【해설】

잘란드하라반드하 역시 『고락샤의 백송』(GŚ. I.62-63), 『요가의 성전』(DyŚ. 138-140), 『쉬바상히따』(ŚS. IV.60-63), 『하타의 등불』(HP.III.70-73)에서 설명된 기법이다. 잘란드하라반드하의 외형은 턱을 당겨 쇄골에 붙이는 형태이므로 연화좌보다는 달인좌 자세에서 수월하게 실행될 수 있는 것으로 파악된다.

앞에서 언급했듯이 잘란드하라는 물라, 웃디야나와 하나의 세트처럼 실행되기도 하는데 '정좌 자세에서 숨을 마시고 그 숨을 참은 상태에서 물라반드하, 잘란드하라반드하, 웃디야나반드하를 차례대로 실행하는 것'은 모든 꿈브하까에 적용되는 원칙이기도 하다.

『하타의 보석 목걸이』는 아래의 게송에서 세 반드하를 연속적으로 실행하는 방법과 그 효과를 언급한다.

II.68[ab] bandhatrayam idaṃ śreṣṭhaṃ mahāsiddhaiś ca sevitam ǀ
II.68[cd] sarveṣāṃ yogatantrāṇāṃ sādhanaṃ yogino viduḥ ǁ

위대한 도사들은 바로 이 세 가지 반드하를 가장 탁월한 것으로 칭송했다. 요가수행자들은, 모든 요가-딴뜨라의 수단들 중에서도 [세 반드하를 가장 훌륭한] 수행법으로 말한다.

II.69[ab] adhastāt kuñcanenāśu kaṇṭhasaṅkocane kṛte ǀ
II.69[cd] madhye paścimatānena syāt prāṇo brahmanāḍigaḥ ǁ

'아랫부분'(=회음)을 신속히 조이고(=물라반드하를 한 후) 목을 수축한 후(=잘란드하라반드하를 한 후) 가운데를 뒤고 끌어당긴다면(=웃디야나반드하를 한다면) 쁘라나는 브라흐마나디로 간다.

【해설】

69송은 세 반드하를 연속적으로 실행하는 과정을 설명하는데 '아랫부분(=회음)을 신속히 조이는 것'은 물라반드하를 실행하는 것으로 파악되고 '목을 수축하는 것'은 잘란드하라반드하를, 그리고 '가운데, 즉 복부를 뒤로 끌어당기는 것'은 웃디야나반드하를 실행하는 것으로 파악된다. 이 게송에 따르면 세 반드하를 실행하는 순서는 물라반드하 → 잘란드하라반드하 → 웃디야나반드하인데 이것이 가장 표준적인 순서로 파악된다.[63]

II.70[ab] mūlasthānaṃ samākuñcya uḍḍiyānaṃ tu kārayet ǀ
II.70[cd] iḍāṃ ca piṅgalāṃ baddhvā vāhayet paścimaṃ pathaṃ ǁ

근본자리(회음)를 압박한 후(물라반드하를 실행한 후) 웃디야나를 해야 한다. 이다iḍā와 삥갈라piṅgalā를 막은 후(=잘란드하라반드하) '뒷 통로'(수슘나)를 열어야 한다.

II.71[ab] anenaiva vidhānena prayāti pavano layam ǀ
II.71[cd] tato na jāyate mṛtyur jarārogādikaṃ tathā ǁ

---

63) 70송은 『하타의 등불』을 인용한 것인데 브라흐마난다 역시 주석에서 '이다와 삥갈라를 막는 것'을 잘란드하라반드하를 실행하는 것으로 해설한 바 있다.
『월광』 III.75: "이다인 강가와 삥갈라인 야무라를 막은 후에'[라는 이 말은] '잘란드하라반드하를 함으로써'라는 의미이다. 왜냐하면 '오직 목을 수축함으로서(=잘란드하라반드하에 의해) 두 나디는 완전히 통제될 것이다.'라고 [이미 앞에서] 말해졌기 때문이다." 원문은 박영길: 2015, p.510을 참조.

오직 이것에 의해 기pavana는 소멸되고 따라서 늙음과 질병은 물론이고 죽음이 정복된다.

【해설】

70송은 세 반드하의 연속 동작을 설명하는 것이 아니라 앞의 69송에서 설명된 세 반드하의 형태를 조금 더 구체적으로 설명하는 것으로 파악된다. 물론 70송이 잘란드하라반드하를 언급하지는 않았지만 잘란드하라반드하의 주요한 효과가 '기의 동요를 막는 것'이므로 '이다와 삥갈라를 막는 것'을 잘란드하라반드하로 파악할 수 있다.

7) 도립-무드라Viparītakaraṇī, Karaṇīviparītākhyā (II.72-79)

atha viparītakaraṇī

II.72^ab yat kiñcit sravate candrād amṛtaṃ divyarūpiṇaḥ ।

II.72^cd tatsarvaṃ grasate sūryas tena piṇḍaṃ vināśyati[64] ॥

이제 도립-무드라가 [설명된다].

신령스럽고 아름다운 형태를 지닌 달로부터 흘러 내리는 감로를 태양이 모두 삼킨다. 이 이유에서 [인간의] 육신은 늙어가고 소멸하게 된다.

II.73^ab tatrāsti divyaṃ karaṇaṃ[65] sūryasya mukhabandhanam ।

---

64) 『하타의 보석 목걸이』의 경우, 두 번째 구의 마지막 복합어는 'divyarūpi ca'로 되어 있고 네 번째 구의 마지막 복합어는 'vināśi ca'로 되어 있는 문법에 어긋난다. 로나블라 본에 따르면 다른 필사본(MS. n3)에는 각각 'divyarūpiṇaḥ', 'vināśyati'로 되어 있는데 이 두 복합어가 더 온당할 것으로 추정된다.

65) 본 게송은 8음절 4구의 아누쉬뚜브-쉴로까 운율로 작성되었는데 첫 번째 구의 5-6-7번째 음절은 '—∪∪'(브하-운각, Bha-gaṇa)로 되어 있는데 이것은 기본형 pathyā은 아니지만 허용 가능한 형식으로 '브하-비뿔라'Bhavipulā로 불린다.

II.73[cd] gurūpadeśato jñeyaṃ na tu śāstrārthakoṭibhiḥ ‖

여기에 태양의 입을 막을 신령스러운 행법이 있는데
[그것을] 스승의 가르침을 받아 터득해야 한다. 천만 권의 경전으로도 [그것을] 익힐 수 없다.

II.74[ab] ūrdhvaṃ nābhir adhas tālur ūrdhvaṃ bhānur adhaḥ śaśī ǀ
II.74[cd] karaṇīviparītākhyā guruvākyena labhyate ‖

배꼽이 위ūrdhva에 있고 구개(=입)이 아래adhaḥ에 있고 태양bhānu이 위에 있고 달śaśin이 아래에 있는 도립행으로 불리는 [행법]은 스승의 가르침을 통해 터득된다.

【해설】

도립-무드라는 『요가의 성전』(DyŚ. 146-149)에서 처음 설명되었고 그 이후 『고락샤의 백송』(GŚ. II.33-37)[66]을 거쳐 『하타의 등불』(HP.III.77-82)에서 정립된 기법이다. 위의 세 개송(HR. II.72-74)은 『하타의 등불』(II.77-79)에서 인용한 것인데 요지는 인체 내에 있는 달(月), 즉 구개의 뿌리(tālumūalastha)에서 불사의 감로가 흘러내리는데 그것을 태양, 즉 소화의 불이 모두 마시게 되므로 인간은 늙어가고 죽을 수밖에 없다는 것이고 따라서 물구나무서기 등과 같이 몸을 거꾸로 세움으로써 그것을 방지할 수 있다는 것이다.

도립-무드라는 명칭에서 알 수 있듯이 직립이 아니라 거꾸로 선 형태

66) 『고락샤의 백송』은 이 기법을 무드라mudrā로 분류했던 것이 아니라 쁘라띠야하라의 한 기법으로 설명하고 있다. 이 점에 대해서는 박영길: 2019, pp.557-559를 참조.

로 '발이 위쪽에 있고 머리가 아래에 있는 것'이다. 하지만 이 무드라의 형태는 크게 세 가지로 파악된다.[67] 첫 번째는 『게란다상히따』(GhS. III.35) 등에서 설명된 것으로 ② '머리를 바닥에 대로 두 팔로 머리를 감싸고 발을 위로 올리는 것'인데[68] 이 기법의 외형은 물구나무서기와 동일한 것으로 파악된다.[69] 두 번째는 힌디 문헌인 『조가쁘라디삐까』(JP)에서 설명된 것으로 ② '등을 바닥에 대로 누운 상태에서 두 발을 위로 들어 올려 일직선으로 서 있는 형태'이다.[70] 세 번째는 『월광』(III.81)에서 설명된 것으로 ③ '등을 바닥에 대로 누운 상태에서 다리를 위로 올려 두 손으로 엉덩이를 받치고 팔뚝과 어깨, 목덜미, 뒤통수로 몸을 지탱하는 것'이다.[71] 이 동작은

---

67) 이 점에 대해서는 박영길: 2022, pp.240-246을 참조.

68) 『게란다상히따』 III.35: "머리를 바닥에 고정한 후 두 팔로 [머리를] 감싸고 [다리를 들어 올려] '발을 위에 두는 것'이 도립 [무드라]이다."

bhūmau śiraś ca saṃsthāpya karayugamaṃ samāhitaḥ |
ūrdhvapādaḥ sthiro bhūtvā viparītakārīmatā ‖ GhS. III.35(박영길: 2023, p.240)

『쉬바상히따』(ŚS. IV.69)의 도립-무드라도 『게란다상히따』와 거의 동일할 것으로 보인다.

69) 현대 요가권에서는 거꾸로 서는 동작을 무드라mudrā가 아니라 아사나āsana의 일종으로 보고 그 형태에 따라 쉬르샤-아사나śīrṣāsana, 살람비-쉬르샤-아사나 salāmba-śīrśāsana 등으로 부르고 있지만 신조어로 파악된다.

70) 이 점에 대해서는 뷔네만(박영길 2010 역, p.97의 그림 33번) 및 박영길: 2022, p.245를 참조.

한편, 현대 요가권에서는 이 동작을 무드라mudrā가 아니라 'sarvāṅgāsana'(전신 체위)라는 아사나로 부르기도 하지만 이 용어는 현대의 신조어로 파악된다.

71) 『월광』 III.81: "아래, 즉 아래 부분인 땅에 머리를 둔 자, 그가 '머리가 아래에 있는 자'이다. 두 손으로 엉덩이 부분을 받친 후 '손목에서부터 시작에서 팔꿈치에 이르는 두 팔뚝'으로 그리고 양 어깨와 목덜미 및 뒤통수로 땅바닥을 지탱하는 것이 '머리가 아래로 향한 자'이다. 위쪽, 즉 위쪽의 허공에 두 발을 둔 자, 그가 '발을 위에 둔 자'이다."

adho 'dhobhāge bhūmau śiro yasya so 'dhaḥśirāḥ, karābhyāṃ kaṭipradeśam avalambya bāhumūlād ārabhya kūrparaparyantābhyāṃ bāhubhyāṃ skandhābhyāṃ galapṛṣṭhabhāgaśiraḥpṛṣṭhabhāgābhyāṃ ca bhūmim avaṣṭabhyādhaḥśirā bhavet | ūrdhvam uparyantarikṣe pādau yasya sa ūrdhvapā-

『조가쁘리디삐까』에서 설명된 동작과 거의 동일하되 머리와 다리가 일직선이 아니라 엉덩이가 약간 뒤로 빠져 있는 형태이다.[72)]

『하타의 등불』과 마찬가지로 『하타의 보석 목걸이』도 단순히 '머리를 아래로 두고 발을 위에 두는 것'(II.77) 그리고 '배꼽이 위에 있고 구개(=입)가 아래에 있는 것'(II.74) 즉, 거꾸로 서 있는 형태만 강조하고 있다.

II.75ab karaṇīviparītākhyā sarvavyādhivināśinī ।
II.75cd nityam abhyāsayuktasya jaṭharāgnivivardinī ॥

도립행으로 불리는 [행법]은 모든 질병의 파괴자이다.
항상 [이것을] 수련하는 자에겐 소화의 불jaṭharāgni이 증대된다.

II.76ab āhāro bahulas tasya sampādyaḥ sādhakena vai ।
II.76cd alphāhāro yadi bhaved[73)] deham agnir dahet kramāt ॥

[도립 무드라를 수련하는] 자는 음식을 충분하게 섭취해야 한다.
만약 음식이 부족하면 불이 신체를 점점 태울 것이다.

II.77ab adhaḥśiraś cordhvapādaḥ[74)] kṣaṇaṃ syāt prathame

---

daḥ । Hp-Jt. III.81(박영길: 2015, p.522)
현대 요가권에서는 이 동작을 무드라mudrā가 아니라 'ardha-sarvāṅgāsana'(반半전신 체위)라는 아사나로 부르기도 하지만 이것 역시 신조어로 파악된다.

72) 힌디 문헌인 『조가쁘라디삐까』는 앞에서 언급했던 동작 ②를 도립-무드라를 규정하지만 이와 별개로 ②를 '도립-아사나'(viparīt-āsan, =viparītāsana)로 부르기도 했다. 박영길: 2022, pp.240-245.

73) 본 게송은 8음절 4구의 아누쉬뚜브-쉴로까 운율로 작성되었는데 세 번째 구의 5-6-7번째 음절은 '∪∪∪'(나-운각, Na-gaṇa)로 되어 있다. 이것은 기본형pathyā은 아니지만 허용 가능한 형식으로 '나-비뿔라'Navipulā로 불린다.

74) 본 게송은 8음절 4구의 아누쉬뚜브-쉴로까 운율로 작성되었는데 첫 번째 구의

dine ।

II.77[cd] kṣaṇāc ca kiñ cid adhikam[75) abhyasec ca dine dine ॥

'머리를 아래로 두고 발을 위에 두는 것'(도립무드라)은 첫날에는 조금만 해야 한다.

그리고 매일 조금씩 [시간을] 늘려야 한다.

II.78[ab] valitaṃ palitaṃ caiva ṣaṇmāsān na tu dṛśyate ।

II.78[cd] yāmamātraṃ tu yo nityam abhyaset sa tu kālajit ॥

3개월이 지나면 백발과 주름이 사라진다.

[수련시간을 점점 늘려] 항상 3시간(yāma) 동안 수련하는 자는 죽음을 정복한다.

【해설】

도립-무드라의 주의 사항은 『요가의 성전』(DyŚ. 146-147), 『하타의 등불』(HP.III. 80-81)에서 거의 동일하게 설명되었는데 그것은 음식을 충분히 섭취하는 것이다.[76)]

한편, 『요가의 성전』(DyŚ. 149-150), 『쉬바상히따』(ŚS. IV.70), 『하타의 등불』(HP.III.82)를 비롯해서 『하타의 보석 목걸이』는 공통적으로 '첫날에는 잠깐만 도립-무드라를 수련할 것, 그리고 매일 매일 늘려서 1야마

5-6-7번째 음절은 '—∪—'(라-운각, Ra-gaṇa)로 되어 있다. 이것은 기본형pathyā은 아니지만 허용 가능한 형식으로 '라-비뿔라'Ravipulā로 불린다.

75) 본 게송은 8음절 4구의 아누쉬뚜브-쉴로까 운율로 작성되었는데 세 번째 구의 5-6-7번째 음절은 '∪∪∪'(나-운각, Na-gaṇa)로 되어 있다. 이것은 기본형pathyā은 아니지만 허용 가능한 형식으로 '나-비뿔라'Navipulā로 불린다.

76) 다수의 하타요가 문헌은 영양가 있는 음식을 취하되 소식할 것을 강조하지만 이것은 초보 단계에 해당되는 규정일 것으로 추정된다.

(yāma, 3시간) 동안 유지할 것'을 언급하고 있다.[77]

II.79[ab] svasthaṃ yo vartamāno 'pi yogoktair niyamair vinā |
II.79[cd] karaṇī viparītākhyā śrīnivāsena lakṣitā ||

요가[서]에서 규정된 것을 지키지 않고 제멋대로 살지라도 [건강해질 것이다].
[이상으로] 쉬리니바사Śrīnivāsa는 '도립행으로 불리는 것'(도립-무드라)을 설명했다.

【해설】

79송의 전반부는『하타의 등불』에서 인용한 것인데『하타의 등불』은 이 반송을 바즈롤리-무드라의 서두를 여는 게송으로 사용했지만[78] 로나블라본(HR[L])에는 도립-무드라를 마무리하는 게송으로 사용되었다.

8) 바즈롤리Varjolī (II.80-93)

atha vajrolī

II.80[ab] vajrolīṃ kathayiṣyāmi gopitaṃ sarvayogibhiḥ |

---

77)『게란다상히따』에는 이 규정이 발견되지 않는다. 이 점에 대해서는 박영길: 2023, p.246을 참조.

78)『하타의 등불』은 바즈롤리-무드라를 설명하기에 앞서 다음과 같은 말로 서두를 연다.
"이제 바즈롤리-무드라가 [설명된다].
요가[서]에서 규정된 규칙들을 지키지 않고 자기 맘대로 살지라도 바즈롤리를 아는 그 요가수행자는 초능력을 소유하게 된다."
atha vajrolī
svecchayā vartamāno 'pi yogoktair niyamair vinā |
vajrolīṃ yo vijānāti sa yogī siddhibhājanam || HP.III.83.

II.80[cd] atīva tad rahasyaṃ hi na deyaṃ yasya kasyacit ||

이제 바즈롤리[무드라]가 [설명된다].
모든 요가 수행자들이 비밀로 감추고 있는 바즈롤리vajrolī 무드라를 설명하고자 한다. 진실로 이것은 어마어마한 비밀이니 누구에게도 [함부로] 발설해서는 안 된다.

II.81[ab] svamānais[79)] tu samo yasmāt tasyaiva kathayed dhruvam |
II.81[cd] putrasyāpi na dātavyaṃ guruśiṣyakramaṃ vinā ||

'자신의 목숨과 같은 사람'에게만 알려줘야만 한다. 설령 아들일지라도 스승과 제자의 연을 맺지 않았을 경우엔 전수해서는 안 된다.

II.82[ab] kuṇḍalībodhanaṃ samyak nāḍīnāṃ pariśodhanam |
II.82[cd] apānaprāṇayor aikyaṃ kāryaṃ vajrolikarmaṇā ||

바즈롤리에 의해 꾼달리가 각성되고 나디nāḍī가 온전히 정화되고 아빠나apāna와 쁘라나prāṇa를 결합시킨다.

II.83[ab] abhyāsasya kramaṃ vakṣye sampradāyānusārataḥ |
II.83[cd] kāminī vā naro vātha vajrolīṃ buddhimān nayet ||

나는, 전통에 입각해서 [바즈롤리] 수행의 순서를 설명하고자 하는데

79) 81송 후반부(pāda[cd])는 『요가의 성전』(DyŚ) 151[cd]를 인용한 것인데 『요가의 성전』에서는 첫 번째 복합어가 'svaprāṇais'(자신의 목숨과 [같은 사람])으로 되어 있지만 『하타의 보석 목걸이』에는 'svamānais'로 되어 있다.

여성이건, 남성이건, 지혜로운 이는 [모두] 바즈롤리를 수련해야 한다.

【해설】

'빈두(精, bindu)를 정복하는 것'(bindujaya)은 '쁘라나 정복'(prāṇajaya), '마음 정복'(manojaya)과 더불어 하타요가의 수행 기법을 이루는 트로이카 중 하나이다. 그중에 빈두를 정복하는 중요한 기법 중 하나가 바즈롤리-무드라이다.

초기 문헌인 『불멸의 성취』(AS)는 빈두를 '남성에서 생겨난 것'과 '여성에서 생겨난 것'과 같은 두 종류를 나누고 전자를 비자bīja로 부르고 후자를 라자스rajas로 명명한 후[80] 양자를 옥탑방(kūṭāgāra, 정수리)에서 결합하는 것(VII.10-15)을 언급했지만 구체적인 기법은 설명되지 않았다. 바즈롤리-무드라라는 용어가 언급된 초기 문헌은 『아마라우그하의 자각』(AP, 12-14세기)인데 이 작품은 '삼매를 경험하고 또 쁘라나를 수슘나 속으로 끌어올릴 능력을 갖춘 후에 비로소 바즈롤리를 완성할 수 있다는 것'을 언급했지만[81] 바즈롤리의 기법을 구체적으로 설명했던 것은 아니다.[82] 『고락샤의 백송』(GŚ. 11-13세기)은 정을 보존하는 기법으로 케짜리-무드라와 요니-무드라를 하나의 세트처럼 설명하는데[83] 문맥상, 여기서의 요니-무

80) 박영길: 2019, p.274.
그 외에 빈두에 대한 설명은 『고락샤의 백송』 I.72-75(박영길: 2019, pp.538-541), 『요가의 근본』 152(박영길: 2019, pp.703-704) 등에서도 발견된다.

81) 박영길: 2019, p.336.

82) 『불멸의 성취』와 『아마라우그하의 자각』은 '쁘라나를 정복함으로써 빈두를 정복할 수 있다는 하타요가 특유의 사유'를 전개했다는 점에서 큰 의의를 지닌다.

83) 『고락샤의 백송』 I.70: "빈두(精, bindu)가 신체 내에 ㅓ고정되어있는 한, 어찌 죽음에 대한 공포가 있을 수 있겠는가? 나브호-무드라(=케짜리-무드라)가 확고한 한, 빈두는 소실되지 않는다."
yāvad binduḥ sthito dehe tāvan mṛtyubhayaṃ kutaḥ |
yāvad baddhā nabhomudrā tāvad bindur na gacchati || GŚ. I.70(박영길: 2019, p.537)
『고락샤의 백송』 I.71: "설사 동요되어 빈두(bindu)가 '불火의 자리'(hutāśana)에 도

드라는 ‘동요된 빈두를 위로 끌어올리는 것’으므로 바즈롤리-무드라와 동일한 것으로 파악된다.

바즈롤리의 기법은 13세기 작품인 『요가의 성전』[84](DyŚ. 150-158)에서 설명되었고 그 이후 14세기의 『쉬바상히따』(ŚS. IV.78-94)에서 자세히 설명되었다. 『쉬바상히따』는 바즈롤리와 더불어 사하졸리(ŚS. IV.95-100)와 아마롤리(ŚS. IV.101-104)를 하나의 세트처럼 설명했고 『하타의 등불』(HP. III.83-103)도 이와 유사하게 사하졸리와 아마롤리를 세트로 설명했다. 그 이후에 성립된 『육따브하바데바』(YD. VII.239-296) 역시 세 무드라를 설명하는데 관련 게송은 대부분 『고락샤의 백송』, 『하타의 등불』, 『쉬바상히따』(=『쉬바요가』)를 인용한 것이다.[85] 『하타의 보석 목걸이』도 대체로 『하타의 등불』에 의거하지만 여타의 문헌에서 발견되지 않는 독창적인 게송(II.84-96)도 발견된다.

(1) 남성의 바즈롤리 (II.84-105)

II.84[ab] kañcanasya ca raupasya tāmrasyāpy athavāyasaḥ ।
II.84[cd] nālīṃ kuryāt prayatnena[86] phutkārakaraṇocitam ॥

달할지라도 요니-무드라yonimudrā로 올려서 모으고 고정시킬 수 있다.”
calito 'pi yadā binduḥ saṃprāptaś ca hutāśanam ।
vrajaty ūrdhvaṃ hataḥ śaktyā niruddho yonimudrayā ॥ GŚ. I.71(박영길: 2019, p.538)

84) 『요가의 성전』은 야갸발꺄와 같은 신선들이 가르친 팔지 하타요가와 까삘라 등과 같은 도사들이 가르친 팔지 하타요가를 설명하는데 전자는 야마, 니야마, 아사나, 호흡수련, 감관의 철수, 응념, 선정, 삼매로 구성된 것이고 후자는 마하무드라, 마하반드하, 케짜리, 잘란드하라, 웃디야나, 물라, 도립-무드라, 바즈롤리와 같은 여덟 무드라이다. 『요가의 성전』에 대해서는 박영길: 2019, pp.401-463을 참조.

85) 『육따브하바데바』는 바즈롤리의 만뜨라를 ‘옴 즈람 팜 끄룸 룸 장 지하 스바하’oṃ jrāṃ phaṃ kruṃ lluṃ jaṃ jaḥ svāhā(박영길: 2019, pp.1,141-1,142)로 설명하는데 이것은 여타의 문헌에서 발견되지 않는 내용이다.

86) HR[L]본에는 6음절의 ‘kuryāt prayatnena’로 되어 있는데 이것은 운율에 어긋난

[먼저 요도에 넣어] 바람을 불어 넣기에 적합한 금(kāñcana)이나 은(raupya) 혹은 황동(tāmra)이나 쇠(ayas)로 만든 관(管, nālī)을 정성껏 만들어야 한다.

II.85[a] viṃśatyaṅguladīrghamānaruciraṃ tv ādau suvṛttālpagam
II.85[b] phūtkārocitakālarūpasadṛśaṃ nālaṃ haṭhābhyāsibhiḥ ।
II.85[c] proktaṃ tādṛśam eva liṅgavivare yatnena saṃsthāpayet
II.85[d] phūtkāraṃ tadanantaraṃ prakurutāṃ vāyur yathā sañcaret ॥[87)]

하타요가 수행자들은 길이가 20(vimśati)앙굴라 정도되는 부드럽고 가늘고 앞부분이 둥글게 말리고 바람을 불기에 적합한 모양의 관을 [만들어야 한다.] [위에서] 설명된 것과 같은 [관]을 조심스럽게 요도(尿道, liṅgavivara)로 넣어 공기가 들어가게끔 해야 한다

haṭhapradīpikākāras tu
II.86[ab] yatnataḥ śaranālena phūtkāraṃ vajrakandare ।
II.86[cd] śanaiḥ śanaiḥ prakurvīta vāyusaṃcārakāraṇāt ॥

하지만 『하타의 등불』을 저술한 [스바뜨마라마]는 말했다.
"조심스럽게 '갈대로 만든 관으로'(śaranālena) 남근男根의 구멍(요도) 안에 [삽입해서 요도 안에서] 공기를 움직이게 함으로써 대단히 조금씩 [그 관에서] '싯-소리'(phūtkāra)가 나게끔 해야 한다."

다. 아누쉬뚭-쉴로까 운율 구조상, 누락된 곳의 위치는 1-2번째 음절이다. HR[R]본은 'nālīṃ kuryāt prayatnena'(——∪— ∪———)으로 되어 있는데 이것은 운율 구조에 부합한다. 따라서 HR[L]본의 경우 'nālīṃ'이 편집 과정에서 누락된 것으로 추정된다.

87) 본 게송은 19음절 샤르둘라비끄리디따(Śārdūlavikrīḍita: ———∪∪—∪—∪∪∪———∪——∪—) 운율로 작성되었다.

haṭhapradīpikākāramataṃ haṭhayogābhyāse 'jñānavilasitam ity upekṣaṇīyam ‖ [88]

[이상과 같이]『하타의 등불』을 저술한 자의 견해는
무식이 철철 넘치는 말이므로 무시해야만 한다.

II.87ab yadi syāc charanāle hi bhṛśaṃ vāyur na sañcaret ।
II.87cd vāyusañcāraṇābhyāse śaranālādikāmatam[89] ‖

만약에 [갈대관을] 사용한다면 '갈대관'(śaranāla) 속에서 바람이 자발적으로 돌지 않을 것이다. 바람을 돌리는 [이] 수행에 갈대관 따위는 적절치 않다.

【해설】

『하타의 보석 목걸이』는 86송에서『하타의 등불』III.86송을 인용한 후 그다음 게송(87송) 사이에 있는 한 개의 산문에서 쉬리니바사는 '위의 말(즉『하타의 등불』III.86송)은 무지의 소산이므로 무시해야 할 것'으로 말하고 80송은 갈대관이 부적합한 이유를 간략히 설명한다.

위 비판에서 주목할 수 있는 용어는 'śaranālena'(갈대로 만든 관으로)이다. 하지만 실제『하타의 등불』III.86송의 원문은 다음과 같다.

yatnataḥ śastanālena phūtkāraṃ vajrakandare । HP.III.86ab

『하타의 등불』의 원문은 'śaranāla'(갈대로 만든 관)이 아니라 'śastanā-

88) 이 부분은 86송과 87송 사이에 있는 산문인데, 이 산문이 쉬리니바사의 육성일지는 분명치 않다. 아마도 후대의 필사자가 덧붙인 것으로 추정된다.

89) 현 유포본의 원문은 'śaranālādikaṃ matam'(갈대관 등이 적합하다)로 되어 있지만 'śaranālādikāmatam'(갈대관 등은 적절치 않다)의 오기일 것으로 추정된다.

la'(규정된 관)로 되어 있다.[90] 또한 브라흐마난다는 이 게송을 해설하면서 'śastanālena'(규정된 관으로)의 의미를 "śastanālena sīsakādinirmitena nālena"(규정된 관으로, 다시 말해서 납sīsaka 등으로 만든 관으로)로 해설했으므로[91] 'śastanāla'가 온전한 원문인 것으로 파악된다. 따라서 쉬리니바사의 비판은 '오류가 있던 『하타의 등불』 필사본'에 의거한 오해였던 것으로 보인다.

II.88^ab tantuvat kanakaṃ nālaṃ nāgaṃ tāmrātinirmalam |
II.88^cd nāladravyam idaṃ proktaṃ śrīnivāsena yoginā ||

쉬리니바사 요기는 관의 재질을 '금으로 만든 관 [또는] 납과 구리를 실처럼 만든 극도로 깨끗한 [관]'이라고 말했다.

II.89^ab nirmitaṃ tripalair nāgair dvādaśāṅguladīrghakam |
II.89^cd chatrākāraṃ prakurvīta nālaṃ snigdhaṃ sitaṃ mṛdu ||

3빨라(280g) 정도의 무게에 12앙굴라 길이의 납으로 우산의 모양처럼 [휘어진 형태이고] 매끄럽고, 희고, 부드러운 관을 만들어야 한다.

---

90) 로나블라 본의 편집자(Gharote, Devnath, and Jha: 2002, p.73)가 지적했듯이 비록 몇몇 『하타의 등불』 원문에는 'śaranāla'(갈대로 만든 관)로 된 경우도 있지만 대부분의 필사본(출판본 HP^A 포함)에는 'śaranāla'(갈대로 만든 관)이 아니라 'śastanāla'(규정된 관, 적합한 관)로 되어 있다.

91) "규정된'śastaḥ [관管], 즉 '적합한'praśasta 관(管, nāla)으로, 다시 말해서 납鑞, sīsaka 등으로 만든 [적절한] 관으로 아주 천천히, 대단히 조심스럽게, 마치 [연금술사가] 불을 지피기 위해 [대롱으로] 쉿소리를 내듯이 그와 같은 종류의 '쉿-소리'가 남근의 구멍, 즉 요도에서 나게 해야 한다. 바람이 요도 속에서 잘 움직이게 함으로써 소리가 나게 해야 한다. [그것을] 반복해야 한다."『월광』 III.86(박영길: 2015, p.530)

II.90ab niyojyaṃ liṅgarandhre ca　　nirbhītaḥ sthāpayet kṣaṇam ।
II.90cd liṅgasthairyaṃ liṅgadārḍhyaṃ[92]　bahuvīryavivardhanam ॥

두려워하지 말고 요도에 넣고 잠깐 참는다면
남근은 강건해지고 딱딱해지고 정력이 증가할 것이다.

II.91ab nālaṃ kāñcananirmitaṃ mṛdutaraṃ sāṅgaṃ ca nāgaiḥ kṛtam ।
II.91cd chatrākāram ataḥ palatrayayutaṃ dairghyaṃ vitastair mitam ॥
II.92a-b nālaṃ tādṛśam eva liṅgavivare yatnena saṃsthāpayet ॥[93]

황금과 납을 섞어 만든 극도로 매끄러운 관을
우산 모양으로 [휘어지게] 만들고서 3빨라[의 무게]와 비따스띠 길이의 관을
요도 속으로 조심스럽게 집어넣어야 한다.

【해설】

『하타의 보석 목걸이』는 아래의 게송에서, 남근에 삽입하는 관管의 재질과 사용법을 자세하게 설명하는데 그 기법은 『하타의 등불』을 비롯한 여타의 문헌에서 발견되지 않는 것이다.[94]

---

92) 본 게송은 8음절 4구의 아누쉬뚜브-쉴로까 운율로 작성되었는데 세 번째 구의 5-6-7번째 음절은 '—∪—'(라-운각, Ra-gaṇa)로 되어 있다. 이것은 기본형pathyā은 아니지만 허용 가능한 형식으로 '라-비뿔라'Ravipulā로 불린다.

93) 본 송은 19음절의 샤르둘라비끄리디따(Śārdūlavikrīḍita: ———∪∪—∪—∪∪∪———∪——∪—) 운율로 작성되었다.

94) 한편 바즈롤리를 수련하기 위한 예비적인 작법은 『하타의 등불』III.86에 대한 브라흐마난다의 주석 『월광』에서도 자세히 설명되었다. 이 점에 대해서는 『하타의 등불』: 박영길: 2015, pp.530-532를 참조.

한편, 현 유포본의 경우 88송 앞에 별도의 산문이 발견되는데 그 내용은 '요도liṅga-randhra를 확장하기 위해서 요도에 관을 삽입한다는 것'이다.

liṅgarandhramadhye sthāpanīyanālasvarūpaṃ liṅgarandhravistārārthaṃ nirūpyate ‖ [95)]

요도 속에(liṅg-arandhra-madhye) 관을 삽입하는 목적은 '요도(liṅga-randhra)를 확장하기 위한 것'으로 알려져 있다.

II.93ab vistāraṃ tadanantaraṃ dṛḍhataraṃ liṅgaṃ tato jāyate[96)] |
II.93cd vāyusañcāraṇe jāte ūrdhvam ākṛṣyate balāt ‖

그 즉시 [요도가] 확대되고 남근이 발기되어
[그 속에] 공기가 돌아다니게 됨으로써 [정과 라자스를] 강하게 위로 끌어 올리게 될 것이다.

II.94ab nārīṃ ramyām adhaḥ sthāpya rahasye tu digambarām |
II.94cd svayaṃ digambaro bhūtvā uttānāyās tathopari |
II.94ef śayitvā kumbhakaṃ kṛtvā kiñ cin nārī svayaṃ ca hi ‖

외지고 은밀한 곳에서, 아름다운 나신의 여성을 아래에 두고
자신도 옷을 벗고 그 위에 누운 후
여성과 자신이 [함께] 어느 정도의 꿈브하까를 하고서

95) HR. III.86 다음의 산문
96) 『하타의 보석 목걸이』의 원문은 11음절의 'dṛḍhataraṃ liṅgaṃ tato jāyate'(∪∪∪−−−∪−−∪−)로 되어 있는데 이것은 운율에 어긋한다. 아마도 'dṛḍhaliṅgaṃ ca jāyate'(∪∪−−∪−∪−)의 오기일 것으로 추정된다.

II.95^ab anyo 'nyaṃ gāḍham āliṅgya yonau liṅgaṃ niropayet |
II.95^cd mithas tv adharapānaṃ ca kuryād galaravādikam ||
II.96^ab vilikhec ca nakhenaiva dhārayet svedasambhavam |

서로를 강하게 껴안은 상태에서 음부yoni에 남근liṅga을 넣어야 한다.
강하게 입맞춤하고 소리를 내고
손톱으로 꼬집고 땀이 날 때까지 [그것을] 지속해야 한다.

II.96^cd nāryā bhagāt patadbindum abhyāsenordhvam āharet ||
II.97^ab calitaṃ ca nijaṃ bindum ūrdhvam ākṛṣya rakṣayet |
II.97^cd evaṃ saṃrakṣayed binduṃ mṛtyuṃ jayati yogavit ||

'떨어지고 있는 빈두(精, bindu)'를 여성의 음부에서 위로(ūrdhvam) 끌어올려야 한다.
떨어진(calita) 자신의 빈두bindu를 위로 끌어올려서 보존해야 한다. 이와 같은 방법대로 올바르게 올바르게 보존하는 자가 '요가를 참되게 아는 자'이고 [그는] 죽음을 정복한다.

【해설】

96^cd-97송은『하타의 등불』III.87-88^ab송을 인용한 유명한 게송이다. 96^cd는 현재분사 'patat'(떨어지고 있는)가 사용되었고 97^ab은 과거수동분사 'calita'(떨어진)가 사용되었으므로 브라흐마난다가 해설했듯이 전자는 '빈두가 음부에 떨어지기 전 상황'이고 후자는 그 이후의 상황으로 파악된다.

II.98^ab maraṇaṃ bindupātena jīvitaṃ bindudhāraṇāt |
II.98^cd cittāyattaṃ nṛṇāṃ śukraṃ śukrāyattaṃ ca jīvitam |
II.98^ef tasmāc chukraṃ manaś caiva rakṣaṇīyaṃ prayatnataḥ ||

빈두(精, bindu)를 소실함으로써 [인간은] 죽게 되고 빈두를 보존함으로써 생명을 유지한다.
인간의 슈끄라(精, śukra)는 마음(citta)에 의존하고, 생명은 슈끄라(śukra)에 의존한다.
그러므로 최선을 다해 슈끄라(精, śukra)와 마음(manas)를 보존해야 한다.

【해설】

위 게송은 남성의 정精을 의미하는 단어로 슈끄라(śukra)와 빈두(bindu)를 혼용하고 마음을 의미하는 단어로 citta와 manas를 혼용하고 있는데 이것은 아누쉬뚭-쉴로까 운율을 유지하기 위한 것이다.

II.99ᵃ⁻ᵇ evaṃ yo bhajate nārīṃ[97] tām eva manasā smaret ||

이와 같은 방식으로 여성을 사랑하고 또 그녀만을 마음에 담고 있어야 한다.

II.100ᵃᵇ sindūrasadṛśaṃ yonau strīṇām āsthāyikaṃ rajaḥ |
II.100ᶜᵈ ṛtumaty rajo 'py evaṃ nijaṃ[98] binduṃ ca rakṣayet ||

붉은 연단鍊丹같은 라자스rajas는 여성의 요니에 있다.
'그 처녀의' 라자스rajas와 자신의 빈두(精, bindu, śukra)을 [위로 끌어올려] 보존해야 한다.

---

97) HR[L] 본에는 'nārī'로 되어 있지만 단순 오탈자이므로 'nārīṃ'으로 수정함.
98) 100[d]는 『하타의 등불』 III.91[b]을 인용한 것인데 『하타의 등불』은 'nijaṃ binduṃ'(지속적으로 빈두를, 또는 자신의 빈두를)로 되어 있지만 유포본 『하타의 보석 목걸이』에는 'rajo binduṃ'(라자스와 빈두를)으로 되어 있다. 하지만 'rajas'는 이미 그 앞의 100[c]에서 언급되었으므로 여기서는 'nijaṃ'이 원래 단어였을 것으로 추정된다.

II.101ab ṛtukāle yathā śukraṃ nirdoṣaṃ yonisaṅgatam |
II.101cd tathā tan mārutenaiva strīraktenaikatām iyāt ||

'적절한 시간에'(ṛtukāle) [여성의] 요니yoni에 도달한 '청정한 슈끄라(精, śukra=bindu)'를 [회수하듯이] 그와 같이 '여성의 붉은 액체rakta'와 하나가 된 그것(빈두, 슈끄라)을 바유māruta로써 끌어올려야 한다.

【해설】

위의 두 게송은 여성의 요니에 있는 라자스rajas를 '붉은 색'으로 표현하고 있다. 이와 유사한 용례는 『불멸의 성취』(AS), 『고락샤의 백송』(GŚ), 『요가의 근본』(YB)에서도 발견된다.[99] 이 이유에서 라자스를 생리혈로 파악하기도 하지만 맥락상, 라자스는 남성의 빈두(bindu, =śukra, =retas)에 대응하는 것으로 파악된다.

II.102ab āyuḥ karma ca vittaṃ ca vidyā caiva catuṣṭayam |
II.102cd ādhānakāle likhitaṃ[100] garbhasthasyaiva dehinaḥ ||

인간의 수명이나 직업, 재산, 지식과 같은 네 가지는
수태되어 태아로 있을 때 새겨진다.

II.103ab yāvad yāvad ayaṃ deho dhriyate garbhaśāyinaḥ |
II.103cd tātvat tāvad abhivyaktir liṅgasyāsya prajāyate ||

99) 이 점에 대해서는 박영길: 2019, pp.275-276, 538-541, 703-704을 참조.

100) 본 게송은 8음절 4구의 아누쉬뚜브-쉴로까 운율로 작성되었는데 세 번째 구의 5-6-7번째 음절은 '∪∪∪'(나-운각, Na-gaṇa)로 되어 있다. 이것은 기본형pathyā은 아니지만 허용 가능한 형식으로 '나-비뿔라'Navipulā로 불린다.

태아로 누워서 몸이 [점점] 만들어지는 동안에
링가liṅga도 생성된다.

II.104ab āyuṣyaṃ vardhate nityaṃ yadi binduḥ sthiro bhavet |
II.104cd utpattisthitisaṃhāre bindur eko hi kāraṇam ||

빈두bindu가 고정된다면 수명도 계속 증가할 것이다.
태어나고 살고 죽는 것의 원인은 오직 빈두bindu 하나뿐이다.

II.105ab tato bhaved rājayogī[101] nāntarā bhavati dhruvam |
II.105cd na cinmātreṇa siddhiḥ syād abhyāsāt pavanasya vai ||

그러므로 [이와 같은 빈두 수행에 의해] 라자요기rājayogī가 될 것이다. 그 외의 방법으로는 불가능하다. 생각만으로도 성취될 수 없으며 진실로 기-수련에 의해서만 [성취될 뿐이다].

(2) 여성의 바즈롤리 (II.106-112)

II.106a-b abhyāsasya kramaṃ vakṣye nārīṇāṃ ca śanaiḥ śanaiḥ ||
II.107ab liṅgaṃ karābhyām ākuñcya[102] maṇiṃ cāntaḥ praveśayet |
II.107cd yāvan maṇipraveśaḥ syāt tāvad abhyāsam ācaret |
II.107ef tataḥ paraṃ samarthā ced ūrdhvam ākuñcayed rajaḥ ||

---

101) 본 게송은 8음절 4구의 아누쉬뚜브-쉴로까 운율로 작성되었는데 첫 번째 구의 5-6-7번째 음절은 '—∪—'(라-운각, Ra-gaṇa)로 되어 있다. 이것은 기본형 pathyā은 아니지만 허용 가능한 형식으로 '라-비뿔라'Ravipulā로 불린다.
102) 본 게송은 8음절 4구의 아누쉬뚜브-쉴로까 운율로 작성되었는데 첫 번째 구의 5-6-7번째 음절은 '———'(마-운각, Ma-gaṇa)로 되어 있다. 이것은 기본형

여성들의 [바즈롤리] 수행법을 설명하고자 한다.
두 손으로 남근을 당긴 후 귀두(maṇi)를 [요니] 안쪽으로 집어넣어야 한다. 귀두가 들어갈 때까지 반복해야 한다. 그것에 성공한 후에 라자스rajas를 위로 수축해서 [끌어올린]다면

II.108[ab] tasyāḥ śarīre nādas tu[103)]   bindutām eva gacchati ।
II.108[cd] sa bindus tad rajaś caiva   ekīkṛtya svadehajau ॥

남자의 빈두bindu와 여성의 라자스rajas는 그녀의 몸속에서 하나가 된 후 그녀의 몸속에 있던 나다nāda는 빈두와 결합한다.

II.109[ab] vajrolyabhyāsayogena   yogasiddhiḥ kare sthitā ।
II.109[cd] ajñātayogaśāstreṇa   vajrolīṃ strī tu nābhyaset ॥

바즈롤리를 수련함으로서 [빈두와 라자스가] 결합한다면 '요가의 완성'은 따 놓은 당상과 같다. 하지만 '요가의 경전을 알지 못하는 여성'이 바즈롤리를 수련해서는 안 된다.

II.110[ab] ayaṃ yogaḥ puṇyavatāṃ[104)]   dhanyānāṃ tattvaśālināṃ ।
II.110[cd] nirmatsarāṇāṃ sidhyeta[105)]   na tu matsaraśālināṃ ॥

---

pathyā은 아니지만 허용 가능한 형식으로 '마-비뿔라'Mavipulā로 불린다.

103) 본 게송은 8음절 4구의 아누쉬뚜브-쉴로까 운율로 작성되었는데 첫 번째 구의 5-6-7번째 음절은 '———'(마-운각, Ma-gaṇa)로 되어 있다. 이것은 기본형pathyā은 아니지만 허용 가능한 형식으로 '마-비뿔라'Mavipulā로 불린다.

104) 본 게송은 8음절 4구의 아누쉬뚜브-쉴로까 운율로 작성되었는데 첫 번째 구의 5-6-7번째 음절은 '—∪∪'(브하-운각, Bha-gaṇa)로 되어 있는데 이것은 기본형pathyā은 아니지만 허용 가능한 형식으로 '브하-비뿔라'Bhavipulā로 불린다.

105) 본 게송은 8음절 4구의 아누쉬뚜브-쉴로까 운율로 작성되었는데 세 번째 구의

바로 이 기법은 덕을 지닌 자, 강건한 자, 진리에 몰입한 자, 이기심이 없는 자가 성취할 수 없지만 이기적인 사람은 성취할 수 없다.

II.111[ab] sarveṣām eva yogānām ayaṃ yogaḥ śubhaṅkaraḥ ।
II.111[cd] tasmād ayaṃ variṣṭho 'sau bhuktimuktiphalapradaḥ ॥

모든 요가들 중에서도 바로 이 기법이 지고선을 주는 것이고
향락과 해탈이라는 결과를 [동시에] 주는 가장 탁월한 것이다.

II.112[a-b] sugandhir yogino dehe jāyate bindudhāraṇāt ॥

빈두를 보존한다면 요가 수행자의 몸에는 향기가 날 것이다.

(3) 사하졸리Sahajolī (II.113-115)

atha sahajolī
II.113[ab] sahajolī cāmarolī[106)] vajrolyā eva bhedataḥ । HR. II.113.

이제 사하졸리가 [설명된다].
사하졸리와 아마롤리는 바즈롤리와 다르다bhedataḥ[107)]

5-6-7번째 음절은 '———'(마-운각, Ma-gaṇa)로 되어 있다. 이것은 기본형pathyā은 아니지만 허용 가능한 형식으로 '마-비뿔라'Mavipulā로 불린다.

106) 본 게송은 8음절 4구의 아누쉬뚜브-쉴로까 운율로 작성되었는데 첫 번째 구의 5-6-7번째 음절은 '—∪—'(라-운각, Ra-gaṇa)로 되어 있다. 이것은 기본형 pathyā은 아니지만 허용 가능한 형식으로 '라-비뿔라'Ravipulā로 불린다.

107) 『하타의 등불』에서는 'bheda ekataḥ'(변형)로 되어 있지만 여기서는 'bhedataḥ'(이종, 異種)로 되어 있다.

【해설】

유포본『하타의 보석 목걸이』의 원문에 따르면 두 번째 구(pāda[b])는 'vajrolyā eva bhedataḥ'(바즈롤리와 다를 뿐이다)로 되어 있지만 원본에 해당하는『하타의 등불』III.93의 두 번째 구에는 'vajrolyā bheda ekataḥ'(바즈롤리의 한 변형이다)로 되어 있다.

II.114[ab]	jale subhasma nikṣipya	dagdhagomayasaṃbhavam ।
II.114[cd]	vajrolīmaithunād ūrdhvaṃ	strīpuṃsoś cāṅgalepanam ॥
II.115[ab]	āsīnayoḥ sukhenaiva	muktavyāpārayoḥ kṣaṇāt ।
II.115[cd]	vsahajolir iyaṃ proktā	kartavyā yogibhiḥ sadā ॥

소똥을 태운 신성한 재를 물에 섞은 후
바즈롤리 [무드라에서의] 성교 후 여성과 남성은 쾌감이 사라지기 전에 곧바로 편하게 앉은 상태에서 [그 물을] 중요한 부위에 발라야 [한다].
요가 수행자들은 이 사하졸리 [무드라]를 항상 수련해야만 한다.

【해설】

사하졸리-무드라는『하타의 등불』(HP.92-93)에서 설명된 것과 동일하다.[108)]

(4) 아마롤리Amarolī (II.116-117)

athāmarolī

II.116[a] vihāya nityāṃ prathamāṃ ca dhārāṃ
II.116[b] vihāya niḥsāratayāntyadhārām ।
II.116[c] niṣevyate śītalamadhyadhārāṃ

108) 『쉬바상히따』의 사하졸리는 '음부에 떨어진 빈두를 요니무드라로 끌어 올리는 것'으로 사실상 바즈롤리와 동일한 것으로 파악된다. 이 점에 대해서는 박영

II.116^d kāpālikaiḥ khaṇḍamatair anarghyām ‖ [109)]

이제 아마롤리가 [설명된다].

[소변의] 첫 물줄기를 버리고 정분sāra이 없는 끝물을 버리고 시원한 중간 물줄기를 사용해야 한다. 이것이 까빨리까 파派 수행자들이 소중하게 간직하는 [아마롤리-무드라]이다.

II.117^ab amarīṃ yaḥ piben nityaṃ nasyaṃ kuryād dine dine |
II.117^cd vajrolīm abhyasen nityam amarolīti kathyate ‖

매일 매일 아마리를 마시고, 코로 흡입하고 바즈롤리를 올바르게 수련한다면 그는 '아마롤리'로 불려진다.

【해설】

아마롤리-무드라 역시 『하타의 등불』 II.96-98에서 설명된 것과 동일하다.[110)]

9) 샤띠자극(Śakticalana) (II.118-127)

II.118^ab pucche pragṛhya bhujagīṃ[111)] suptām udbodhayed

길: 2109, p.1,141를 참조.

109) 본 송은 11음절의 인드라바즈라와 우뻰드라바즈라가 혼용된 우빠자띠Upajāti 운율이다. 네 구 중 마지막 구는 인드라바즈라(Indravajrā: ——∪ ——∪ ∪—∪ ——)이고 나머지 세 구는 우뻰드라바즈라(Upendravajrā: ∪—∪ ——∪ ∪—∪ ——)이고 이와 같은 구조의 우빠자띠는 재차 '차야'Chāyā로 불린다.

110) 『쉬바상히따』의 아마롤리는 소변을 음용하는 것이 아니라 소변을 배출하는 기법이다. 박영길: 2019, p.1,139를 참조.

111) 본 게송은 8음절 4구의 아누쉬뚜브-쉴로까 운율로 작성되었는데 첫 번째 구의 5-6-7번째 음절은 '∪∪∪'(나-운각, Na-gaṇa)로 되어 있다. 이것은 기본형pa-

abhīḥ ǀ

II.118^{cd} nidrāṃ vihāya sā ṛjvī ūrdhvam uttiṣṭhate haṭhāt ǁ

두려워하지 말고 잠자고 있는 그 뱀(꾼달리니)의 꼬리를 잡고서 깨운다면 그녀는 잠에서 깨어나 곧게 서고 [수슘나로 진입한 후] 강력하게 위로 올라간다.

【해설】

샥띠자극-무드라는 『요가의 근본』(YB. 92-98)에서 처음 등장하고 그 이후 『하타의 등불』(HP.III.104-124), 『하타의 보석 목걸이』, 『육따브하바데바』 등에서 설명되었다. 하지만 이 기법은 꾼달리니-샥띠가 잠들어 있는 위치를 어디로 보는지에 따라 그 기법도 두 종류로 나누어진다. 『요가의 근본』과 『하타의 등불』은 꾼달리니가 잠들어 있는 곳을 복부(=마니뿌라-짜끄라)로 보고 있으므로 '복부(bhānu, 태양)를 자극하는 것'에 초점을 두고 있고 『게란다상히따』는 꾼달리니가 회음부(물라드하라-짜끄라)에 잠들어 있는 것으로 보고 아쉬니비-무드라(aśvinīmudrā, 암말-무드라)와 같이 회음을 자극하는 기법을 강조한다.

『하타의 등불』(HP.III.112)과 『하타의 보석 목걸이』(HR. II.121-122)는 공통적으로 오른쪽 코로 숨을 마신 후 90분 동안 샥띠를 자극할 것을 언급한다. 하지만 『하타의 등불』은 구체적으로 금강좌 자세에서 양발을 잡고 발목으로 깐다를 압박하는 것(III.114), 샥띠-자극법과 더불어 풀무-꿈브하까를 실행하는 것(III.115) 그리고 태양(복부)을 수축하는 것(III.116)을 언급했지만 『하타의 보석 목걸이』에는 그러한 내용이 발견되지 않는다.

---

thyā은 아니지만 허용 가능한 형식으로 '나-비뿔라Navipulā로 불린다.

II.119^{ab} dvādaśāṅguladairghyaṃ ca vistṛtaṃ ca ṣaḍaṅgulam |
II.119^{cd} haṭhajñaiḥ mṛdulaṃ proktaṃ veṣṭanāmbaralakṣaṇam ||

하타[요가]를 아는 사람들은 '12앙굴라의 길이에 6앙굴라 폭의 부드럽고 둘둘 말린 옷 형태'를 언급한 바 있다.

【해설】

위 게송과 대단히 유사한 내용은 『요가의 근본』(YB. 92)과 『하타의 등불』(HP.III.113)에서 발견된다. 『하타의 등불』 III.113송은 깐다kanda[112]를 '[회음에서] 12앙굴라(24cm) 위쪽이고 4앙굴라 넓이이며 부드럽고 희며 둘둘 말린 옷과 같은 모양'으로 표현하였다. 반면, 『요가의 근본』 92송은 깐다를 설명하는 것이 아니라 '복부를 감싸는 흰 천'을 설명하고 있다.[113] 위의 II.119송에서 알 수 있듯이 『하타의 보석 목걸이』도 『요가의 근본』과 유사하게 '감싸는 옷감의 특징'(veṣṭanāmbaralakṣaṇa)으로 설명하고 있다. 여기서 '감싸는 옷감'은 아마도 '꾼달리니가 잠들어 있는 하복부(깐다 위쪽, =마니뿌라-짜끄라)를 자극하기 위해 감싸는 천'일 것으로 추정되지만 아래의 게송에 따르면 혀를 감싸는 천으로 파악된다.

II.120^{ab} vistāritena tāṃ jihvāṃ veṣṭayitvā tataḥ sudhīḥ |
II.120^{cd} aṅguṣṭhatarjanībhyāṃ ca hastābhyāṃ dhārayed

112) 『하타의 등불』는 꾼달리니가 '깐다kaṇḍa의 위쪽'(=마니뿌라-짜끄라)에서 잠들어 있는 것으로 간주하므로 깐다의 위치와 형태를 자세히 설명하고 있다.

113) 『요가의 근본』 92: "비따스띠(손가락 한 뼘, 12앙굴라, 약 24cm) 정도의 길이에 4앙굴라 정도의 폭이 되는 부드러운 흰 천이 '감싸는 옷'veṣṭanāmbara의 정의라고 말해졌다."
vitastipramitaṃ dairghyaṃ vistāre caturaṅgulam |
mṛdulaṃ dhavalaṃ proktaṃ veṣṭanāmbaralakṣaṇam || YB. 92(박영길: 2019, p.680)

dhruvam ।

II.120^{ef} svaśaktyā cālayed vāme dakṣiṇe ca punaḥ punaḥ ॥

지혜로운 이는 [천을] 펼쳐서 혀jihvā를 감싼 후에
양 엄지와 집게손가락으로 단단히 잡아야 한다.
[그리고] 자신이 할 수 있을 만큼 왼쪽과 오른쪽으로 반복해서 흔들어야 한다.

【해설】

위 게송의 전반부(pāda^{ab})는 레디본(HR^{R})에서 발견되지 않고 그하로떼(Gharote, Devnath, and Jha: 2002, p.82)의 교정본에서만 발견된다. 하지만 위 게송의 요지는 '엄지와 집게로 혀를 잡고 흔드는 것'이므로 위 게송은 복부(또는 회음부)에 있는 꾼달리니를 자극하는 기법이기보다는 케짜리-무드라와 관련될 것으로 파악된다.[114] 하지만 케짜리-무드라를 설명하는 아래의 II.133송이 "앞에서(II.120) 설명된 방식대로, 그리고 소의 젖을 짜는 시간만큼 샥띠-짤라나śakticālana를 해야할 것"을 규정했으므로 여기서의 샥띠-짤라나는 '엄지와 집게로 혀를 잡고 흔드는 것'으로 파악된다. 이 경우『하타의 보석 목걸이』에서 설명된 샥띠자극-무드라는 꾼달리니-샥띠를 자극하는 기법이라기보다는 '혀를 자극하는 기법'으로 파악된다.[115]

II.121^{ab} muhūrtadvayaparyantaṃ nirbhītaścālayed asau ।
II.121^{cd} ūrdhvam ākṛṣyate kiñ cit suṣumṇāṃ kuṇḍalīgatām ।
II.121^{ef} ṣaṇmāsāc cālanenaiva śaktis tasyordhvagā bhavet ॥

114) 따라서 위 게송은 원래 케짜리-무드라를 설명하는 II.128-159송 사이에 있었지만 필사 전승 과정에서 어떤 혼동으로 이곳에 위치하게 된 것으로 의심해 볼 수 있다.

90분 동안 두려움 없이 자극한다면
꾼달리니는 조금씩 위로 이끌려 수슘나로 간다.
6개월 동안 샥띠를 자극하면 그녀는 위로 올라갈 것이다.

II.122ab sūryeṇa pūrayed vāyuṃ sarasvatyās tu cālayet ǀ
II.122cd śabdagarbhācālanena[116] yogī rogaiḥ pramucyate ǁ

오른쪽 [코]로 숨을 마신 후 사라스바띠(꾼달리니 샥띠)[117]를 자극해야 한다.
'언어의 모태'(사라스바띠, =꾼달리니 샥띠)를 자극함으로써 요가 수행자는 질병에서 벗어난다.

II.123ab yena saṃcālitā śaktiḥ sa yogī siddhibhājanaḥ ǀ
II.123cd kim atra bahunoktena mṛtyuṃ jayati līlayā ǁ

샥띠를 자극하는 요가 수행자는 신통력을 얻으며
유희하듯 죽음을 정복한다. 여기에 덧붙일 말이 있겠는가?

II.124ab saśailavanadhātryās tu yathādhāro 'hināyakaḥ ǀ
II.124cd aśeṣayogatantrāṇāṃ tathādhāro hi kuṇḍalī ǁ

마치 아히나야까뱀신가 '산과 나무들을 지닌 대지'를 지탱하듯이 그와 같이 모든 요가의 가르침을 지탱하는 것은 바로 꾼달리이다.

115) 아마도 이 게송은 케짜리-무드라를 설명하는 I.128-159 사이에 있어야 할 것으로 추정된다.
116) 본 게송은 8음절 4구의 아누쉬뚜브-쉴로까 운율로 작성되었는데 세 번째 구의 5-6-7번째 음절은 '—∪—'(라-운각, Ra-gaṇa)로 되어 있다. 이것은 기본형 pathyā은 아니지만 허용 가능한 형식으로 '라-비뿔라'Ravipulā로 불린다.
117) 아래의 II.127송에서 알 수 있듯이 여기서의 사라스바띠는 꾼달리니의 동의어이다.

II.125ab phaṇī kuṇḍalinī nāgī cakrī vakrī sarasvatī |
II.125cd lalanā rasanā kṣatrī lalāṭī śaktiḥ śaṃkhinī ||
II.126ab rajvī bhujaṅgī śeṣā ca[118)] kuṇḍalī sarpiṇī maṇiḥ |
II.126cd ādhāraśaktiḥ kuṭilā[119)] karālī prāṇavāhinī ||
II.127ab aṣṭavakrā ṣaḍādhārā vyāpinī kalanādharā |
II.127cd kurīty evaṃ ca vikhyātāḥ śabdāḥ paryāyavācakāḥ ||

뱀phaṇī, 꾼달리니kuṇḍalinī, 독사nāga, 짜끄리cakrī, 똬리vakrī, 사라스바띠sarasvatī, 랄라나lalanā, 라사나rasanā, 끄샤뜨리kṣatrī, 랄라띠lalāṭī, 샥띠śakti, 샹키니śaṃkhinī, 라즈비rajvī, 뱀bhujaṅgī, 뱀śeṣā, 꾼달리kuṇḍalī, 암뱀sarpiṇī, 보석maṇi, 아드하라 샥띠ādhāraśakti, 꾸띨라kuṭilā, 까랄리karālī, 기열氣熱, prāṇavāhinī, 여덟 똬리aṣṭavakrā, 여섯의 지탱처ṣaḍādhārā, 편재자vyāpinī, 진동의 토대kalanādharā, 꾸리kurī와 같은 단어들은 모두 동의어이다.[120)]

10) 케짜리Khecarī (II.128-159)

atha khecarīmudrā

II.128ab khecarī cāntimā mudrā acirād[121)] brahmarandhragā |
II.128cd suṣumnagāmṛtā mūrdhvā lambikā vācakāḥ smṛtāḥ ||

118) 본 게송은 8음절 4구의 아누쉬뚜브-쉴로까 운율로 작성되었는데 첫 번째 구의 5-6-7번째 음절은 '———'(마-운각, Ma-gaṇa)로 되어 있다. 이것은 기본형 pathyā은 아니지만 허용 가능한 형식으로 '마-비뿔라'Mavipulā로 불린다.

119) 본 게송은 8음절 4구의 아누쉬뚜브-쉴로까 운율로 작성되었는데 세 번째 구의 5-6-7번째 음절은 '—UU'(브하-운각, Bha-gaṇa)로 되어 있는데 이것은 기본형pathyā은 아니지만 허용 가능한 형식으로 '브하-비뿔라'Bhavipulā로 불린다.

120) 『하타의 등불』(HP.III.105)은 꾸띨랑기kuṭilāṅgī, 꾼달리니kuṇḍalinī, 브후장기bhujaṅgī, 샥띠śakti, 이슈와리īśvarī, 꾼달리kuṇḍalī, 아룬드하띠arundhatī를 동의어로 열거했는데 『하타의 보석 목걸이』는 27개의 동의어를 열거하고 있다.

121) 유포본의 원문은 'acirād'로 되어 있지만 연성 규칙상 'cācirād'(ca-acirād)였을 것으로 추정된다.

이제 케짜리-무드라가 설명된다.
케짜리는 궁극적인 무드라로 단박에 [쁘라나를] 브라흐마란드흐라로 흐르게 한다.
수슘나, 아므릿따, 무르드흐바, 람비까는 [동일한] 용어로 알려져 있다.

II.129[ab] na kramena vinā śāstraṃ nāiva śāstraṃ vinā kramaḥ ।
II.129[cd] śāstraṃ kramayutaṃ jñātvā tanyate śrīmatāṃ bhuvi ॥

수행 없이는 경전이 존재할 수 없고 경전 없이는 수행이 존재할 수 없다.
경전과 수행이 하나라는 것을 앎으로써 지상에서 행복을 누릴 것이다.

II.130[ab] jihvākṛtinibhaṃ śastram alpaṃ tacchedane kṣamam ।
II.130[cd] snuhīpatranibhaṃ balyaṃ śastraṃ kuryād vicakṣaṇaḥ ॥

지혜로운 이는, 설소대를 아주 조금만 자를 수 있는 혀 모양을 닮은 스누히 잎사귀와 같은 칼을 준비해야 한다.

II.131[ab] iḍāyāḥ piṅgalāyāś ca suṣumṇāyāś ca madhyataḥ ।
II.131[cd] prajñāvatāṅguliṃ datvā granthimadhyaṃ samucchinet ॥

지혜로운 이는 이다와 삥갈라와 수슘나의 중앙에 손가락을 잡고서 설소대의 중앙을 베어야 한다.

II.132[ab] dviniṣkaṃ niṣkaniṣkārdhaṃ pathyānāgarasaindhavān ।
II.132[cd] cūrṇayitvā tu tac cūrṇaṃ tena cūrṇena gharṣayet ॥
II.133[ab] pūrvoktena prakāreṇa śakticālanam ācaret ।

II.133[cd] godohanaṃ yathā tadvac chakticālanam ācaret ‖

'2니스까'(dviniṣka, 50gm) 분량의 심황(pathyā)과 1니스까 분량의 생강(nāgara) 그리고 0.5니스까의 암염(saindhava)을 혼합해서 그 분말로 [자른 곳에] 바르고
앞에서 설명한 방식대로 샥띠-짤라나를 행해야 한다.
소의 젖을 짜는 시간만큼 샥띠-짤라나를 행해야 한다.

【해설】

위 게송의 '샥띠-짤라나'śakticalāna는 앞의 II.120송에서 설명된 것으로 '엄지와 집게로 혀를 짜내는 것'으로 파악된다.

II.134[a-b] punaḥ saptadine prāpte tilamātraṃ samucchinet ‖
II.135[ab] chedanādikrameṇaiva yāvad bhrūmadhyagā bhavet ।
II.135[cd] tāvac chanaiḥ prakartavyaṃ śrīnivāsasya bhāṣaṇam ‖

그리고 7일이 지나면 [재차] 아주 조금만 잘라야 한다. 이와 같은 순서대로 계속해서 [혀가] 미간에 닿을 때까지 주의깊게 [실행]해야 한다는 것이 나, 쉬리니바사의 말이다.

parameśvaraprokta khecarīnāmapaṭale tu
II.136[ab] snuhīpatranibhaṃ śastraṃ sutīkṣṇaṃ snigdharnirmalam ।
II.136[cd] samanāyāṃ tu jihvāyāṃ romamātraṃ samucchinet ‖

『께짜리-빠딸라』에서 빠라메쉬바라께서는 다음과 같이 말씀하셨다.

스누히 잎사귀처럼 날카롭고 매끄럽고 깨끗한 칼로 혀의 [설소대]를 머리카락 [한 올]만큼 잘라야 한다.

II.137ab romamātrachedane na[122) vilambena hi lambikā ।
II.137cd hṛdaye granthakārāṇām ākūtaṃ bhaṇitaṃ mayā ॥

머리카락 한 올만큼 자른다면 머지않아 람비까(=케짜리)가 [이루어진다].
이것으로 나는 [수많은] 책들의 의도를 설명했다.

dattātreyas tu
II.138ab kapālakuhare jihvā praviṣṭā viparītagā ।
II.138cd bhruvor antargatā dṛṣṭir mudrā bhavati khecarī ॥

닷따뜨레야께서 말씀하셨다.
혀를 뒤집어 [목구멍에 넣어] 구개공에 붙이고
시선을 미간에 고정시키는 것이 케짜리-무드라이다.

II.139ab na rogo maraṇaṃ tasya na nidrā na kṣudhā tṛṣā ।
II.139cd na ca mūrcchā bhavet tasya yo mudrāṃ vetti khecarīm ॥

케짜리-무드라에 통달한 자는 질병, 죽음, 졸음, 재채기, 갈증, 기절을 정복한다.

II.140ab pīḍyate na sa rogeṇa lipyate na ca karmaṇā ।

122) 본 게송은 8음절 4구의 아누쉬뚜브-쉴로까 운율로 작성되었는데 첫 번째 구의 5-6-7번째 음절은 '—∪∪'(브하-운각, Bha-gaṇa)로 되어 있는데 이것은 기본형pathyā은 아니지만 허용 가능한 형식으로 '브하-비뿔라'Bhavipulā로 불린다.

II.140[cd] bādhyate na ca kālena　yo mudrāṃ vetti khecarīm ||

케짜리-무드라에 통달한 자는 [더 이상] 질병에 시달리지 않게 되고 업에 물들지도 않으며 시간에 구속되지 않게 된다.

haṭhapradīpikāyām-
II.141[ab] chedanacālanadohaiḥ　kalāṃ krameṇātha[123)]
vardhayet tāvat |
II.141[cd] yāvad iyaṃ bhrūmadhye　spṛśati tadānīṃ
khecarīsiddhiḥ || [124)]

『하타의 등불』은 다음과 같이 말한다.
순서대로 혀를 자르고 흔들고 짜내어
[혀가] 미간에 닿을 때 케짜리가 완성된다.

II.142[ab] chedanasya prakārokterabhāvān mūḍhatā yataḥ |
II.142[cd] sādhāraṇoktyā durbodhān[125)]　nāṅgīkāryam idaṃ matam ||

[하지만 『하타의 등불』은 혀를] '자르는 방법'을 설명하지 않았으므로 혼란스럽다.
원론적인 설명만으로는 이해하기 힘들므로 이것에 동의할 수 없다.

123) 쉬리나바사가 밝혔듯이 II.141송은 『하타의 등불』 II.33송을 인용한 것이지만 『하타의 등불』 달리 『하타의 보석 목걸이』 원문은 'krameṇa'(∪—∪)으로 되어 있다. 하지만 이 경우 아리야 운율에 어긋난다. 따라서 『하타의 등불』 원문에 의거해서 'krameṇātha'(∪——∪)으로 수정했다.

124) 본 송은 아리야ārya 운율로 작성되었다.

125) 본 게송은 8음절 4구의 아누쉬뚜브-쉴로까 운율로 작성되었는데 세 번째 구의 5-6-7번째 음절은 '———'(마-운각, Ma-gaṇa)로 되어 있다. 이것은 기본형

II.143ab gurudarśitamārgeṇa　saṅketaḥ kathyate mayā ।
II.143cd saṅketaśṛṅkhalābhāve　khecarī tu kathaṃ bhavet ॥

[이제] 나는 스승이 가르친 방법대로 상께따(비법)를 말하고자 한다.
상께따(비법)라 할 수 있는 쉬링깔라 없이 어떻게 케짜리가 완성될 수 있겠는가?

II.144ab sarpākāraṃ savalayaṃ　śṛṅkhalādvayasevitam ।
II.144cd sakharparaṃ ṣaḍvitastidairghyaṃ saṃketalakṣaṇam ॥ [126)]

[여기서의] 상케따(비법)는, 뱀처럼 둥글고 카르파(우산 모양) 형태로 된 6비따스티(ṣaḍ-vitasti)[127)] 길이로 된 두 개의 쉬링칼라(쇠 사슬)이다.

II.145a śṛṅkhalādvitayanirmitāṃ parāṃ
II.145b sarpavadvalayakharparānvitām ।
II.145c viṃśadaṅgulamitāṃ sudīrghikāṃ
II.145d lambikābhyudayakāriṇīṃ viduḥ ॥ [128)]

뱀처럼 둥글고 우산 모양이고 20앙굴라 길이의 아주 긴 두 개의 쉬링칼라가

---

pathyā은 아니지만 허용 가능한 형식으로 '마-비뿔라'Mavipulā로 불린다.

126) 본 게송은 8음절 4구의 아누쉬뚜브-쉴로까 운율로 작성되었는데 첫 번째 구의 5-6-7번째 음절은 'UUU'(나-운각, Na-gaṇa)로 되어 있다. 이것은 기본형pathyā은 아니지만 허용 가능한 형식으로 '나-비뿔라'(Navipulā)로 불린다. 본 송의 세 번째 구 5-6-7번째 음절은 '—U—'(라-운각, Ra-gaṇa)로 되어 있는데 이것 역시 기본형pathyā은 아니지만 허용 가능한 형식으로 '라-비뿔라'Ravipulā로 불린다.

127) 1 vitasti는 엄지에서 새끼손가락의 길이이다.

128) 본 송은 11음절의 라토드핫따(Rodhoddhatā: —U—UUU—U—U—) 운율로 작성되었다.

람비까(lambikā, =케짜리)의 행복을 주는 것이라고 했다.[129)]

II.146[ab] śṛṅkhalāyāś ca valaye[130)] jihvāṃ tatra praveśayet |
II.146[cd] yathā bhavet suṣumṇāgā tathā bhavati khecarī ||

쉬링깔라(쇠 사슬)의 둥근 부분에 혀를 집어 넣어야 한다.
혀가 수슘나 속으로 들어갈 때 케짜리가 이루어진다.

II.147[ab] khecaryā mudraṇe jāte dehī dehaṃ na muñcati |
II.147[cd] kāyaṃ tyaktvā tu kalpānte brahmasthānaṃ vrajaty asau ||

케짜리로 봉인하게 되면 '신체의 주인'(생명)은 몸을 떠나지 않는다.
대귀멸기大歸滅期에 몸을 버리고서 브라흐만의 자리로 간다.

II.148[ab] prāṇe suṣumṇāsamprapte[131)] nādaṃ tu śrūyate 'ṣṭadhā |
II.148[cd] ghaṇṭādundubhiśaṅkhādivīṇāveṇuninādavat |
II.148[ef] tanūnapāttaḍittāre {x x}[132)] śapavanopamam ||

---

129) 본 게송의 의미는 명확치 않다. 그하로떼(Gharote, Devnath, and Jha: 2002, p.91)는 이 게송을 다음과 같이 번역하고 있다.
"(A saṃketa is) finely made up of two śṛṅkhalās, rounded like a snake, containing kharpara (a rest), measuring twenty digits in length, which brings success in lambikā."

130) 본 게송은 8음절 4구의 아누쉬뚜브-쉴로까 운율로 작성되었는데 첫 번째 구의 5-6-7번째 음절은 'UUU'(나-운각, Na-gaṇa)로 되어 있다. 이것은 기본형pathyā은 아니지만 허용 가능한 형식으로 '나-비뿔라'Navipulā로 불린다.

131) 본 게송은 8음절 4구의 아누쉬뚜브-쉴로까 운율로 작성되었는데 첫 번째 구의 5-6-7번째 음절은 '———'(마-운각, Ma-gaṇa)로 되어 있다. 이것은 기본형 pathyā은 아니지만 허용 가능한 형식으로 '마-비뿔라'Mavipulā로 불린다.

132) 위 게송의 마지막 부분은 'tanūnapāttaḍittāre śapavanopamam'으로 되어 있

쁘라나가 수숨나에 도달한다면 여덟 종류의 소리가 들리게 되는데 그것은 종ghaṇṭa, 북dundubhi, 소라śaṅkha, 비나vīṇā, 피리veṇu 소리 작은 종, 천둥, 바람 소리와 같다.

II.149[ab] vāsukyādyaiś ca nāgaiś ca takṣakenāthavā punaḥ ǀ
II.149[cd] daṣṭasya yogino dehe na viṣaṃ kartum arhati ǁ

[케짜리에 통달하면] 바수끼 등의 독사들 또는 따끄샤 등에 물릴지라도 요가 수행자의 몸에는 독이 들어올 수 없다.

II.150[a] utkallolakalāmṛtaṃ
ca vimalaṃ dhārāmṛtaṃ yaḥ pibet ǀ
II.150[b] nirdoṣaḥ sa mṛṇālakomalatanuryogī ciraṃ jīvati ǁ [133)]

[케짜리-무드라로] 달에서 분비되는 청정한 감로의 물줄기를 마신다면 연꽃의 섬유질같이 날씬해지고 청정한 요기는 장수하게 된다.

II.151[a] sevante yadi lambikāgram aniśaṃ jihvā rasasyandinī ǀ
II.151[b] sakṣārākaṭukiktadugdhasadṛśaṃ madhvājyatulyaṃ
yadā ǁ [134)]

는데 그 의미는 대단히 모호하다. 운율 구조상 2음절이 누락된 것으로 추정되는데 누락된 곳을 표시하면 원문은 'tanūnapāttaḍittāre x x śapavanopamam' 였을 것으로 보인다. HR[R]본에는 'tanūna patra vistāra tareśapavanopamam' 로 되어 있는데 이것은 운율에 부합한다. 하지만 그 의미는 명확치 않다. 여기서는 그 의미가 '북소리, 천둥 소리, 바람 소리'일 것으로 추정해서 번역했다.

133) 본 게송은 두 개의 구로, 19음절의 샤르둘라비끄리디따(Śārdūlavikrīḍita: ———UU—U—UUU———U——U—) 운율로 작성되었다.

134) 본 게송은 두 개의 구로, 19음절의 샤르둘라비끄리디따(Śārdūlavikrīḍita: ——

혀를 지속적으로 람비까의 입에 붙이고 있다면 감로가 분비되는데
그것은 짠맛, 시큼한 맛, 응유맛과 같고 꿀맛과 같다.

II.152[ab] aśeṣāṇāṃ ca nāḍināṃ jihvāgre randhram āgataḥ |
II.152[cd] vidhatte yena mārgeṇa tena cāndrī kalāṃ vrajet ||

혀끝이 모든 나다들의 구멍에 닿게 되면
그 길을 따라 '달의 감로'(불사의 감로)가 들어갈 것이다.

II.153[ab] kanyāvādākhilāvādarasavādādisiddhayaḥ |
II.153[cd] yoginaḥ sampravartante teṣāṃ vajrolikhecarī ||

바즈롤리와 케짜리를 성취한 요가수행자들은 깐야-바다, 아킬라-바다, 라사-바다 등을 완성한다.

【해설】

위 게송의 깐야-바다, 아킬라-바다, 라사-바다의 의미는 명확치 않다. 아마도 깐야는 처녀를 의미하므로 '꾼달리니와 관련된 학문'으로 추정되고 아킬라-바다는 '완벽한 학문', 그리고 라사-바다는 '연금술'과 관련될 것으로 추정된다.[135)]

II.154[ab] trikaṭumbī haṭhā caiva golīḍhaṃ śikharaṃ tathā |
II.154[cd] triśaṅkhī vajram oṃkārīm ūrdhvanālaṃ bhruvor mukhe ||

—UU—U—UUU———U——U—) 운율로 작성되었다.

135) 말린슨(KhV, p.210, 각주 261)에 따르면 khanyāvāda와 vilāvāda는 Kathāsar-

양 눈썹(미간)의 입구(bhurvor mukha)인 [수슘나는] 뜨리까뚬비trikaṭumbī[136], 하타haṭha, 골리드하golīḍha[137], 쉬카라śikhara[138], 뜨리샹키triśaṅkhī[139], 바즈라vajra, 옴까리oṃkārī, 우르드흐바날라ūrdhvanāla[140][의 동의어이고]

II.155^ab piṅgalā dambhinī sūryā yaminā kākṣarā tathā |
II.155^cd kālāgniḥ rudrī caṇḍī ca[141] te syuḥ piṅgalanāmakāḥ ||

담브히니dambhinī[142], 수리야sūrya, 야미나yaminā[143], 까끄샤라kākṣarā, 깔라그니kālāgni[144], 루드리rudrī[145], 짠디caṇḍī[145]는 모두 삥갈라piṅgalā를 의미한다.

II.156^ab iḍā candrā sinīvālī gaṅgā cāmarabodhitā |
II.156^cd iḍāyāḥ vācakāḥ śabdāḥ paryāyeṇa prakīrtitāḥ ||

---

itsāgara 34.69-73, 56.212에서 빠슈빠따Paśupata 수행자들과 관련된 게송에서 발견된다. 말린슨이 언급한 vilāvāda는 『하타의 보석 목걸이』에서 열거된 akhilāvāda와 유사한 의미일 것으로 추정된다.

136) trikaṭumbī의 의미는 명확치 않다.

137) golīḍha는 '소 핥기'와 연관된 약초나 나무와 관련될 것으로 보인다.

138) śikhara의 문자적 의미는 '정상', '끝'이다.

139) triśaṅkhī는 '세 조가비'와 관련될 것으로 추정된다.

140) 이 부분은 oṃkārī ūrdhvanālaṃ으로 분석될 수도 있고 oṃkārī mūrdhvanālaṃ으로 분석될 수도 있는데 여기서는 전자로 파악했다. 여기서 ūrdhvanāla는 '위쪽의 통로(관)'을 의미하고 mūrdhvanāla는 '정수리의 통로'를 의미한다.

141) 본 게송은 8음절 4구의 아누쉬뚜브-쉴로까 운율로 작성되었는데 세 번째 구의 5-6-7번째 음절은 '———'(마-운각, Ma-gaṇa)로 되어 있다. 이것은 기본형 pathyā은 아니지만 허용 가능한 형식으로 '마-비뿔라'Mavipulā로 불린다.

142) dambhinī의 문자적 의미는 '사기꾼'이다.

143) 현 유보본에는 모두 '야미나'yaminā로 되어 있는데 야무나yamunā 강江과 같은 의미일 것으로 파악된다.

144) kālāgni는 세상을 파괴시키는 불로 알려져 있다.

145) rudrī는 루드라 신과 관련되거나 또는 '공포'를 의미하기도 한다.

146) caṇḍī의 문자적 의미는 '난폭함'이다.

이다iḍā, 짠드라candrā, 시니발리sinīvālī[147], 강가gaṅgā, 아마라보디히따amara-bodhitā는 이다의 동의어로 불렸다.

【해설】

154-156송은 수슘나, 삥갈라, 이다의 상징적 동의어를 열거한다. 일반적으로 수슘나와 삥갈라, 이다의 동의어는 소마soma, 태양(sūrya), 달(candra, indu) 또는 사라스바띠Saravatī, 야무나yamnunā, 강가gaṅgā로 알려져 있지만 『하타의 보석 목걸이』는 보다 다양하게 열거한다.

여타의 문헌과 비교하면 다음과 같다.

『하타의 보석 목걸이』 HR. II.154-156		『요가의 성역』 YV. 20	『브라흐마비디야 우빠니샤드』 BV-Up.	『하타의 등불』 HP. III.4
수슘나	① 뜨리까뚬비 Trikaṭumbī	① 뜨리꾸따 Trikūṭa	① 뜨리꾸따 Trikūṭa	
	② 하타 Haṭha	② 뜨리하타 Trihaṭha	② 뜨리비드하 Trividha	
	③ 골리드하 Golīḍha	③ 골하따 Golhāṭa	③ 골라카 Golākha	
	④ 쉬카라	④ 쉬카라	④ 니카라	
	Śikhara	Śikhara	Nikhara	
	⑤ 뜨리샹키 Triśaṅkhī	⑤ 뜨리쉬카 Triśikha	⑤ 뜨리샹카 Triśaṃkha	
	⑥ 바즈라 Vajra	⑥ 바즈라 Vajra	⑥ 바즈라 Vajra	
	⑦ 옴까리 Oṃkārī	⑦ 옴까라 Oṃkāra	⑦ 옴까라 Oṃkāra	
	⑧ 우르드흐바날라 Ūrdhvanāla	⑧ 우르드흐바나카 Ūrdhvanākha	⑧ 우르드흐바날라 Ūrdhvanāla	

147) sinivilī는 일반적으로 다산과 출산의 여신으로 알려져 있다.

				① 수슘나 suṣumnā
				② 공의 길 śūnyapadavī
				③ 브라흐마- 란드흐라 brahma-randhra
				④ 위대한 길 (大道) mahāpatha
				⑤ 묘지 śmaśāna
				⑥ 샴브하비 śāṃbhavī
				⑦ 가운데 길(中道) madhya-mārga
				⑧ 사라스바띠 Sarasvatī
삥갈라	① 삥갈라 Piṅgalā	-		
	② 담브히니 Dambhinī	-		
	③ 수르야 Sūryā	-		
	④ 야미나 Yaminā	-		야무나 Yamunā
	⑤ 깍샤라라 Kākṣarā	-		
	⑥ 깔라그니 Kālāgni	-		
	⑦ 루드리 Rudrī)	-		
	⑧ 짠디 Caṇḍī	-		
이다	① 이다 Iḍā	-		강가 Gaṅgā
	② 짠드라 Candrā	-		

	③ 시니발리 Sinīvālī	-		
	④ 강가 Gaṅgā	-		
	⑤ 아마라- 보디히따 Amarabodhitā	-		

II.157^{ab} gośabdenoditā jihvā tatpraveśo hi tāluni |
II.157^{cd} gomāṃsabhakṣaṇaṃ tat tu mahāpātakanāśanam ||

'소'라는 단어가 지시하는 혀, 그것을 구개에 넣는 것이
'쇠고기를 먹는 것'인데 이것은 대죄大罪를 없앤다

II.158^{ab} gomāṃsaṃ bhakṣayen nityaṃ pibed amaravāruṇīm |
II.158^{cd} kulīnaṃ tam aham manye anye tu kulaghātakāḥ ||

언제나 쇠고기를 먹고 항상 아마라-술酒을 마시는 자가
고결한 사람이고 다른 이는 가문을 망치는 자들이라고 생각한다.

II.159^{ab} jihvāpraveśasaṃbhūtavahninotthāpitā khalu |
II.159^{cd} candrāt sravati yaḥ sāraḥ sā syād amaravāruṇi ||

혀를 집어넣음으로써 생겨난 불에 의해 달구어진 달에서 분비되는 즙이 아마라-술이다.

【해설】

157, 158, 159송은 케짜리를 '쇠고기를 먹는 것, 아마라 술을 마시는 것'

으로 비유하는데 이 세 게송은 『하타의 등불』 III.48, 47,49을 그대로 인용한 것이다. 157송에 따르면 '소'는 '혀'를 의미하고 또 '쇠고기를 먹는 것'은 '혀를 구개에 집어넣는 케짜리-무드라'를 의미한다. 158송은 '언제나 쇠고기를 먹고 술을 마시는 자를 고귀한 가문의 사람이라고 생각하고 그렇지 않는 자를 가문을 망치는 자들이라고 생각한다'고 말한 후 159송은 아마라 술amara-vāruṇī을 '혀를 집어넣음으로써 생겨난 열기에 의해 달에서 흘러나온 감로'로 해설한다.

간기

iti śrīnivāsayogīviracitāyāṃ haṭharatnāvalyāṃ dvitīyopadeśaḥ ||

이것으로 쉬리니바사 요기가 저술한 『하타의 보석 목걸이』 중에서 두 번째 가르침이 끝났다

세 번째 가르침
Tṛtyopadeśaḥ

I. 예비 조건 (III.1-4)

III.1[ab] athāto 'ṣṭāṅgayogānāṃ svarūpaṃ kiñcid ucyate |
III.1[cd] bahavo yoginaḥ siddhā aṅgair taiś ca śobhanaiḥ ||

이제, 그러므로 [먼저] 여덟 지분으로 구성된 요가의 본질이 간략히 설명된다.
수많은 요가 수행자들은 이와 같은 훌륭한 지분들 덕분에 성자가 되었다.

【해설】

『하타의 보석 목걸이』(HR. 17세기)는 사지四支 요가 체계를 취하는『하타의 등불』을 계승한 문헌이다.[1] 그리고 아래의 III.5송이 '하타요가의 첫 번째 지분이 아사나āsana라는 것'을 밝혔다는 점에서『하타의 보석 목걸이』 역시 아사나, 호흡법, 무드라, 명상과 같은 네 가지 기법에 기반을 두고 있는 것으로 파악된다. 이 점에서, 그하로떼(Gharote, Devnath, and Jha: 2002, p.xxxi)가 지적했듯이 쉬리니바사가 '팔지 요가'라는 용어를 사용했던 것, 그리고 야마yama를 비롯해서 감관의 철수(pratyāhāra) 등 나머지

1) 하타요가의 체계는 크게 육지六支 요가, 팔지八支 요가, 사지四支 요가, 칠지七支 요가와 같은 네 유형으로 나누어진다. 초기 문헌인『고락샤의 백송』(GŚ. 11-13세기)은 육지 요가에 기반을 두고 있고『요가의 성전』(DyŚ. 13세기)은 '야갸발꺄와 같은 신선들이 가르친 팔지 요가'와 '까삘라와 같은 도사들이 가르친 팔지 요가'와 같은 두 종류의 팔지 요가에 기반을 두고 있고 그 이후의 백과사전적 문헌인『샤릉가드하라 선집』(ŚP.14세기)은 고락샤 전통의 육지 요가와 마르깐데야 전통의 팔지 요가를 설명하였다. 하지만『쉬바상히따』(ŚS. 14세기)를 비롯해서 하타요가의 수행 체계를 정립했던『하타의 등불』(HP, 1450년경)에 의해 하타요가는 아사나, 호흡법, 무드라, 명상(삼매)와 같은 사지 요가로 정립되었고 주류 체계로 자리 잡았다.

지분을 설명하지 않았던 이유는 수수께끼이다.

이 점에 대해서는 두 가지 가능성을 추정해 볼 수 있다. 첫 번째는, 쉬리니바사가 팔지 요가를 언급했음에도 야마, 감관의 철수, 선정과 같은 세 지분을 설명하지 않았다는 점에서 그가 팔지 요가의 핵심을 사지 요가로 이해했을 가능성이다. 두 번째는, 16세기 이후 쉬바난다 사라스바띠Śivānanda Sarasvatī의 『요가의 여의주』(YC)를 비롯해서 브하바데바 미쉬라Bhavadeva Miśra의 『육따브하바데바』(YD) 등 박학다식한 재가 학자들의 백과사전적인 대작들이 팔지 요가 체계로 빠딴잘리 요가와 하타요가 등 모든 요가를 통합했으므로 쉬리니바사가 '팔지 요가'를 요가의 대명사처럼 받아들였을 가능성이다. 이와 유사한 사례는 브라흐마난다Brahmānanda의 『월광』(*Jyotsnā*, HP-Jt)에서도 발견되는데 『월광』은 독립적인 저작이 아니라 『하타의 등불』에 대한 주석서이므로 사지 요가에 의거해서 해설하지만[2] 이와는 별도로 팔지 요가를 언급하고 팔지 요가의 중요성을 언급한 바 있다.[3]

---

2) 『월광』 I.17: "하타[요가]는 뒤에서 설명할 '아사나, 다양한 꿈브하까, 무드라로 불리는 행법, 비음秘音명상'(I.56)이라는 네 가지 지분으로 구성되어 있다."
haṭhasya "āsanaṃ kumbhakaṃ citraṃ mudrākhyaṃ karaṇaṃ tathā | atha nādānusaṃdhānam"(Hp.I.56) iti vakṣyamāṇāni catvāry aṅgāni | HP-Jt. I.17(박영길: 2015, pp.221-222)

3) 『월광』 I.17: "하타[요가]는 … 네 가지 지분으로 구성되어 있다. 제감(制感, pratyāhāra)에서 시작에서(ādi) 삼매(samādhi)로 끝나는 [4가지 지분]들은 비음 명상에 포함된다.
haṭhasya ... catvāry aṅgāni | pratyāhārādisamādhyantānāṃ nādānusaṃdhāne 'ntarbhavaḥ | HP-Jt. I.17(박영길: 2015, pp.221-222)
또한 브라흐마난다는 『하타의 등불』 중 제일 마지막 게송을 해설한 후 다음과 같이 말한다.
『월광』 IV.114: "인간의 목표를 이루게 해주는 수행법 중 어떤 것도 팔지 요가를 넘어설 수 없다는 것이 정설이다"
evaṃ cāṣṭāṅgayogātiriktaṃ kim api paramapuruṣārthasādhanaṃ nāstīti siddham || HP-Jt. IV.114(박영길: 2015, pp.747)
브라흐마난다가 말한 팔지 요가는 '무드라와 비음명상이 포함되고 야마와 니야

III.2ab manaḥprasādasantoṣo maunam indriyanigrahaḥ ǀ
III.2cd dayā dākṣiṇyam āstikyam ārjavaṃ mārdavaṃ kṣamā ǁ

마음의 정화, 만족, 침묵, 감관의 통제,
동정심, 친절, 신의, 정직, 상냥함, 인내,

III.3ab bhāvaśuddhir ahiṃsā ca brahmacaryaṃ smṛtidhṛtiḥ ǀ
III.3cd ity evam ādayaś cānye mānasā niyamāḥ smṛtāḥ ǁ

청정한 마음, 불살행, 범행梵行, 올바른 기억
등등이 정신적인 니야마로 알려져 있다.

III.4ab snānaṃ śaucaṃ vrataṃ satyaṃ japahomaś ca tarpaṇam ǁ
III.4cd tapo dāntis titikṣā ca namaskāraḥ pradakṣiṇam ǀ
III.4ef vratopavāsakādyāś ca kāyikā niyamāḥ smṛtāḥ ǁ

목욕재계, 청정, 준수, 성실함, 염송, 불 봉헌, 물 헌주,
고행, 자제, 조신함, 경배, 정중함,
단식 등등이 신체적 니야마로 알려져 있다.

【해설】

『하타의 보석 목걸이』는 야마yama를 열거하지 않고 14개의 정신적(mānasa) 니야마와 13개의 신체적(kāyika) 니야마를 열거한다. 야마와 니야마는 문헌에 따라 4종류, 10종류, 12종류 등으로 다양하게 설명되었

마가 빠진 하타요가적 팔지요가'로 여덟 지분은 ① 아사나, ② 쁘라나야마, ③ 무드라, ④ 제감, ⑤ 응념, ⑥ 선정, ⑦ 유상삼매, ⑧ 무상삼매로 파악된다.

는데[4) 『하타의 보석 목걸이』에서 열거된 27개의 니야마 중에서 '불살생'(ahiṃsā)과 '범행'(brahmacarya)은 『요가경』에서 야마로 열거된 것이고 '만족'(santosa), '청정'(śauca), '고행'(tapas)은 니야마로 열거된 것이다. 그 외의 다른 문헌에서 설명된 것과 비교하면 다음과 같다.

정신적 니야마 (Mānasa-niyama)		
명칭	타 문헌과의 비교	
	야마 Yama	니야마 Niyama
① 마음의 정화 Manaḥpraṣada		
② 만족 Santoṣa		YS
③ 침묵 Mauna		
④ 감관의 통제 Indiyanigraha		
⑤ 자비 Dayā		
⑥ 친절 Dakṣinya		
⑦ 신의 Āstikya	BhP	
⑧ 정직 Ārjava		
⑨ 상냥함 Mārdava		
⑩ 인내 Kṣamā ,		
⑪ 청정한 마음 Bhāvaśuddhi		
⑫ 불살생 Ahiṃsā	YS, YY	
⑬ 범행 Brahmacarya	YS, BhP	YY

4) 야마와 니야마의 종류에 대해서는 박영길: 2019, pp.1,086-1,087을 참조.

⑭ 올바른 기억 Smṛtidhṛti		
등등		
YS :『요가경』 YY :『요가야갸발꺄』 BhP:『바가바뜨-뿌라나』		

신체적 니야마 (Kāyika-niyama)		
명칭	타 문헌과의 비교	
	야마 Yama	니야마 Niyama
① 목욕재계 Snāna		
② 청정 Śauca		YS, BhP
③ 준수 Vrata		
④ 성실함 Satya		
⑤ 염송 Japa		BhP
⑥ 불 봉헌 Homa		BhP
⑦ 물 헌주 Tarpaṇa		
⑧ 고행 Tapas		YS, YY, BhP
⑨ 자제 Dānti		
⑩ 조신함 Titikṣā		
⑪ 경배함 Namaskāra		
⑫ 정중함 Pradakṣiṇa		
⑬ 단식 Vratopavāsaka		
등등		

YS : 『요가경』 YY : 『요가야갸발꺄』 BhP: 『바가바뜨-뿌라나』

하타요가는 출가 산야신 또는 입문 제자를 통해 전승되었으므로[5] 대인, 대사회적 규범을 거의 언급하지 않지만 『하타의 보석 목걸이』를 비롯해서 『요가야갸발꺄』 등 재가자를 위한 문헌은 다양한 종류의 야마, 니야마를 설명한다. 『하타의 보석 목걸이』에서 설명된 항목은 여타의 문헌에서 발견되지 않는 것이 대부분이고 고행, 단식은 오히려 하타요가에서 금기시되는 항목이기도 하다.[6]

II. 아사나Āsana

1. 아사나의 두 전통 (II.5-6)

III.5^{ab} haṭhasya prathamāṅgatvād	āsanaṃ darśyate mayā |
III.5^{cd} tatkuryād āsanaṃ sthairyam	ārogyaṃ cāṅgapāṭavam ||

5) 하타요가가 주로 출가자 혹은 입문 제자를 통해 전승되었다는 근거는 여러 문헌에서 발견된다. 예를 들어 14세기 문헌인 『쉬바상히따』*Śivasaṃhitā*는 '재가자 또는 부인과 자식을 둔 사람도 올바르게 요가를 수련한다면 성공할 수 있다'(VI.258-260)고 말함으로써 책을 마무리한다.
『하타의 등불』(HP.I.12)은 요가 수행자가 머물러야 할 수행터를 설명하는데 그중에 하나가 '음식을 구걸하기 적절한 곳'이라는 점에서 당시의 하타요가 수행자들이 탁발(托鉢, bhikṣa) 생활했다는 것을 알 수 있다. 이와 관련된 내용은 박영길: 2015, pp.213-214를 참조.

6) 하타요가 수행자는 쁘라나로 충만한 몸을 갖추어야 하고 따라서 『하타의 등불』은 영양가 있는 음식을 설명하고(HP.I.59-63) 고행이나 몸에 고통을 주는 것을 금기시한다(HP.I.61).

하타[요가]의 첫 번째 지분(prathamāṅgatva)이므로 [먼저] 아사나를 설명하고자 한다. 아사나를 수련한다면 강건해지고 질병이 없어지고 몸매가 날씬해진다.

【해설】

제5-6송은『하타의 등불』I.17-18송을 인용한 것으로 하타요가에서 아사나의 위치 및 본서에서 설명될 아사나의 유래를 간략히 언급한다.

제5송의 '하타[요가]의(haṭhasya) 첫 번째 지분이므로(prathamāṅgatvāt) 아사나를 설명하겠노라'는 말에서 알 수 있는 것은 하타요가의 다양한 지분들 가운데 아사나가 첫 번째 지분이라는 것이다. 따라서 앞에서 열거했던 27 니야마niyama는 요가의 정식 지분(aṅga)이 아니라 하나의 예비적인 조건이라는 것을 알 수 있다.

한 가지 흥미로운 것은『하타의 보석 목걸이』가 앞의 제II장에서 호흡법과 무드라를 설명한 후 제III장에서 아사나를 설명한다는 점이다. 이것은 '아사나 → 호흡법 → 무드라 → 명상' 순順으로 구성된 사지 요가는 물론이고 육지 요가, 칠지 요가, 팔지 요가의 일반적 순서에도 위배된다. 또한 위의 제5송이 아사나를 하타요가의 첫 번째 지분으로 규정했다는 점에서, 그리고 특히『하타의 보석 목걸이』가 아사나를 모두 설명한 후 '이제, 아사나에 통달했다면 … 호흡을 수련해야 할 것'(II.78)을 당부하고 79-97송에서 호흡 수련과 관련된 주의 사항 등을 설명한다는 점에서 현 유포본『하타의 보석 목걸이』의 제III장과 제II장의 순서가 바뀌었던 것으로 추정된다.[7]

III.6^{ab} vasiṣṭhādyaiś ca munibhi matsyendrādyaiś ca yogibhiḥ |

7) 하지만 여기서는 현 유포본의 순서에 의거해서 번역했다.

III.6^{cd} aṅgīkṛtāny āsanāni[8] lakṣyante kānicin mayā ॥

먼저 바시쉬타 등의 성자들과 맛첸드라 등의 요가 수행자들이 받아들였던 몇몇 아사나들을 설명하고자 한다.

【해설】

II.6송에 따르면 아사나에는 바시쉬타와 같은 성자들이 선호했던 것과 맛첸드라와 같은 요가 수행자들이 좋아했던 것과 같은 두 유형이 있는 것으로 파악된다. 하지만 『하타의 등불』과 마찬가지로 『하타의 보석 목걸이』 역시 두 아사나 전통을 세부적으로 분류하지는 않았는데 아마도 '성자들의 아사나'는 달인좌, 연화좌 등 명상을 수련하는데 적합한 좌법坐法으로 추정되고 '요가 수행자들이 즐겨했던 아사나'는 공작, 등펴기 등과 같은 역동적인 체위體位로 추정된다.

2. 여든네 개의 아사나 (III.7-20)

III.7^{ab} caturaśītilakṣeṣu ekaikaṃ jīvajantuṣu ।
III.7^{cd} uddhṛtya śambhunā proktāś caturaśīti pīṭhikāḥ ॥

생명체의 종류만큼이나 되는 8,400,000개의 [아사나]들 중에서 샴브후(Śambhu, =쉬바)께서는 '1[락샤, =100,000] [마다] 하나씩' 선별해서 84개의 체위를 설명하셨다.

8) 본 게송은 8음절 4구의 아누쉬뚜브-쉴로까 운율로 작성되었는데 세 번째 구의 5-6-7번째 음절은 '∪—∪'(자-운각, Ja-gaṇa)로 되어 있다. 이것은 기본형pathyā은 아니지만 허용 가능한 형식으로 '자-비뿔라'Mavipulā로 불린다.

III.8[ab] caturaśitipīṭheṣu   keṣāṃcil lakṣaṇaṃ bruve ।
III.8[cd] ādināthoditāḥ pīṭhā   dehārogyasukhapradāḥ ॥

[쉬바께서 설명한] 84개의 아사나 중에서 몇몇 종류를 설명할 것인데 아디나타(Ādinātha, =쉬바)께서 가르친 이 아사나들은 몸의 병을 치유하고 [정신적인] 즐거움을 준다.

【해설】

III.7-8송은, 8,400,000(84 lakṣa)[9]개의 아사나들 중에서 쉬바가 84개를 선별했다는 하타요가의 전설적인 '84아사나'를 언급하는 유명한 게송이다. 84 아사나설說은 초기 문헌인『고락샤의 백송』(GŚ. I.8-9)에서 처음 등장했고 그 이후『요가의 성전』(DyŚ. 34),『쉬바상히따』(ŚS. II.96),『하타의 등불』(HP.I.33-34),『하타의 보석 목걸이』(HR. III.7-8),『게란다상히따』(GhS. II.1-2) 등에서도 앵무새처럼 반복되었다.

하지만 하타요가 문헌에 따르면, 84 아사나설說이 말하고자 하는 것은 '8,400,000개의 아사나 중에서 쉬바가 84개를 선별했다는 것'이 아니라 '쉬바가 선별한 84개 중에서도 달인좌가 가장 중요하다는 것'을 밝히는 데 있는 것으로 파악된다.[10]『하타의 보석 목걸이』(HR. III.21-24) 역시 '84개의 아사나 중에서 10개가 중요하고, 10개 중에서도 4개가 중요하는 것'을 밝힌 후『하타의 등불』을 인용하면서 '84개의 중요 아사나 중에서도 달인좌가 가장 중요하다는 것'을 밝히고 있다.

III.9[ab] siddhaṃ bhadraṃ tathā vajraṃ   siṃhaśilpāsanaṃ param ।

9) 1 lakṣa =100,000; 84 lakṣa =8,400,000
10) 이 점에 대해서는 박영길: 2015, p.246을 참조.

III.9[cd] bandhaṃ karaḥ saṃpuṭitaṃ[11] śuddhaṃ padmacatuṣṭay
am ॥

달인, 행운, 금강[12], 사자, 보석[13],
그리고 결박 [연화좌], 펼침 [연화좌], 반구 [연화좌], 순수 [연화좌][14]와 같은
네 개의 연화좌

III.10[ab] daṇḍapārśvaṃ ca sahajaṃ[15] bandhapiṇḍaṃ mayūrakam ।
III.10[cd] ekapādaṃ mayūraṃ ca ṣaṇmayūram ihocyate ॥

몸통 [공작], 비튼 [공작], 집 [공작][16], 결박 [공작], 깃봉 공작,
한발 공작과 같은 여섯 공작 체위

---

11) 본 게송은 8음절 4구의 아누쉬뚜브-쉴로까 운율로 작성되었는데 세 번째 구의 5-6-7번째 음절은 '—∪∪'(브하-운각, Bha-gaṇa)로 되어 있다. 이것은 기본형 pathyā은 아니지만 허용 가능한 형식으로 '브하-비뿔라'Bhavipulā로 불린다.
12) '금강좌'는 84아사나 목록에만 포함되고 구체적 기법은 설명되지 않았다.
다만, III.27송이 '두 번째 유형의 달인좌'가 '금강좌'로 불린다고 했으므로 이 동작은 달인좌의 일종일 것으로 추정된다.
한편, 후대 문헌에 따르면 금강좌는 두 유형이 있는데 하나는 『월광』에서 설명된 것으로 '오른쪽 뒤꿈치로 회음을 압박한 후 왼발을 성기 위에 올려두는 것'(박영길: 2015, p.251)이다. 이 동작은 달인좌와 동일하되 오른발을 먼저 구부린다는 점에서 구별된다. 『게란다상히따』는 '참회하듯이 무릎을 꿇고 앉는 동작'을 'vajrāsana'로 부르고 있다(박영길: 2023[b], pp.174-175).
13) 'śilpa'는 보석, 장식, 예술, 음악 등 다양한 의미를 지니는데 『하타의 보석 목걸이』는 84 아사나 중 하나로 열거만 했을 뿐이고 방법은 설명하지 않았다.
14) '순수 연화좌'는 84아사나 목록에만 포함되고 구체적 기법은 설명되지 않았다.
15) 본 게송은 8음절 4구의 아누쉬뚜브-쉴로까 운율로 작성되었는데 세 번째 구의 5-6-7번째 음절은 '∪∪∪'(나-운각, Na-gaṇa)로 되어 있다. 이것은 기본형pathyā은 아니지만 허용 가능한 형식으로 '나-비뿔라'Navipulā로 불린다.
16) '집 공작 체위'는 84아사나 목록에만 포함되고 구체적 기법은 설명되지 않았다.

III.11ab bhairavaṃ kāmadahanaṃ[17)] pāṇipātraṃ ca kārmukam ।
III.11cd svastikaṃ gomukhaṃ vīraṃ maṇḍūkaṃ markaṭāsanam ॥

브하이라바, 까마다하나, 손그릇, 활,
길상, 소얼굴, 영웅, 개구리, 원숭이 체위

III.12ab matsyendraṃ pārśvamatsyendraṃ baddhamatsyendram eva ca ।
III.12cd nirālambanaṃ cāndrākhyaṃ[18)] kāṇṭhavaṃ caikapādakam ॥

맛첸드라, 비튼 맛첸드라, 결박 맛첸드라,
무소연, 달, 목[19)], 한 발 들기

III.13ab phaṇīndraṃ paścimaṃ tānaṃ śayitapaścimatānakam ।
III.13cd karaṇī citranāmāsau yoganidrā vidhūnanam ॥

뱀 왕, 등 펴기, 누운 등 펴기,
변형 등 펴기, 요가니드라, 물결

III.14ab pādapīḍanahaṃsākhye nābhītalam ataḥ param ।

17) 본 게송은 8음절 4구의 아누쉬뚜브-쉴로까 운율로 작성되었는데 세 번째 구의 5-6-7번째 음절은 '∪∪∪'(나-운각, Na-gaṇa)로 되어 있다. 이것은 기본형pathyā은 아니지만 허용 가능한 형식으로 '나-비뿔라'Navipulā로 불린다.
18) 본 게송은 8음절 4구의 아누쉬뚜브-쉴로까 운율로 작성되었는데 세 번째 구의 5-6-7번째 음절은 '———'(마-운각, Ma-gaṇa)로 되어 있다. 이것은 기본형pathyā은 아니지만 허용 가능한 형식으로 '마-비뿔라'Mavipulā로 불린다.
19) '목 체위'는 84아사나 목록에만 포함되고 구체적 기법은 설명되지 않았다.

III.14^{cd} ākāśam utpādatalaṃ[20)] nābhīlasitapādakam ||

한발 압박, 백조[21)], 배꼽[22)],

허공[23)], 위로 향한 발바닥[24)], 복부에 둔 발[25)]

III.15^{ab} vṛścikāsanaṃ cakrākhyam[26)] utphālakam itīryate |
III.15^{cd} uttānakūrmaṃ kūrmaṃ[27)] ca baddhakūrmaṃ ca nārjavam ||

전갈, 짜끄라[28)], 점프[29)],

누운 거북, 거북[30)], 결박 거북[31)], 똬리[32)]

---

20) 본 게송은 8음절 4구의 아누쉬뚜브-쉴로까 운율로 작성되었는데 세 번째 구의 5-6-7번째 음절은 '—∪∪'(브하-운각, Bha-gaṇa)로 되어 있는데 이것은 기본형 pathyā은 아니지만 허용 가능한 형식으로 '브하-비뿔라'Bhavipulā로 불린다.
21) '백조 체위'는 84아사나 목록에만 포함되고 구체적 기법은 설명되지 않았다.
22) '배꼽 체위'는 84아사나 목록에만 포함되고 구체적 기법은 설명되지 않았다.
23) '허공 체위'는 84아사나 목록에만 포함되고 구체적 기법은 설명되지 않았다.
24) '위로 향한 발바닥 체위'는 84아사나 목록에만 포함되고 구체적 기법은 설명되지 않았다.
25) '복부에 둔 발'는 84아사나 목록에만 포함되고 구체적 기법은 설명되지 않았다.
26) 본 게송은 8음절 4구의 아누쉬뚜브-쉴로까 운율로 작성되었는데 세 번째 구의 5-6-7번째 음절은 '———'(마-운각, Ma-gaṇa)로 되어 있다. 이것은 기본형pathyā은 아니지만 허용 가능한 형식으로 '마-비뿔라'Mavipulā로 불린다.
27) 본 게송은 8음절 4구의 아누쉬뚜브-쉴로까 운율로 작성되었는데 세 번째 구의 5-6-7번째 음절은 '———'(마-운각, Ma-gaṇa)로 되어 있다. 이것은 기본형pathyā은 아니지만 허용 가능한 형식으로 '마-비뿔라'Mavipulā로 불린다.
28) '짜끄라 체위'는 84아사나 목록에만 포함되고 구체적 기법은 설명되지 않았다.
29) '점프 체위'는 84아사나 목록에만 포함되고 구체적 기법은 설명되지 않았다.
30) '거북 체위'는 84아사나 목록에만 포함되고 구체적 기법은 설명되지 않았다.
31) '결박 거북 체위'는 84아사나 목록에만 포함되고 구체적 기법은 설명되지 않았다.
32) '똬리 체위'는 84아사나 목록에만 포함되고 구체적 기법은 설명되지 않았다.

III.16[ab] kabandhāsanam ity āhur[33)] gorakṣāsanam eva ca ।
III.16[cd] aṅguṣṭhamuṣṭikaṃ jñeyaṃ[34)] brahmaprāsāditaṃ tathā ॥

복부 체위[35)], 고락샤좌坐[36)],
엄지[37)], 대장장이[38)], 브라흐만의 은총[39)]

III.17[ab] pañcacūliṃ kukkuṭaṃca ekapādakakukkuṭam ।
III.17[cd] ākāritaṃ bandhacūlī pārśvakukkuṭam eva ca ॥

오볏 수탉, 외발 수탉, 올라선 수탉,
결박된 볏 수탉, 비튼 수탉[40)]

III.18[ab] ardhanārīśvaraś caite bakāsanadharāvahe ।
III.18[cd] candrakāntaṃ sudhāsāraṃ vyāghrāsanam ataḥ param ॥

---

33) 본 게송은 8음절 4구의 아누쉬뚜브-쉴로까 운율로 작성되었는데 첫 번째 구의 5-6-7번째 음절은 '—∪—'(라-운각, Ra-gaṇa)로 되어 있다. 이것은 기본형pathyā은 아니지만 허용 가능한 형식으로 '라-비뿔라'Ravipulā로 불린다.

34) 본 게송은 8음절 4구의 아누쉬뚜브-쉴로까 운율로 작성되었는데 세 번째 구의 5-6-7번째 음절은 '—∪—'(라-운각, Ra-gaṇa)로 되어 있다. 이것은 기본형pathyā은 아니지만 허용 가능한 형식으로 '라-비뿔라'Ravipulā로 불린다.

35) '복부 체위'는 84아사나 목록에만 포함되고 구체적 기법은 설명되지 않았다.

36) '고락샤'는 84아사나 목록에만 포함되고 구체적 기법은 설명되지 않았다.
한편, 『하타의 등불』(HP.I.54)은 행운좌(bhadrāsana)와 고락샤좌를 동일한 것으로 설명하지만(박영길: 2015, p.273) 후대 문헌인 『게란다상히따』(GhS. II.22-23)는 '결가부좌를 취한 상태에서 두 손을 펼쳐 두 발목에 올린 후 턱을 당기고 코끝을 응시하는 것'(박영길: 2023[b], p.186)을 고락샤좌로 불렀다.

37) '엄지 체위'는 84아사나 목록에만 포함되고 구체적 기법은 설명되지 않았다.

38) '대장장이 체위'는 84아사나 목록에만 포함되고 구체적 기법은 설명되지 않았다.

39) '브라흐만의 은총 체위'는 84아사나 목록에만 포함되고 구체적 기법은 설명되지 않았다.

40) 다섯 종류의 수탉 체위 중 '오볏 수탉'을 제외한 나머지는 설명되지 않았다.

아르다니리쉬바라, 왜가리, 운반,
월장석, 감로의 물, 호랑이

【해설】

61번째 체위인 아르다나리쉬바라에서 83번째의 뱀체위는『하타의 보석 목걸이』에서 단순히 열거만 되었고 방법은 설명되지 않았다.

III.19^ab rājāsanam athendrāṇī śarabhāsanam eva ca ǀ
III.19^cd ratnāsanaṃ citrapīṭhaṃ[41] baddhapakṣīśvarāsanam ǁ

왕, 인드라, 사슴,
보석 체위, 찌뜨라 체위, 묶인 새, 이쉬바라 체위

III.20^ab vicitranalinaṃ kāntaṃ śuddhapakṣī sumandrakam ǀ
III.20^cd cauraṅgī ca tathā krauñcaṃ dṛḍhāsanakhagāsane ǀ
III.20^ef brahmāsanaṃ nāgapīṭham[42] antimaṃ ca śavāsanam ǁ

아름다운 연꽃, 연인, 자유로운 새, 즐거움
짜우랑기, 두루미, 견고, 새,
브라흐마 체위, 뱀 체위 그리고 마지막은 송장 체위이다.

---

41) 본 게송은 8음절 4구의 아누쉬뚜브-쉴로까 운율로 작성되었는데 세 번째 구의 5-6-7번째 음절은 '—∪—'(라-운각, Ra-gaṇa)로 되어 있다. 이것은 기본형pathyā은 아니지만 허용 가능한 형식으로 '라-비뿔라'Ravipulā로 불린다.

42) 본 게송은 8음절 4구의 아누쉬뚜브-쉴로까 운율로 작성되었는데 다섯 번째 구의 5-6-7번째 음절은 '—∪—'(라-운각, Ra-gaṇa)로 되어 있다. 이것은 기본형pathyā은 아니지만 허용 가능한 형식으로 '라-비뿔라'Ravipulā로 불린다.

【해설】

『하타의 보석 목걸이』는 84개의 아사나를 열거한 후 25송 이하에서 하나씩 설명한다. 하지만 84 아사나를 모두 설명했던 것은 아니고 전갈 체위(vṛścikāsana. III.75)를 설명한 후 별도의 산문에서 '모든 아사나를 설명하자면 분량이 너무 많아질 것을 염려해서 전부 설명하지 않았다는 것'을 밝힌 후 송장 체위(śavāsana)를 마지막으로 설명하는 것으로 끝맺는다. 『하타의 보석 목걸이』에서 실제로 설명된 것은 모두 37 종류이고 나머지 47 아사나는 설명되지 않았다.

『하타의 보석 목걸이』가 열거했던 84 아사나 목록은 다음과 같다.

『하타의 보석 목걸이』: 84 아사나 목록				
번호	명칭(세부 분류)			해당 게송
1	달인 Siddha		= HR의 달인좌	III.25
			= YY의 해탈좌	III.26
2	행운 Bhadra			III.30
3	금강 Vajra			-
4	사자 Siṃha			III.31-33
5	보석 Śilpa			-
6	연화좌	① 결박 연화 Bandhapadma	결박 연화	III.34
			야갸발꺄의 결박연화좌	III.35
7		② 손펼침 연화 Karapadma (=닷따뜨레야의 연화좌)		III.36-38
8		③ 반구半球연화 Sampuṭitapadma		III.39-41
9		④ 순수 연화 Śuddhapadma		-
10	공작	① 몸통 공작 Daṇḍamayūra		III.42-43
11		② 비튼 공작 Pārśvamayūra		III.44
12		③ 집 공작 Sahajamayūra		-
13		④ 결박 공작 Bandhamayūra		III.45
14		⑤ 깃봉 공작 Piṇḍamayūra		III.46
15		⑥ 한발 공작 Ekapādamayūra		III.47
16	브하이라바 Bhairava			III.48
17	까마다하나 Kāmadahana			III.49

<table>
<tr><td>18</td><td colspan="2">손그릇 Pāṇipātra</td><td>III.50</td></tr>
<tr><td>19</td><td colspan="2">활 Kārmuka, Dhanus</td><td>III.51</td></tr>
<tr><td>20</td><td colspan="2">길상 Svastika</td><td>III.52</td></tr>
<tr><td>21</td><td colspan="2">소얼굴 Gomukha</td><td>III.53</td></tr>
<tr><td>22</td><td colspan="2">영웅 Vīra</td><td>III.54</td></tr>
<tr><td>23</td><td colspan="2">개구리 Maṇḍūka</td><td>III.55</td></tr>
<tr><td>24</td><td colspan="2">원숭이 Markaṭa</td><td>III.56</td></tr>
<tr><td>25</td><td rowspan="3">맛첸드라</td><td>① 맛첸드라 Matsyendra</td><td>III.57-58</td></tr>
<tr><td>26</td><td>② 비튼 맛첸드라 Pārśvamatsyendra</td><td>III.59</td></tr>
<tr><td>27</td><td>③ 결박 맛첸드라 Baddhamatsyendra</td><td>III.60</td></tr>
<tr><td>28</td><td colspan="2">무소연 Nirālambana</td><td>III.61-62</td></tr>
<tr><td>29</td><td colspan="2">달 Cāndra</td><td>III.63</td></tr>
<tr><td>30</td><td colspan="2">목 Kāṇṭhava</td><td></td></tr>
<tr><td>31</td><td colspan="2">한 발 들기 Ekapādaka</td><td>III.64</td></tr>
<tr><td>32</td><td colspan="2">뱀의 왕 Phaṇīndra</td><td>III.65</td></tr>
<tr><td>33</td><td rowspan="3">등 펴 기</td><td>① 등 펴기 Paścimatāna</td><td>III.66-67</td></tr>
<tr><td>34</td><td>② 누운 등 펴기 Śayitapaścimatāna</td><td>III.68</td></tr>
<tr><td>35</td><td>③ 변형 등 펴기 Vicitrakaraṇī</td><td>III.69</td></tr>
<tr><td>36</td><td colspan="2">요가니드라 Yoganidrā</td><td>III.70</td></tr>
<tr><td>37</td><td colspan="2">물결 Vidhūnana</td><td>III.71</td></tr>
<tr><td>39</td><td colspan="2">한발 압박 Pādapīḍana</td><td>III.72</td></tr>
<tr><td>39</td><td colspan="2">백조 Haṃsa</td><td>-</td></tr>
<tr><td>40</td><td colspan="2">배꼽 Nābhitala</td><td>-</td></tr>
<tr><td>41</td><td colspan="2">허공 Ākāśa</td><td>-</td></tr>
<tr><td>42</td><td colspan="2">위로 향한 방바닥 Utpādatala</td><td>-</td></tr>
<tr><td>43</td><td colspan="2">복부에 둔 발 Nābhilasitapādaka</td><td>-</td></tr>
<tr><td>44</td><td colspan="2">전갈 Vṛścika</td><td>III.75</td></tr>
<tr><td>45</td><td colspan="2">짜끄라 Cakra</td><td>-</td></tr>
<tr><td>46</td><td colspan="2">점프 Utphāla</td><td>-</td></tr>
<tr><td>47</td><td rowspan="3">거북</td><td>① 누운 거북 Uttānakūrma</td><td>III.74</td></tr>
<tr><td>48</td><td>② 거북 Kūrma</td><td>-</td></tr>
<tr><td>49</td><td>③ 결박 거북 Baddhakūrma</td><td>-</td></tr>
<tr><td>50</td><td colspan="2">똬리 Nārjava</td><td>-</td></tr>
<tr><td>51</td><td colspan="2">복부 Kabandha</td><td>-</td></tr>
<tr><td>52</td><td colspan="2">고락샤 Gorakṣa</td><td>-</td></tr>
<tr><td>53</td><td colspan="2">엄지 Aṅguṣṭha</td><td>-</td></tr>
<tr><td>54</td><td colspan="2">대장장이 Muṣṭika</td><td>-</td></tr>
<tr><td>55</td><td colspan="2">브라흐만의 은총 Brahmaprāsādita</td><td>-</td></tr>
<tr><td>56</td><td rowspan="3">수탉</td><td>① 오볏 수탉 Pañcacūlikukkuṭa</td><td>III.73</td></tr>
<tr><td>57</td><td>② 외발 수탉 Ekapādakakukkuṭa</td><td>-</td></tr>
<tr><td>58</td><td>③ 올라선 수탉 Ākāritakukkuṭa</td><td>-</td></tr>
</table>

59		④ 결박 볏 수탉 Bandhacūlīkukkuṭa	-
60		⑤ 비튼 수탉 Pārśvakukkuṭa	-
61	아르다나리쉬바라 Ardhanārīśvara		-
62	왜가리 Baka		-
63	운반 Dharāvaha		-
64	월장석月長石 Candrakānta		-
65	감로의 물 Sudhāsāra		-
66	호랑이 Vyāghra		-
67	왕 Rāja		-
68	인드라 Indrāṇī		-
69	사슴 Śarabha		-
70	보석 Ratna		-
72	찌뜨라 Citra		-
73	묶인 새 Baddhapakṣī		-
73	이쉬바라 Īśvara		-
74	아름다운 연꽃 Vicitranalina		-
75	연인 Kānta		-
76	자유로운 새 Śuddhapakṣī		-
77	달콤 Sumandraka		-
78	짜우랑기 Cauraṅgī		-
79	두루미 Krauñca		-
80	견고 Dṛḍha		-
81	새 Khaga		-
82	브라흐마 Brahma		-
83	뱀 Nāga		-
84	송장 Śava		III.76

3 : 금강좌는 설명되지 않았지만 III.27송은 금강vajra, 해탈mokṣa, 보호gupta를 달인좌의 변형으로 설명함.
29: III.12의 아사나 목록에는 '달 체위'(cāndrāsana)로 되어 있지만 III.63송에서는 태양숭배 체위(saurāsana)라는 명칭으로 설명됨.

『하타의 보석 목걸이』에서 설명된 37 아사나 중에서 16 아사나는 『하타의 등불』에서 설명된 것과 동일하고 개구리 체위는 그 이후 문헌인 『게란다상히따』에서 설명된 것과 유사하다.

『하타의 보석 목걸이』에서 설명된 37 아사나		
번호	명칭 (세부 분류)	게송
1	달인 Siddha	III.25-26[HP]
2	행운 Bhadra	III.30[HP]
4	사자 Siṃha	III.32[HP]-33
6	① 결박 연화 Bandhapadma = HP	III.34[HP]
	= YY	III.35[YY]
7	② 손펼침 연화 Karapadma	III.36-38[HP]
8	③ 반구半球 연화 Saṃpuṭitapadama	III.39-41[HP]
10	① 몸통 공작 Daṇḍamayūra	III.42-44[HP]
11	② 비튼 공작 Pārśvamayūra	III.44
13	④ 결박 공작 Bandhamayūra	III.45
14	⑤ 깃봉 공작 Piṇḍamayūra	III.46
15	⑥ 한발 공작 Ekapādamayūra	III.47
16	브하이라바 Bhairava	III.48
17	사랑의 불 Kāmadahana	III.49
18	손그릇 Pāṇipātra	III.50
19	활 Kārmuka	III.51[HP]
20	길상 Svastika	III.52[HP]
21	소얼굴 Gomukha	III.53[HP]
22	영웅 Vīra	III.54[HP]
23	개구리 Maṇḍūka	III.55[GhS]
24	원숭이 Markaṭa	III.56
25	① 맛첸드라 Matsyendra	III.57-58[HP]
26	② 비튼 맛첸드라 Pārśvamatsyendra	III.59
27	③ 결박 맛첸드라 Baddhamatsyendra	III.60
28	무소연 Nirālambana	III.61-62
29	달숭배 Candra	III.63
31	한 발로 머리감싸기 Ekapādaka	III.64
32	뱀의 왕 Phaṇīndra	III.65
33	① 등 펴기 Paścimatāna	III.66-67[HP]
34	② 누운 등 펴기 Śayitapaścimatāna	III.68
35	③ 변형 등 펴기 Citrakaraṇī	III.69
36	요가니드라 Yoganidrā	III.70
37	물결 Vidhūnana	III.71
39	한발 압박 Pādapīḍana	III.72
44	전갈 Vṛścika	III.75
47	누운 거북 Uttānakūrma	III.74[HP]

36	요가니드라 Yoganidrā	III.70
37	물결 Vidhūnana	III.71
39	한발 압박 Pādapīḍana	III.72
44	전갈 Vṛścika	III.75
47	누운 거북 Uttānakūrma	III.74[HP]
56	수탉 Kukkuṭa	III.73[HP]
84	송장 Śava	III.76[HP]

번호: 84아사나 목록의 번호

HP: 『하타의 등불』=박영길2015
GhS: 『게란다상히따』=박영길2022*b*

3. 핵심적인 아사나 (III.21-24)

III.21[ab] evam ukteṣu pīṭheṣu mukhyāḥ proktās tathā daśa ।
III.21[cd] svastikaṃ gomukhaṃpadmaṃ vīraṃ siddhāsanaṃ tathā ॥
III.22[ab] mayūraṃ kukkuṭaṃ caiva bhadraṃ siṃhāsanaṃ tathā ।
III.22[cd] muktāsanaṃ tu vikhyātaṃ teṣu mukhyaṃ catuṣṭayam ॥

이와 같이 [쉬바가 선별했던 84개의] 자세들 중에서 중요한 것은 열 개로 알려져 있는데 그것은 길상svastika, 소얼굴gomukha, 연화padma, 영웅vīra, 달인siddha, 공작mayūra, 수탉kukkuṭa, 행운bhadra, 사자siṃha, 해탈mukta 좌이다. 이상과 같은 10개 중에서도 중요한 것은 4개다.

haṭhapradīpikāyām

III.23[ab] caturaśīty āsanāni[43)] śivena kathitāni tu ।

III.23[cd] tebhyaś catuṣkam ādāya sārabhūtaṃ bravīmy aham ॥

이 점에 대해『하타의 등불』은 다음과 같이 말한 바 있다.

쉬바가 가르쳤던 84아사나들 중에서 나는 먼저 '핵심적인 네 가지'를 설명할 것인데

III.24[ab] siddhaṃ padmaṃ tathāsiṃhaṃ bhadraṃ ceti catuṣṭayam ।

III.24[cd] śreṣṭhaṃ tatrāpi ca tathā tiṣṭhet siddhāsane sadā ॥

그 네 가지는 달인, 연화, 사자, 영웅[좌] 이다.

그 네 가지 중에서도 가장 탁월한 것이고

또 언제나 편하게 해야 할 것은 달인좌이다.

III. 서른일곱 아사나의 기법

1. 달인Siddha (III.25-29)

tatra siddhāsanam

III.25[a] yonisthānakam aṅghrimūlaghaṭitaṃ kṛtvā dṛḍhaṃ

43) 본 게송은 8음절 4구의 아누쉬뚜브-쉴로까 운율로 작성되었는데 첫 번째 구의 5-6-7번째 음절은 '—∪—'(라-운각, Ra-gaṇa)로 되어 있다. 이것은 기본형pathyā은 아니지만 허용 가능한 형식으로 '라-비뿔라'Ravipulā로 불린다.

vinyasen

III.25[b] meḍhre pādam athaikam eva niyataṃ kṛtvā samaṃ vigraham ।

III.25[c] sthāṇuḥ saṃyamitendriyo 'caladṛśā paśyan bhruvor antaraṃ

III.25[d] caitan mokṣakapāṭabhedajanakaṃ siddhāsanaṃ procyate ॥[44)]

달인좌는 다음과 같다.
회음부에 [한쪽 발의] 뒤꿈치를 단단히 고정시킨 후, 다른 쪽 발을 성기에 두어 견고한 자세를 취하고 몸을 곧게 세우고 몸과 감관을 통제하고 고정된 시선으로 미간을 응시하는 바로 이것이 '해탈의 문을 여는 달인좌'로 불렸다.

【해설】

달인좌는 하타요가를 대표하는 아사나로, 한쪽 발(ex: 왼발)을 끌어당겨 뒤꿈치로 회음을 압박하고 반대쪽 발(ex: 오른발)을 성기에 두는 동작으로 호흡을 수련하기에 적합한 자세이다. 달인좌는 초기 문헌인 『고락샤의 백송』(GŚ. I.11)을 비롯해서 『요가야갸발꺄』(YY. III.13)[45)], 『쉬바상히따』(ŚS. III.97-101), 『하타의 등불』(HP.I.35), 『하타의 보석 목걸이』(HR. III.25-26), 『육따브하바데바』(YD. VI.11), 『게란다상히따』(GhS. II.7) 등 대부분의 하타요가 문헌에서 동일하게 설명되었다.

44) 본 게송은 19음절 4구의 샤르둘라비끄리디따(Śārdūlavikrīḍita: ———UU—U—UUU———U——U—) 운율로 작성되었다.

45) 『요가야갸발꺄』(YY. III.13-14)는 두 종류의 해탈좌를 설명하는데 그중에 III.13송에서 설명된 해탈좌는 달인좌와 동일하다.

matāntare tu

III.26[ab] meḍhrād upari niḥkṣipya[46) savyaṃ gulphaṃ tathopari |

III.26[cd] gulphāntaraṃ ca niḥkṣipya[47) siddhāḥ siddhāsanaṃ viduḥ ||

다른 견해도 있다.

성기 위쪽에 왼쪽 발목을 두고 그와 같이 [그] 위에 다른 쪽(오른쪽) 발목을 고정시키는 것을 도사들은 달인좌라 한다.

III.27[ab] etat siddhāsanaṃ prāhur anye vajrāsanaṃ viduḥ |

III.27[cd] muktāsanaṃ vadanty eke prāhur guptāsanaṃ pare ||

바로 이 달인좌를 어떤 사람들은 금강좌(vajrāsana)라 하고 또 어떤 사람은 해탈좌(muktāsana)라고 말하고 또 어떤 이는 비밀좌(guptāsana)라고 말한다.

【해설】

『하타의 보석 목걸이』는 앞에서 설명했던 것과 다른 유형의 달인좌를 설명한다. 하지만 이 기법은 『하타의 보석 목걸이』의 독창적 기법은 아니고 그 이전 문헌인 『요가야가발꺄』(YY. III.14)가 '해탈좌'(muktāsana)로 설명했던 것과 동일한 동작이다.[48)]

46) 원문엔 niḥkṣipya로 되어 있지만 단순 오자이므로 nikṣipya로 수정함.

47) 원문엔 niḥkṣipya로 되어 있지만 단순 오자이므로 nikṣipya로 수정함.

48) 『요가야갸발꺄』 III.13: "성기 위에 왼쪽 발목을 두고 그와 같이 [그 발목] 위에 다른 쪽 발목을 두는 것이 해탈좌이다."

meḍhrād upari nikṣipya savyaṃ gulphaṃ tathopari |

gulphāntaraṃ ca nikṣipya muktāsanam idaṃ tu vā || YY. III.13(박영길: 2019, p.750)

III.28[ab] brahmacārī mitāhārī tyāgī yogaparāyaṇaḥ ।
III.28[cd] abdād ūrdhvaṃ bhavet siddho nātra kāryā vicāraṇā ॥

범행梵行을 지키고 절식하며 욕망을 버리고 요가에 매진하는 이는 의심할 바 없이 일 년 후에는 도사가 될 것이다.

III.29[ab] nāsanaṃ siddhasadṛśaṃ[49)] na kumbhaḥ kevalopamaḥ ।
III.29[cd] na khecarīsamā mudrā na nādasadṛśo layaḥ ॥

달인[좌]에 견줄 아사나는 없고 께발라에 비견할 꿈브하까는 없으며 케짜리에 비견할 만한 무드라는 없으며 비음(秘音, nāda) [명상에] 비견할 만한 라야(laya)[의 기법]은 없다.

2. 행운Bhadra (III.30)

III.30[ab] gulphau ca vṛṣaṇasyādhaḥ sīvanyāḥ pārśvayoḥ kṣipet ।
III.30[cd] pārśvapādau ca pāṇibhyāṃ dṛḍhaṃ baddhvā suniścalam ।
III.30[ef] bhadrāsanaṃ bhaved etat sarvavyādhiviṣāpaham ॥

『요가야갸발꺄』와 『바시쉬타상히따』는 두 종류의 해탈좌(muktāsana)를 설명했는데 그중에 첫 번째의 해탈좌는 위의 III.25송에서 설명했던 달인좌와 동일하고 두 번째의 해탈좌는 『하타의 보석 목걸이』(III.26) 및 『하타의 등불』(HP.I.36)에서 설명된 달인좌와 동일하다.

49) 본 게송은 8음절 4구의 아누쉬뚜브-쉴로까 운율로 작성되었는데 첫 번째 구의 5-6-7번째 음절은 '∪∪∪'(나-운각, Na-gaṇa)로 되어 있다. 이것은 기본형pathyā은

양 발목을 음낭 아래의 양 봉합선에 붙여야 한다. 그리고 두 손으로 양발의 옆부분을 단단히 잡아야 한다. 바로 이것이 모든 질병을 없애는 행운좌이다.

【해설】

『하타의 보석 목걸이』에서 설명된 행운좌는 '앉은 상태에서 두 발을 최대한 끌어당겨 발목을 음낭에 밀착한 상태에서 두 손으로 발을 잡는 동작'으로 『요가야갸발꺄』(YY. III.12), 『하타의 등불』(HP.I.53-54) 등에서 설명된 것과 동일하다.[50)]

행운좌는 하타요가 문헌뿐만 아니라 그 이전의 뷔야사Vyāsa의 『요가경주해』(YS-Vbh)에서 열거되었지만 주석서(복주서)에 따라 그 형태는 다르다. 샹까라Śaṅkara의 것으로 귀속된 『빠딴잘리의 요가서 해설』(PYŚV)에 따르면 행운좌는 연화좌와 동일하되 단지 발을 올리는 순서만 다를 뿐인데 '왼발을 먼저 오른쪽 허벅지에 올린 후 오른발을 왼쪽 허벅지에 올리는 것'이 연화좌이고 행운좌는 '오른발을 먼저 왼쪽 허벅지에 올린 후 왼발을 오른쪽 허벅지에 올려두는 동작'이다.[51)] 반면, 비갸나빅슈Vijñānabhikṣu, 나라야나띠르따Nārāyaṇa Tīrtha, 나고지 브핫따 Nāgojī Bhaṭṭa가 설명했던 행운좌는 하타요가 문헌인 『요가야갸발꺄』 III.

아니지만 허용 가능한 형식으로 '나-비뿔라'Navipulā로 불린다.

50) 『게란다상히따』(GhS. II.9)도 행운좌를 설명하는데 여기서의 행운좌는 두 발목을 교차시켜 음낭 아래에 두고 두 팔을 등 뒤로 보내어 두 엄지발가락을 잡는 형태이다.

51) 『빠딴잘리의 요가서 해설』 II.46: "앞에서 설명했던 연화좌의 기법(etat)은 그 외의 아사나들에도 동일하게 [적용되고] 특정 부분만 다르다. 동일하게(tathā, =연화좌처럼) 오른쪽 발을 왼쪽 [허벅지] 위에 올린 후 오른쪽 손을 왼쪽 손 위에 올리고서 앉아 있는 이것이 행운좌이다. [허리, 턱, 시선 등의] 다른 규정은 [연화좌와] 동일하다."

etac ca sarvam anyeṣām āsanānām api tulyam | kaścid eva viśeṣaḥ || tathā dakṣiṇaṃ pādaṃ savyasyopari kṛtvā hastaṃ ca dakṣiṇaṃ savyahastasyopari nidhāya yenāste tat bhadrāsanam | anyat samānam | PYYŚ. II.46(박영길: 2022ª, p.198 재인용)

12송(또는 『하타의 등불』 I.53송)를 그대로 인용한 것으로 '자리에 앉은 상태에서 두 발을 끌어당겨 두 발바닥을 붙이고 뒤꿈치를 음낭 아래에 두는 동작'이다.[52] 바짜스빠띠 미쉬라Vācaspati Miśra와 라마난다 야띠Rāmānanda Yati가 해설했던 행운좌 역시 『요가야갸발꺄』(=『하타의 등불』)의 방법과 동일하지만 바짜스빠띠와 라마난다는 '두 손의 형태'를 조금 다르게 설명하는데 바짜스빠띠는 '두 손을 거북 받침대처럼 펼쳐서 두 발 위에 올려놓은 것'으로 설명하고[53] 라마난다는 '두 손으로 두 발등을 잡는 것'으로 설명했다.[54]

『하타의 보석 목걸이』를 비롯해서 여러 문헌에서 설명된 행운좌의 다양한 형태를 정리하면 다음과 같다.

행운좌의 다양한 형태													
유형		하타요가 문헌					빠딴잘리 문헌					기타	
		YY 9-13th	HP 1450	YD 1623	HR 17th	GhS 18th	PY ŚV -?-	TV 10th	YM 1592	YV 16th	YC 18th	ŚTT 11th	YŚ 11th
Bh^{1}	K						O						
	S						O						
Bh^{2}	K							O					O
	S								O				
	P	O	O^{Y}	O^{Y}	O^{H}					O^{Y}	O^{Y}	O	
Bh^{3}						O							

52) 이 점에 대한 논의는 박영길: 2022^{a}, pp.198-200을 참조.

53) 『진리 통요』 II.46: "[두 발을 끌어 당겨] 두 발바닥을 음낭 근처에서 '둥글게 만든 후' 그 위에 손바닥을 거북 받침대처럼 만들어야 한다. 이것이 행운좌이다."
pādatale vṛṣaṇasamīpe saṃpuṭīkṛtya tasyopari pāṇikacchapikāṃ kuryād etad bhadrāsanam | TV. II.46(박영길: 2022^{a}, p.200 재인용)

54) 『요가의 보광』 II.46: "[두 발을 끌어 당겨] 두 발바닥을 음낭 근처에서 둥글게 만든 후 '사발 모양의 [발]' 위에 '사발 모양으로 만든 [두] 손'(pāṇisampuṭikā)을 올려두는 것이 행운좌이다."
dve pādatale vṛṣaṇasamīpe sampuṭīkṛtya sampuṭoparipāṇisampuṭikāṃ nyased iti bhadrāsanam | YM. II.46(박영길: 2022^{a}, p.200 재인용)

Bh[1] : 연화좌와 동일하되 오른발을 먼저 왼쪽 허벅지에 올린 동작임
Bh[2] : 앉은 상태에서 두 발을 끌어당겨 뒤꿈치를 음낭 아래에 둠
[K] : 두 손을 거북 받침대처럼 펼쳐서 발 위에 올려 둠
[S] : 두 손을 포개어 반구 모양으로 들어 발 위에 올려 둠
[P] : 두 손으로 발등을 잡음
Bh[3] : 무릎을 꿇고 앉은 자세에서 팔을 등 뒤로 보내서 두 엄지를 잡음

[Y] : 『요가야갸발꺄』를 인용 [H] : 『하타의 등불』을 인용

GhS:	*Gheraṇḍasaṃhitā*	HP:	*Haṭhapradīpikā*
HR:	*Haṭharatnāvalī*	PYŚV:	*Pātañjalayogaśāstravivaraṇa*
ŚTT:	*Śāradātilakatantra*	TV:	*Tattvavaiśāradī*
YC:	*Yogasiddhāntacandrikā*	YD:	*Yuktabhavadeva*
YM:	*Yogamaṇiprabhā*	YŚ:	*Yogaśāstra of Hemacandra*
YV:	*Yogavārttikā*	YY:	*Yogayājñavalkya*

본 도표는 박영길: 2022[b], p. 201을 재가공한 것임

3. 사자Siṃha (III. 31-33)

atha siṃhāsanam

III. 31[ab] gulphau ca vṛṣaṇasyādhaḥ sīvanyāḥ pārśvayoḥ kṣipet ।
III. 31[cd] dakṣiṇe savyagulphaṃ ca dakṣine tu tathetara ॥

양 발목을 음낭 아래의 봉합선에 붙여야 한다. 오른쪽에 왼쪽 발목을, 그리고 오른쪽 발을 다른 쪽 발에 붙이고서

III. 32[ab] hastau tu jānvoḥ saṃsthāpya[55] svāṅgulīḥ samprasārya

55) 본 게송은 8음절 4구의 아누쉬뚜브-쉴로까 운율로 작성되었는데 첫 번째 구의 5-6-7번째 음절은 '———'(마-운각, Ma-gaṇa)로 되어 있다. 이것은 기본형pathyā은 아니지만 허용 가능한 형식으로 '마-비뿔라'Mavipulā로 불린다.

ca ।

III.32^{cd} vyāttavaktro nirīkṣeta nāsāgraṃ tu samāhitaḥ ॥

두 손을 양 무릎에 올려놓은 후 손가락을 펼치고 입을 벌린 수행자는 정신을 통일해서 코끝을 응시해야 한다.

III.33^{ab} siṃhāsanaṃ bhaved etat sevitaṃ yogibhiḥ sadā ।

III.33^{cd} bandhatritayasaṃsthānaṃ kurute cāsanottamam ॥

바로 이 사자좌는 요가 수행자들이 늘 수련했던 뛰어난 것으로 세 가지 반드하를 결합시키는 최고의 아사나이다.

【해설】

사자좌 역시 『요가야갸발꺄』(YY. III.9-11)에서 설명되었고 그 이후 『하타의 등불』(HP.I.50-51)에 인용된 바 있다. 『하타의 보석 목걸이』(III.31-33)의 원문은 『하타의 등불』(HP.I.50-52)과 거의 동일하다.[56)]

세 문헌은 사자좌의 외형을 단순히 '무릎을 꿇고 앉은 상태에서 두 손을 양 무릎에 대고 입을 벌리고 코끝을 응시하는 것'으로 설명했지만 『월광』은 '입을 벌린 상태에서 혀를 길게 빼내는 것'으로 해설한 바 있다.[57)]

56) 『게란다상히따』(GhS. II.14-15)의 사자좌도 『하타의 등불』과 거의 동일하다. 박영길: 2023^{b}, pp.176-177.

57) 이 점에 대해서는 『월광』 I.51(박영길: 2015, p.271)을 참조.

4. 연화 ① 결박연화좌Bandhapadama (III.34-35)

atha padmāsanam

III.34[a] vāmorūpari dakṣiṇaṃ ca caraṇaṃ saṃsthāpya vāmaṃ tathā

III.34[b] yāmyorūpari paścimena vidhinā dhṛtvā karābhyāṃ dṛḍham ।

III.34[c] aṅguṣṭhau hṛdaye nidhāya cibukaṃ nāsāgram ālokayed

III.34[d] etad vyādhivināśakāri yamināṃ padmāsanaṃ procyate ॥ [58)]

왼쪽(vāma) 허벅지(ūru) 위에(upari) 오른쪽 발을 올려놓고서 그와 같이 왼쪽 [발]을 오른쪽 허벅지 위에 [올린 후] 두 손을 등 쪽으로 보내어 두 엄지발가락을 단단히 잡고난 후 턱(cibuka)을 쇄골(hṛdaya)에 붙이고 코끝을 응시해야 한다. 이것이 질병과 부조화를 없애는 연화좌로 불렸다.

tathā ca yājñavalkyaḥ

III.35[ab] pādāṅguṣṭhau nibadhnīyād dhastābhyāṃ vyutkrameṇa tu ।

III.35[cd] ūrvor upari viprendra kṛtvā pādatale ubhe ।

III.35[ef] padmāsanaṃ bhaved etat sarveṣām eva pūjitam ॥

그와 같이 야갸발꺄는 다음과 같이 말했다.
위대한 바라문이여! 두 발을 양 허벅지 위에 교차시켜 올린 후 양손을 교차시켜 [등 뒤로 보내] 양 엄지발가락을 잡아야 한다. 바로 이것이 모든 사람들

58) 본 게송은 19음절 4구의 샤르둘라비끄리디따(Śārdūlavikrīḍita: ———UU—U—U UU———U——U—) 운율로 작성되었다.

이 칭송했던 연화좌이다.

【해설】

앞의 III.9송은 연화좌를 ① 결박 연화좌(bandhapadama, =baddhapadma), ② 펼침 연화좌(karapadma), ③ 반구半球 연화좌(saṃpuṭitapadma), ④ 자유 연화좌 (śuddhapadma)와 같은 네 가지로 열거했는데[59] III.34-35송은 먼저 첫 번째의 연화좌를 설명한다.

『하타의 보석 목걸이』 III.34송은 『하타의 등불』 I.44송[60]을 인용한 것이고 III.35송은 『요가야갸발꺄』 III.6^{cd}-7송[61]을 인용한 것인데 세 문헌에서 설명된 연화좌는 '결가부좌를 취한 상태에서 두 팔을 등 뒤로 교차시켜 반대쪽 엄지발가락을 잡는 형태'이다.

이와 같이 결가부좌를 취한 상태에서 두 팔로 자신의 몸을 결박한 형태의 연화좌를 '결박 연화좌'(bandhapadmāsana, HR. III.9)로 불렀던 최초의 문헌이 『하타의 보석 목걸이』이다.[62]

빠딴잘리의 『요가경』(YS)에 대한 주석 중 비갸나빅슈(Vijñānabhikṣu,

59) ① 결박 연화좌는 '두 손을 등 뒤로 교차해서 양 손으로 엄지발가락을 잡는 형태의 연화좌'(결박연화좌, baddhapadmāsana, bandhapadmāsana)이고, ② 펼침 연화좌는 '두 손을 등 뒤로 보내지 않고 손을 펼쳐 허벅지에 두는 자세'이고, ③ 반구 연화좌는 '두 손을 앞에서 포개어 사발 모양으로 만드는 형태의 연화좌'로 파악된다. ④ 자유 연화좌는 목록에만 있고 실제로는 설명되지 않았다.

60) 『하타의 등불』 I.44송은 『고락샤의 백송』(GŚ) I.12송을 인용한 것임. 『육따브하바데바』(YD. VI.8)와 『게란다상히따』(GhS. II.8)는 『하타의 등불』 I.44송을 인용함.

61) 『요가야갸발꺄』 III.6송의 첫 구는 'pādāṅguṣṭhau nibadhnīyād'가 아니라 'aṅguṣṭhau ca nibadhnīyād'로 되어 있지만 여기서의 'aṅguṣṭhau'는 문맥상 '두 엄지 발가락'을 뜻하므로 동일한 의미로 파악된다.

62) baddhapadma라는 용어는 『고락샤의 백송』(GŚ. I.96: baddhapadmāsanaḥ)과 『요가의 성전』(DyŚ. 5: baddhapadmāsanāsīna)에서도 발견되지만 여기서의 baddhapadmāsanāsīna, baddhapadmāsanāsīna는 결박 연화좌를 의미하는 것이 아니라 소유 복합어로 '연화좌를 취한 자'를 의미한다.

16세기), 나고지 브핫따(Nāgojī Bhaṭṭa, 18-19세기), 사다쉬벤드라 사라스바띠(Sadāśivendra Sarasvatī, 18세기), 나라야나 띠르따(Nārāyaṇa Tīrtha, 18세기)가 설명했던 연화좌도 하타요가 문헌에서 설명된 '결박 연화좌'와 동일하다.[63] 네 주석가는, 다소 특이하게 산문이 아니라 운문으로 연화좌를 소개하는데 해당 원문은 『하타의 등불』 I.44송을 인용했거나 또는 그것의 모본母本인 『요가야갸발꺄』(YY) 6^{cd}-7송 또는 『고락샤의 백송』(GŚ) I.12송을 인용했던 것으로 추정된다. 한편, 샹까라의 것으로 귀속된 『빠딴잘리의 요가서 해설』(PYŚV)에서 설명된 연화좌는 아래에서 설명할 연화좌 ②, ③과 동일하다.[64]

5. 연화 ② 펼침 연화좌Karapadma (III.36-38)

dattātreyo 'pi

III.36^{ab} uttānau caraṇau kṛtvā ūrvoḥ saṃsthāpya yatnataḥ ।

III.36^{cd} ūrumadhye tathottānau pāṇī kṛtvā tato dṛśau ॥

닷따뜨레야도 [연화좌에 대해] 다음과 같이 말했다.

조심스럽게 두 발을 [교차시켜] 양 허벅지 위에 올리고 '펼친 두 손을(uttānau caraṇau) 양 허벅지 사이에(ūrvoḥ) 올려놓은 후'

63) 바짜스빠띠 미쉬라와 라마난다 야띠는 연화좌가 널리 알려져 있다는 이유에서 별도로 설명하지 않았다. 이 점에 대해서는 박영길: 2022ª, p.185를 참조.

64) 후술하겠지만 샹까라Śaṅkara의 것으로 귀속된 『빠딴잘리의 요가서 해설』(PYŚ-V)은 ① 결가부좌 자세에서 두 손을 포개어 거북 받침대처럼 만드는 것, 그리고 ② 결가부좌 자세에서 손을 둥근 사발처럼 만들어 내려놓는 것과 같은 두 종류의 연화좌를 설명하는데 전자는 『하타의 보석 목걸이』 II.36-38에서 다룰 펼침 연화좌와 동일하고 후자는 II.39-41에서 다룰 반구 연화좌와 동일하다.

III.37[ab] nāsāgre vinyased rājadantamūlaṃ ca jihvayā ǀ
III.37[cd] uttabhya cibukaṃ vakṣaḥ saṃsthāpya pavanaṃ śanaiḥ ǁ

두 눈을 코끝에 두어야 한다. 그리고 혀를 '앞니의 뿌리'에 올려붙인 후 턱을 가슴에 [붙인] 다음 천천히 기(pavana)를 끌어올려야 한다.

III.38[ab] idaṃ padmāsanaṃ proktaṃ sarvavyādhivināśanam ǀ
III.38[cd] durlabhaṃ yena kenāpi dhīmatā labhyate bhuvi ǁ

이것이 모든 질병을 치유하는 연화좌인데 누구나 성공할 수 있는 것이 아니라 현자만이 지상에서 성취할 수 있는 것이다.

【해설】

『하타의 보석 목걸이』는 닷따뜨레야의 『요가의 성전』(DyŚ. 35, 36, 38)에서 설명된 또 한 종류의 연화좌를 설명한다.[65) 『하타의 보석 목걸이』(III.9)는 여기서의 연화좌를 '펼친 연화좌'(karapadmāsana)로 불렀는데 이 동작은 결가부좌를 취한 상태에서 두 팔로 몸을 결박하는 것이 아니라 두 손을 펼쳐 양 허벅지 위에 올려놓는 동작으로[66) 14세기 문헌인 『쉬바 상히따』(ŚS. III.102-103)를 비롯해서 15세기의 『하타의 등불』(I.45-46)에서도 언급된 기법이다.

한편, 『요가경』의 주석서 중 샹까라Śaṅkara의 것으로 귀속된 『빠딴잘리의 요가서 해설』(PYŚV)은 두 종류의 연화좌를 설명하는데 첫 번째는

65) 『요가의 성전』에는 "힘껏 숨을 끌어들인 후 천천히 복부에 채워야 하고 그 후에 천천히 숨을 내쉬어야 한다."는 한 게송(DyŚ. 37)이 있지만 이 부분은 인용되지 않았다.

66) 네 문헌은 단순히 '펼친 두 손을 양 허벅지 사이에 올려놓는 것'으로 설명했지만 『월광』은 왼손을 편 후 그 위에 오른쪽 손을 올리는 것으로 해설한 바 있다. 이 점에 대해서는 『월광』I.45(박영길: 2015, p.263)을 참조.

왼발을 오른쪽 허벅지에 올린 후 오른쪽 발을 왼쪽 허벅지에 올린 후(=결가부좌) 두 손을 거북 받침대처럼 만드는 것이고 두 번째는 결가부좌 자세에서 브라흐마-합장을 한 후 뒤꿈치와 허벅지 위에 두는 것이다.[67] 이 중에서 첫 번째의 손 모양은 『하타의 보석 목걸이』 II.36-38에서 설명된 '펼침 연화좌'와 동일하고 후자는 『하타의 보석 목걸이』 II.39-41에서 다룰 '반구 연화좌'와 동일하다.

6. 연화 ③ 반구半球 연화좌Saṃpuṭitapadma (III.39-41)

III.39a kṛtvā saṃpuṭitau karau dṛḍhataraṃ baddhvā tu padmāsanam
III.39b gāḍhaṃ vakṣasi sannidhāya cibukaṃ dhyānaṃś ca tac cetasi ।
III.39c vāraṃ vāram apānam ūrdhvam anilaṃ protsārayan[68] pūritam
III.39d nyañcan[*3] prāṇam upaiti bodham atulaṃ śakteḥ prabhāvān naraḥ ॥[69]

67) 『빠딴잘리의 요가서 해설』 II.46: "왼쪽 발을 끌어당겨 오른쪽 [허벅지] 위에 두고 마찬가지로 오른쪽 [발]을 왼쪽 [허벅지 위]에 두고 … 두 손을 '거북 받침대'(kacchapaka)[처럼 펼쳐서 포개]거나 또는 '거룩한 합장'(brahamāñjali)을 한 후에 뒤꿈치(pārṣṇi)와 허벅지(ūru) 위에 두고서 …"
savyaṃ pādam upasaṃhṛtya dakṣinopari nidadhīta । tathaiva dakṣiṇaṃ savyasyopariṣṭāt. … hastau ca pārṣṇyor upari kacchapakaṃ brahmāñjaliṃ vā kṛtvā … । PYŚV(박영길: 2022a, p.186 재인용)
68) 원문은 'proccārayet'로 되어 있지만 오탈자이므로 'protsārayan'로 수정함.
69) 본 게송은 19음절 4구의 샤르둘라비끄리디따(Śārdūlavikrīḍita: ———UU—U—UUU———U——U—) 운율로 작성되었다.

'두 손을 [사발 모양의] 반구(半球, saṃpuṭita) 형태로 만들고 난 후' 더 견고한 연화좌를 취한 후 턱을 가슴에 단단히 붙이고 그(브라흐만 혹은 자신의 신)를 마음속으로 명상하면서 지속적으로, 아빠나 기를 위로 올리면서 [동시에, 흡입해서 신체에] 채워진 쁘라나를 아래로 내린다면, 삭띠(=꾼달리니)를 각성시킴으로써 인간은 비견할 수 없는 지혜를 얻는다.

III.40[ab] padmāsane sthito yogī nāḍīdvāreṣu pūrayet |
III.40[cd] pūritaṃ dhrīyate yas tu sa mukto nātra saṃśayaḥ ||

연화좌를 취한 요가 수행자는 '나디들에 [숨을] 채워야 한다. 채워진 숨을 유지한다면 그는 의심할 바 없이 해탈할 것이다.'

III.41[a-b] karau saṃpuṭitau kuryāt tat saṃpuṭitapaṅkajam ||

두 손을 [모아 사발 모양의] 반구半球로 만드는 것 그것이 '반구saṃpuṭita 연화paṅkaja [좌]'이다.

【해설】

세 번째의 연화좌는 결가부좌를 취한 상태에서 두 손을 허벅지 위에 포개어서 사발 모양으로 만드는 기법이다. 여기서의 연화좌 역시 『고락샤의 백송』(GŚ. I.52)에서 설명되었고 그 이후 『하타의 등불』(HP.I.48)에 인용된 바 있는데 『하타의 보석 목걸이』(III.9)는 이 연화좌를 '반구半球 연화좌'(sāpuṭitapadamāsana)로 부르고 있다. 한편, 브라흐마난다는 『하타의 등불』에 대한 주석에서 '두 손을 [사발 모양의] 반구(半球, saṃpuṭita) 형태로 만들고 난 후'라는 말 다음에 '감싼 두 손으로'라는 [말]을 보충해야 해야 할 것으로 말하는데 그에 따르면 이 자세는 '엄지와 엄지를 붙이는 형식으로 감싸서 손을 반구형으로 만든 형태의 연화좌'를 의미한다.

이 동작은 상까라의 것으로 귀속된 『빠딴잘리의 요가서 해설』(PYŚV)에서 설명된 두 종류의 연화좌 중에서[70] '브라흐마-합장을 한 후 두 손을 뒤꿈치와 허벅지 위에 두는 것'과 동일하다.[71]

『하타의 보석 목걸이』를 비롯해서 여러 문헌에서 설명된 연화좌를 정리하면 다음과 같다.

연화좌의 형태															
유형	하타요가									빠딴잘리요가				기타	
	YY 9-13th	GŚ 11-13th	DyŚ 13th	ŚS 14th	HP 15th	HR 17th	YD 17th	GhS 18th	MS 19th	PYŚV	YV 16th	YC 18th	YSV 18-19th	ŚT 11th	YŚ 11th
P^1	O	O			O[G]	O[H,Y]	O[Y]	O[H]	도해 44번		O[Y]	O[Y]	O[Y]	O	
P^2					O[D]	O[H]				O		O[H]			
P^3			O	O[D]	O	O[H]		=GĀ		O					
P^4									도해 2번						
P^5															O

P^1 : Baddha-padmāsana 결박 연화좌
P^2 : Kara-padmāsana 펼침 연화좌
P^3 : Saṃpuṭita-padmāsana 반구 연화좌
P^4 : 결가부좌 자세에서 두 팔을 옆으로 펼쳐 양 무릎에 둠
P^5 : 반가부좌와 동일함
=GĀ : GhS(II.15)는 연화좌 P^3에 상응하는 동작을 고락샤-좌로 부름

D: DyŚ를 인용 G: GŚ를 인용 H: HP를 인용 Y: YY를 인용

PYŚV: *Pātañjalayogaśāstravivaraṇa* YV: *Yogavārttikā*
YC: *Yogasiddhāntacandrikā* YSV: *Yogasūtravṛtti*
YY: *Yogayājñavalkya* GŚ: *Gorakṣaśataka*

70) 위의 각주 67을 참조.
71) 합장한 손을 내려서 뒤꿈치와 허벅지 위에 두게 되면 자연스럽게 두 엄지가 붙고 나머지 손가락이 겹친 형태로 두 손바닥이 반구형으로 변하게 된다.

DyŚ:	*Yogaśāstra of Dattātreya*	ŚS:	*Śivasaṃhita*
HP:	*Haṭhapradīpikā*	HR:	*Haṭharatnāvalī*
YD:	*Yuktabhavadeva*	GhS:	*Gheraṇḍasaṃhitā*
MS84: =	*Jogapradīpika*	YŚ:	*Yogaśāstra of Hemacandra*
ŚTT:	*Śāradātilakatantra*		

본 도표는 박영길: 2022[a], p.197을 재가공한 것임

7. 공작 ① 몸통 공작Daṇḍamayūra (III.42-43)

atha mayūram-

III.42[a] dharām avaṣṭabhya karadvayena

III.42[b] tatkūrpare sthāpitanābhipārśvaḥ ।

III.42[c] uccāsano daṇḍavad utthitaḥ khe

III.42[d] mayūram etat pravadanti pīṭham ॥[72)]

이제 공작 [체위]가 설명된다.

두 손[바닥]으로 땅을 짚고 [두] 팔꿈치를 배꼽 옆에 붙인 후 막대기처럼 [몸을] 공중으로 들어 올려 [그 상태를] 유지하는 자세를 사람들은 공작 체위라 한다.

【해설】

공작 체위는 『맛첸드라상히따』(MS. III.13-13), 『요가야갸발꺄』(YY. III.15-16), 『바시쉬타상히따』(VS. I.76-77), 『하타의 등불』(HP.I.31), 『게란다

72) 본 송은 11음절의 인드라바즈라(Indravajrā: ——U——UU—U——)와 우뻰드라바즈라(Upendravajrā: U—U——UU—U——)가 혼용된 우빠자띠upajāti 운율로 작성되었다. 이 중에서 첫 번째 구와 마지막 구는 우뻰드라바즈라이고 두 번째와 세 번째 구는 인드라바즈라인데 이러한 형식은 재차 '아르드라'Ārdrā로 불린다.

상히따』(GhS. II.29) 등에서 설명된 대중적인 기법이다.[73] 문헌에 따라 산스끄리뜨 원문은 조금씩 다르지만 공작 체위의 형태가 '① 무릎을 꿇고 앉은 상태에서 두 팔꿈치를 복부에 밀착한 후 ② 상체를 숙여 두 손바닥을 바닥에 붙여서 체중을 지탱한 상태에서 ③ 상체를 앞으로 내밀면서 하체를 들어 올리는 것'이라는 점은 동일하다. 하지만 『하타의 보석 목걸이』는 이와 같은 형태의 공작 체위를 '몸통 공작'(daṇḍamayūra)으로 부르고 그 외에 '비튼 공작', '결박 공작', '깃봉 공작', '한 발 공작'을 추가로 설명하는데 모두 몸통 공작을 응용한 동작이다.[74]

8. 공작 ② 비튼 공작Pārśvamayūra (III.44)

III.44[ab] mayūraṃ daṇḍavat kuryān māyūraṃ daṇḍanāmakam ।
III.44[cd] kuryān māyuraṃ pārśvābhyāṃ[75] māyūrapārśvanāmakam ॥

'막대기처럼 [몸을 들어 올리는] 공작' 자세에서, 즉 '몸통 공작[체위]'를 취한 상태에서 [몸을] 옆으로 [비트는 것]이 '비튼 공작'으로 불리는 공작[체위]이다.

【해설】

비튼 공작은 『하타의 보석 목걸이』에서 처음 설명된 체위로, 위에서

73) 공작 체위는 샤이바 문헌인 『비마나짜라나깔빠』(*Vimānācaranākalpa*, VK)에서도 설명되었다. 박영길: 2019, p.751.

74) 마지막의 '집 공작'(sahajamayūra)은 III.10송의 목록에 등장하지만 방법은 설명되지 않았다.

75) 본 게송은 8음절 4구의 아누쉬뚜브-쉴로까 운율로 작성되었는데 세 번째 구의 5-6-7번째 음절은 '———'(마-운각, Ma-gaṇa)로 되어 있다. 이것은 기본형pathyā은 아니지만 허용 가능한 형식으로 '마-비뿔라'Mavipulā로 불린다.

설명했던 전형적인 공작(몸통 공작) 자세에서 몸을 옆으로 비트는 것이다.

9. 공작 ③ 결박 공작Bandhamayūra (III.45)

III.45a-b mayūraṃ padmakaṃ kuryād baddhakekīti kathyate ||

연화좌를 취한 후에 공작 [체위]를 취하는 것이 '결박 [공작 체위]'로 알려져 있다.

【해설】

결박 공작 역시 『하타의 보석 목걸이』에서 처음으로 설명되었는데 이 동작은 결가부좌를 취한 상태에서 공작 체위를 취하는 것이다.

10. 공작 ④ 깃봉 공작Piṇḍamayūra (III.46)

III.46ab ekaṃ pādaṃ mayūrāgre prasāryaikaṃ mayūravat |
III.46cd idaṃ piṇḍamayūrākhyaṃ sarvavyādhivināśakam ||

공작 자세에서 한쪽 발을 [옆으로] 펼치는 것이 깃봉 공작으로 불리는 체위인데 이것이 모든 질병을 없애는 [아사나]이다.

【해설】

깃봉 공작 역시 『하타의 보석 목걸이』에서 처음 설명된 기법이다. 이 동작은 공작 자세에서 발을 양 옆으로 벌린 형태이다.

11. 공작 ⑤ 한 발 공작Ekapādamayūra (III.47)

III.47[a-b] kaṇṭhe pādaṃ prasāryaikam ekapādaṃ mayūrake ||

[처음 설명했던 몸통] 공작 자세에서 한쪽 발을 [앞으로] 펴서 목(kaṇṭha)에 [두는 것]이 '한쪽 발을 펼친 [공작 자세]'이다.

12. 브하이라바Bhairava (III.48)

III.48[ab] gulphau saṃpīḍya cānyo 'nyaṃ vyutkrameṇotthitaṃ śanaiḥ |
III.48[cd] jānvoḥ pārśvagatau hastau daṇḍavad bhairavāsanam ||

천천히 두 발목을 서로 맞대어 뒤집어 세우고
두 손을 펴서 막대기처럼 양 무릎 옆쪽에 두는 것이 브하이라바 [체위]이다.

【해설】

브하이라바Bhairava 체위는 『하타의 보석 목걸이』에서 처음 설명된 동작이다. 이 동작은 다소 난해한 동작으로 자리에 앉은 상태에서 두 발바닥을 붙이되 두 엄지발가락을 바닥에 붙이고 두 팔을 펴서 양쪽 무릎에 두는 자세이다.

13. 까마다하나Kāmadahana (III.49)

III.49[ab] bhadrāsanaṃ sukhaṃ sthāpya viparīte tu dve pade ।
III.49[cd] anena yadi kuryāc caitat kāmadahanaṃbhavet ॥

[먼저] 편하게 행운좌bhadrāsana를 취한 후 두 발을 뒤집어 엉덩이 아래로 집어넣는 것이 바로 까마다하나[아사나]이다.

【해설】

까마다하나[76] 역시 『하타의 보석 목걸이』에서 설명된 난해한 동작으로 행운좌를 취한 후 두 발을 뒤집어 엉덩이 아래로 집어넣는 것이다.

14. 손그릇Pāṇipātra (III.50)

III.50[ab] nābhau saṃsthāpya gulphau ca tanmadhye karapātratām ।
III.50[cd] śanair yatnena kurvīta pāṇipātraṃ tad ucyate ॥

두 발목을 복부까지 들어 올려서 붙이고 그 중앙에 양손을 [모아서] 그릇처럼 만드는 것이 손그릇 체위로 말해졌다.

【해설】

손그릇 체위는 앉은 상태에서 두 발을 들어 올려 복부에 붙이고 그 위

76) kāmadahana의 문자적 의미는 '욕망을 불태우는 것'이다.

에 두 손을 모아 합장한 상태에서 손바닥을 벌려 그릇처럼 만드는 동작이다.

15. 활Dhanus (III.51)

III.51[ab] pādāṅguṣṭhau tu pāṇibhyāṃ gṛhītvā śravaṇāvadhi ।
III.51[cd] dhanurākarṣaṇaṃ kṛtvā dhanurāsanam ucyate ॥

[한쪽 발은 그대로 두고 다른 쪽 발의] 두 엄지 발가락을 양손으로 잡은 후 귀까지 [당겨서] 활[의 시위를] 당기는 [형태를] 취하는 것을 '활 체위'라 한다.

【해설】

하타요가 문헌에 따르면 활 체위는 두 종류가 있는데 『하타의 보석 목걸이』에서 설명된 것은 『하타의 등불』(HP.I.25)에서 설명된 것과 동일하게 '앉은 상태에서 양손으로 두 엄지발가락을 잡은 후 한 쪽(ex: 왼쪽) 발은 그대로 두고 다른 쪽 (ex: 오른쪽) 발을 귀까지 당기는 형태'이다. 후대 문헌인 『게란다상히따』(GhS. II.18)의 활 체위는 '배를 바닥에 대고 엎드린 상태에서 두 손을 등 뒤로 보내 발목을 잡고 상체와 하체를 들어 올리는 동작'이다.

16. 길상Svastika (III.52)

III.52[ab] jānūrvor antaraṃ samyak kṛtvā padatale ubhe ।
III.52[cd] ṛjukāyasamāsīnaḥ svastikaṃ tat pracakṣate ॥

무릎과 허벅지 사이에 두 발바닥을 두고서 허리를 곧게 펴서 앉아 있는 것을 길상(svastika)[좌]라 한다.

【해설】

길상좌는 『요가야가발끼야』(YY. III.3), 『바시쉬타상히따』(VS. I.68.), 『쉬바상히따』(ŚS. III.113-115)[77], 『하타의 등불』(HP.I.19), 『게란다상히따』(GhS. III.13) 등에서 동일하게 설명된 아사나이다.[78] 이 동작은 한쪽(ex: 왼쪽) 발을 반대쪽(ex: 오른쪽) 발의 무릎과 허벅지에 끼워 넣고 다른 쪽도 동일하게 반대쪽 무릎과 허벅지에 끼워 넣는 비교적 수월한 동작이다.[79]

17. 소얼굴Gomukha (III.53)

III.53[ab] savye dakṣiṇagulphaṃ tu pṛṣṭhapārśve niyojayet ı
III.53[cd] dakṣiṇe 'pi tathā savyaṃ gomukhaṃ gomukhāsanam ıı

왼쪽 대퇴부에 오른쪽 발목을 붙여라.
그와 같이 오른쪽 [대퇴부]에 왼쪽 [발목]을 [붙이는 것]이 소의 얼굴[을 닮은]

77) 『쉬바상히따』는 길상좌와 행복좌를 동일한 것으로 설명한다.
"모든 고통을 없애주는 [바로 이] 길상좌는 행복좌(sukhāsana)로도 불리기도 한다."
sukhāsanam idaṃ proktaṃ sarvaduḥkhapraṇāśanam ı ŚS. III.115[ab]

78) 길상좌는 『요가경 주해』(YS-Vbh)에서 처음 열거되었는데 마스(Maas: 2018, p.66)가 지적했듯이 여타의 아사나들과 달리 길상좌의 기법은 동일하게 설명되었다. 박영길: 2022[a], p.169를 참조.

79) 『하타의 등불』은 아사나들 중에서 길상좌를 제일 먼저 설명했는데 브라흐마난다는 그 이유를 다음과 같이 해설한 바 있다.
『월광』 I.19: "아사나들 중에서 가장 쉬운 것이므로 길상좌를 제일 먼저 설명한다."
tatra sukaratvāt prathamaṃ svastikāsanam āha ı HP-Jt. I.19(박영길: 2015, p.226)

소얼굴 체위이다.

【해설】

소얼굴 체위는 『요가야갸발꺄』(YY. III.5), 『하타의 등불』(HP.I.20), 『하타의 보석 목걸이』, 『게란다상히따』(GhS. II.16) 등에서 동일하게 설명되었다.[80)]

18. 영웅Vīra (III.54)

III.54[ab] ekaṃ pādam athaikasmin vinyased ūruṇi sthiram ।
III.54[cd] itarasmiṃs tathā coruṃ vīrāsanam īritam ॥

한쪽 발을 다른 쪽 허벅지에 견고하게 붙이고
마찬가지로 다른 쪽 발도 [똑같이 반대쪽] 허벅지에 [붙이는 것이] 영웅좌라고 말해졌다.

【해설】

『하타의 보석 목걸이』에서 설명된 영웅좌는 『요가야갸발꺄』(YY. III.8), 『하타의 등불』(HP.II.21), 『게란다상히따』(GhS. II.17) 등에서 설명된 것과 동일하게[81)] 한쪽(ex: 왼쪽) 발을 반대쪽(ex: 오른쪽) 허벅지 위에 올리고 다른 쪽(오른쪽) 발을 반대쪽(왼쪽) 허벅지 위에 올려두는 동작으로 이른바, 결가부좌結跏趺坐로 알려진 자세와 동일하다.

빠딴잘리 요가와 하타요가 문헌에 따르면 영웅좌의 형태는 모두 다섯 종류가 있는 것으로 파악된다.

---

80) 『게란다상히따』의 경우, 산스뜨리뜨 원문은 다르지만 방법 자체는 동일하다.
81) 네 문헌에서 설명된 영웅좌는 산스끄리뜨 원문까지 동일하다.

첫 번째의 영웅좌(V^1)는 샹까라Śaṅkara[82]와 바짜스빠띠 미쉬라Vācaspati Miśra[83] 그리고 『샤라다띨라까딴뜨라』(ŚTT)가 설명했던 영웅좌인데[84] 이 동작은 반가부좌와 동일하다.

두 번째의 영웅좌(V^2)는 위에서 언급했던 『요가야갸발꺄』, 『하타의 등불』, 『하타의 보석 목걸이』, 『게란다상히따』 등과 같은 하타요가 문헌을 비롯해서 비갸나빅슈(Vijñānabhikṣu, 16세기 후반)의 『요가 해설』(YV), 나라야나 띠르따(Nārāyana Tīrtha, 17-18세)의 『요가의 정설 집성』(*Yogasiddhāntacandrikā*), 나고지 브핫따Nāgojī Bhaṭṭa, 18-19세기의 『요가경 해설』(YSV)과 같은 '『요가경』의 복주서'들이 설명했던[85] 영웅좌인데 이 기법은

82) 『빠딴잘리의 요가서 해설』 II.46: "그와 같이(=행운좌와 동일하게) 한쪽 발(ex: 오른발)을 구부려 [다른 쪽(ex: 왼쪽) 허벅지에 올리고] 다른 쪽(ex: 왼쪽) 무릎을 바닥에 둔 것이 영웅좌이다. '지금 설명하고 있는 부분'(ucyamāna eva: 왼쪽 무릎을 바닥에 두는 것)만 [행운좌와] 다를 뿐이다."
tathākuñcitānyatarapādam avanivinyastāparajānukaṃ vīrāsanam ucyamāna eva viśeṣaḥ sarvatra. PYŚV[M]. p.66, n.60(박영길 2022[a], pp.173-174 재인용)
『빠딴잘리의 요가서 해설』에서 설명된 행운좌는 연화좌와 동일하되 오른발을 먼저 왼쪽 허벅지에 올린 후 왼발을 오른쪽 허벅지에 올리는 자세이다(이 점에 대해서는 앞의 '행운좌' 항목을 참조). 여기서의 영웅좌는 오른발을 왼쪽 허벅지에 올리고 왼발은 그대로 바닥에 둔 형태, 즉 반가부좌이다.

83) 『진리 통요』 II.46: "한쪽 발ex: 왼발을 바닥에 붙이고 다른 쪽(ex: 오른쪽) 발을 '[반대쪽(ex: 왼쪽)의] 구부려진 무릎 위'에 두는 것이 영웅좌이다."
sthitasyaikataraḥ pādo bhūnyasta ekataraś cākuñcitajānor upari nyasta ity etad vīrāsanam ǀ TV. p.112(박영길: 2022[a], p.175 재인용)

84) 『샤라다띨라까-딴뜨라』 XXV.15^{cd}-16^{ab}: "한쪽 발을 아래에 두고 다른 쪽 발을 허벅지에 두고서
요기는 몸을 곧게 세우고 앉아야 한다. 이것이 영웅좌로 알려져 있다."
ekaṃpādam adhaḥ kṛtvā vinyasyorau tathetaram ǁ 15^{cd}
ṛjukāyo viśed yogī vīrāsanam itīritam ǀ 16^{ab}. ŚTT. XXV.15^{cd}-16^{ab}(박영길: 2022[a], p.181 재인용)

85) 『요가경』(YS)의 주석서(복주서)들 중에서 브호자라자(Bhojarāja, 1018-1060년)의 『라자마르딴다』*Rājamārtaṇḍa*, 브하바가네샤Bhāvāgaṇeśa의 『등불』(*Pradīpikā*), 안안따데바Anantadeva의 『달빛』(*Candrikā*), 라마난다야띠Rāmānandayati의 『요가의 보광』(*Yogamaṇiprabhā*), 사다쉬벤드라 사라스바띠Sadāśivendra Sarasvatī의 『요가 감로의 광산』(*Yogasudhākara*)은 영웅좌를 설명하지 않았다. 박영길:

결가부좌와 동일하다.[86]

세 번째의 영웅좌(V^{3})는 자이나 학자인 헤마짠드라가 설명했던 영웅좌인데 이 동작은 일종의 기마 자세이다.[87]

네 번째의 영웅좌(V^{4})는 『쉬리따뜨바니드히』(ŚTN)에서 설명된 영웅좌인데 산스끄리뜨 원문에 따르면 이 동작은 영웅좌(V^{2}), 즉 결가부좌 자세와 동일하지만 삽화에서 '무릎을 꿇고 앉은 동작으로 잘못 묘사된 영웅좌'이다.[88] 다섯 번째의 영웅좌(V^{5})는 『게란다상히따』(GhS)에서 설명된 것으로 영웅좌(=V^{2}), 즉 결가부좌와 동일한 동작이지만 현대 학자들의 오역誤譯으로 인해 '한쪽(ex: 왼쪽) 발은 무릎을 꿇은 상태에서 반대쪽(ex: 오른쪽) 발을 왼쪽 허벅지에 올리는 것'으로 잘못 묘사된 영웅좌이다.[89]

『하타의 보석 목걸이』를 비롯한 하타요가 문헌과 빠딴잘리 문헌에서 설명된 연화좌를 정리하면 다음과 같다.

영웅좌의 다양한 형태												
유형	하타요가					빠딴잘리요가				기타		
	YY 9-13th	HP 1450	YD 1623	HR 17th	GhS 18th	PYŚV -?-	TV 10th	YV 16th	YC 18th	ŚTT 11th	YŚ 11th	ŚTN 19th
V^{1}						O	O			O		
V^{2}	O	O^{Y}	O^{Y}	O^{H}	O^{H}			O^{Y}	O^{Y}		O	O
V^{3}											O	

2022^{a}, p.175.

86) 비갸나빅슈, 나고지 브핫따, 나라야나 띠르따와 같은 세 복주가들은 하타요가 문헌인 『요가야갸발꺄』(YY. III.8송)를 그대로 인용하였다. 박영길: 2022^{a}, pp.175-176.

87) 헤마짠드라는 두 종류의 영웅좌를 설명하는데 첫 번째의 영웅좌는 결가부좌와 동일하고 두 번째의 영웅좌는 기마 자세이다. 이 점에 대해서는 박영길: 2022^{a}, p.182를 참조.

88) 이 점에 대해서는 박영길: 2022^{a}, p.183을 참조.

89) 이 점에 대해서는 박영길: 2022^{a}, pp.178-181을 참조.

V^{4}												M
V^{5}					M							

V^{1} : 반가부좌로서의 영웅좌
V^{2} : 결가부좌로서의 영웅좌
V^{3} : 기마 자세와 유사한 동작
V^{4} M : 결가부좌이지만 다른 형태로 오해된 영웅좌
V^{5} M : 결가부좌이지만 그림으로 잘못 묘사된 영웅좌(무릎 꿇은 자세)

Y :『요가야갸발꺄』YY를 인용함 H :『하타의 등불』HP을 인용함

PYŚV:	*Pātañjalayogaśāstravivaraṇa*	TV:	*Tattvavaiśāradī*
YV:	*Yogavārttikā*	YC:	*Yogasiddhāntacandrikā*
YY:	*Yogayājñavalkya*	HP:	*Haṭhapradīpikā*
YD:	*Yuktabhavadeva*	HR:	*Haṭharatnāvalī*
GhS:	*Gheraṇḍasaṃhitā*	ŚTT:	*Śāradātilakatantra*
ŚTN:	*Śrītattvanidhi*	YŚ:	*Yogaśāstra of Hemacandra*

본 도표는 박영길: 2022^a, p.184를 재가공한 것임

현대 요가에서 영웅좌는 '무릎을 꿇고 앉은 동작'으로 알려져 있고 또 '무릎을 꿇은 상태에서 뒤로 누운 동작'을 'supta-vajrāsana'(잠자는 영웅좌, 또는 휴식하는 영웅좌)라는 신조어로 부르기도 하지만 문헌적 근거는 발견되지 않는다.[90] 한편, 후대 문헌인 『게란다상히따』(GhS. II.12)는 '무릎을 꿇고 앉은 동작'을 'vajrāsana'로 부르는데[91] 여기서의 vajra는 'Z'자 형태의 지그재그를 의미한다.

---

90) 영웅좌에 대한 논의는 박영길: 2022^a, pp.165-223을 참조.

91) 『게란다상히따』 II.12: "지그재그 모양처럼, 양쪽 정강이를 [바닥에] 대고 두 발을 엉덩이 옆에 [두는] 이것이 요가 수행자들에게 신통력을 주는 vajrāsana이다."

jaṅghābhyāṃ vajravat kṛtvā gudapārśve padāv ubhau ।
vajrāsanaṃ bhaved etad kyogināṃ siddhidāyakam ॥ GhS. II.12(박영길: 2023^b, p.174-175)

위 게송의 'vajravat'를 '지그재그 모양처럼'으로 번역할 수도 있고 또는 '참회하듯이'로 의역하는 것도 가능할 것으로 파악된다.

19. 개구리Maṇḍūka (III.55)

III.55[ab] pṛṣṭhaṃ saṃpīḍya gulphābhyāṃ jānvaṅge savalayākṛtiḥ।[92]

III.55[cd] hastau pādatale kṣiptau maṇḍūkaṃ pādadoṣahṛt॥

[무릎을 꿇은 상태에서] 두 발목으로 대퇴부를 압박한 후 [두] 무릎을 옆으로 [벌리고]
[두 팔을 등 뒤로 보내어] 두 손을 발바닥에 붙이는 것이 다리의 질병을 없애는 개구리 체위이다.

【해설】

개구리 체위는 무릎을 꿇고 앉은 것과 유사한 형태의 동작이다. 이 동작은 후대 문헌인 『게란다상히따』(GhS. II.34)에서 설명된 것과 유사하지만 두 무릎을 옆으로 벌리고 두 발목을 양 대퇴부에 붙이고 두 팔을 등 뒤로 보내어 두 손으로 두 발바닥을 잡는 형태라는 점에서 미세하게 구별된다.

20. 원숭이Markaṭa (III.56)

III.56[ab] pādau saṃpīḍya hastābhyām aṅguṣṭhau dhārayed dṛḍham।

III.56[cd] pādamadhye śiraḥ kṣiptvā dhanurvan

92) 두 번째 구는 9음절의 'jānvaṅge savalayākṛtiḥ'(——— ∪∪∪—∪—)로 운율에 어긋난다. 아마도 'jānvaṅge valayākṛtiḥ'(——— ∪∪—∪—)일 것으로 추정된다.

markaṭāsanam ||

[일어선 상태에서] 절하듯이(dhanuravat) [상체를 앞으로 숙여] 머리를 다리 사이에 넣은 후 두 손으로 양쪽 엄지발가락을 잡은 것이 원숭이 체위이다.

【해설】

원숭이 체위는 일어선 상태에서 상체를 앞으로 숙여 머리를 다리 사이에 넣고 두 손으로 양 엄지발가락을 잡는 형태이다.

21. 맛첸드라Matsyendra (III.57-58)

III.57[a] vāmorumūlārpitadakṣapādo
III.57[b] jānvor bahir veṣṭitadakṣadoṣṇā |
III.57[c] pragṛhya tiṣṭhet parivartitāṅgaḥ
III.57[d] śrīmatsyanāthoditam āsanaṃ syāt ||[93]

[앉은 상태에서] 왼쪽 허벅지 아래에 오른쪽 발을 두고
오른쪽 팔뚝으로 [왼쪽] 무릎의 바깥을 감싸고서
몸을 [왼쪽으로] 비튼 동작을 유지하는 것이
쉬리맛첸드라나타가 가르친 아사나이다.

III.58[a] matsyendrapīṭhaṃ jaṭharapradīptaṃ
III.58[b] pracaṇḍarugmaṇḍalakhaṇḍanāstram |

93) 본 게송은 11음절의 인드라바즈라와 우뻰드라바즈라가 혼용된 우빠자띠Upajāti 운율이다. 이 중에서 세 번째 구는 우뻰드라바즈라(∪—∪ ——∪ ∪—∪ ——)이고 나머지 구는 모두 인드라바즈라(——∪ ——∪ ∪—∪ ——)인데 이와 같은 구조의 우빠자띠는 재차 '살라'Sāla로 불린다.

III.58c abhyāsataḥ kuṇḍalinīprabodhaṃ

III.58d daṇḍasthiratvaṃ ca dadāti puṃsām ‖ [94]

맛첸드라 체위는 소화의 불을 지피고 치명적인 질병 덩어리를 파괴하는 무기이다. 이 체위는 꾼달리니를 각성시키고 또 수행자의 허리를 곧게 해준다.

【해설】

맛첸드라 체위는 『하타의 등불』(HP.I.26-27)에서 처음 설명되었고 그 이후 『하타의 보석 목걸이』를 비롯해서 『게란다상히따』(GhS. II.22-23) 등에서 설명된 기법이다.[95]

『하타의 보석 목걸이』는 세 종류의 맛첸드라 체위를 설명하는데 그중에 III.57-58에서 설명된 첫 번째 기법은 『하타의 등불』(I.26)에서 설명된 것과 동일하다. 이 동작은 '두 발을 펴고 앉은 상태에서 먼저 왼발을 들어 올려 오른 발을 바깥을 감싼 후 오른쪽 팔을 왼쪽 무릎 바깥에 붙이고 허리를 왼쪽으로 비트는 것'인데 브라흐마난다가 해설했듯이[96] 자세를 바꾸어 반대쪽으로도 똑같이 해야 할 것으로 파악된다.

94) 본 송은 11음절의 인드라바즈라(Indravajrā: ——∪——∪∪—∪——)와 우뻰드라바즈라(Upendravajrā: ∪—∪——∪∪—∪——)가 혼용된 우빠자띠upajāti 운율로 작성되었다. 이 중에서 두 번째 구와 세 번째 구는 우뻰드라바즈라이고 나머지는 인드라바즈라인데 이러한 형식은 재차 '바니'Vaṇī로 불린다.

95) 『게란다상히따』(GhS. II.22-23)의 맛첸드라 체위는 '왼발을 들어 올려 오른쪽 무릎 바깥으로 보낸 후 왼쪽 무릎에 오른쪽 팔꿈치를 올려 놓은 후 오른쪽 손바닥으로 얼굴을 괴고 시선을 미간이 두는 동작'이다. 박영길: 2022b, pp.185-186.

96) 『월광』 I.26: "그와 같은 방식으로 [자세를 바꾸어] 반대쪽으로 수련해야 한다." evaṃ parivartitāṅaś cābhyaset । HP-Jt. I.26(박영길: 2015, p.234)

22. 비튼 맛첸드라Pārśvamatsyendra (III.59)
23. 결박 맛첸드라Baddhamatsyendra (III.60)

III.59[a-b] pārśvābhyāṃ dhriyate yas tu pārśvamatsyendram uttamam ||
III.60[a-b] kareṇa bandhayet tat tu baddhamatsyendram āsanam[97] ||

비튼 맛첸드라는 탁월한 것으로 양 옆구리로 유지하는 것이고
결박 맛첸드라 체위는 팔로 [몸을] 묶는 것이다.

【해설】

'비튼 맛첸드라'와 '결박 맛첸드라' 역시 『하타의 보석 목걸이』에서만 설명된 기법이다. 『하타의 보석 목걸이』는 반송半頌으로 두 동작을 설명하지만 아쉽게도 그 의미와 형태는 명확하게 파악되지 않는다.

24. 무소연Nirālambana (III.61-62)

III.61[ab] karābhyāṃ paṃkajaṃ kṛtvā tiṣṭhet kūrparayā sudhīḥ |
III.61[cd] mukham unnamayann uccair nirālambanam āsanam ||

무소연無所緣 체위는 [바닥에 누워] 팔꿈치를 바닥에 대고 두 팔을 [모아] 연

97) 원문은 'baddhamatsyendrāsanam'으로 되어 있지만 운율에 어긋난다. HR[R]본에 의거해서 'baddhamatsyendram āsanam'으로 수정함.

꽃처럼 만들어 [턱을 받치고] 얼굴을 위로 들어 올리고 있는 것이다.

III.62[ab] nirālambanayogī syān nirālambanam āsanam |
III.62[cd] nirālambanatā dhyānaṃ nirālambanam āsanam ||

무소연 체위를 수련하는 수행자는 '무소연의 요기'가 되고
무소연 체위를 하는 수행자는 '무소연-선정'을 [얻게 된다].

【해설】

무소연(nirālamba)[98] 자세는 배를 바닥에 대고 누운 상태에서 팔꿈치를 바닥에 대고 두 손을 연꽃 모양으로 만들어 얼굴을 받치는 단순한 동작이다.

25. 태양숭배Saura (III.63)

atha saurāsanam
III.63[a-b] prasāryaikaṃ pādatalaṃ saṃsthāpya tv ekapādakam ||

[태양숭배 체위는] 한쪽 발을 앞으로 펴고prasārya 다른 쪽 발바닥을 땅에 대고 있는 것이다.

【해설】

앞의 III.12송은 25번째 아사나를 'candra'(달)로 열거했지만 여기서는 'saura'(태양) 체위로 표현하고 있다. 이 동작은 현대 요가의 태양 경배

98) 'nirālamba'의 문자적 의미는 '고독', '의존하는 바 없음', '자립', '자유로움' 등이다. 따라서 'nirālambanāsana'를 '고독 체위'로 번역할 수 있지만 이 동작이 'nirālambanatā dhyāna'(無所緣禪定)로 이끈다는 점에서 '무소연 체위'로 번역했다.

(sūryanamaskāra)와 다른 형태의 정지 동작인데 게송만으로는 그 형태를 추정하기가 어렵다. 로나블라본 『하타의 보석 목걸이』(HR[L]) 부록 삽화에 따르면, 이 동작은 '쪼그려 앉은 상태에서 한쪽 발은 그대로 두고 다른 쪽 발을 앞으로 펴는 자세'로 파악된다.

26. 한 발 들기Ekapādaka (III.64)

III.64[ab] ekapādam atho kaṇṭhe utthāpyaikaṃ ca daṇḍavat ।
III.64[cd] karau saṃpuṭitau kṛtvā ekapādaṃ tad ucyate ॥

한쪽(ex: 왼쪽) 발을 들어 올려 목에 붙이고 다른 쪽(ex: 오른쪽) 발은 막대기처럼 펼치고 두 손을 붙여 반구半球 형태로 만드는 것이 '한 발 들기' 자세이다.

【해설】

'한 발 들기'는 등을 바닥에 대고 누운 상태에서 한쪽(ex: 왼쪽) 발은 그대로 두고 다른 쪽(ex: 오른쪽) 발을 들어 올려 목을 감싼 후 '두 손을 반쯤 겹쳐 둥근 사발 모양'(半球)으로 만드는 것이다.

27. 뱀의 왕Phaṇīndra (III.65)

III.65[ab] pādābhyāṃ veṣṭayet kaṇṭhaṃ karayoḥ saṃsthitonmukham ।
III.65[cd] phaṇīndraṃ sarvadoṣaghnaṃ vobhūyāt sukhadaṃ

sadā ‖

두 발로 목을 감싸고 두 손으로 [땅바닥을] 지탱하고 얼굴을 들어 올리는 것이 모든 질병을 없애고 항상 즐거움을 주는 뱀왕 체위이다

【해설】

'뱀의 왕'phaṇīndra 자세는 위에서 설명했던 '한 발 들기' 자세에서 더 진전된 동작으로 '두 발로 목을 감싼 후 상체를 일으켜 세운 후 두 손바닥으로 땅바닥을 지탱하고 얼굴을 들어 올리는 동작'이다.

28. 등 펴기Paścimatāna (III.66-67)

III.66[a] prasārya pādau bhuvi daṇḍarūpau
III.66[b] dorbhyāṃ padāgradvitayaṃ gṛhītvā ǀ
III.66[c] jānūpari nyastalalāṭadeśo
III.66[d] vased idaṃ paścimatānam āhuḥ ‖[99)]

막대기처럼 두 발을 [앞으로] 펼친 다음, [상체를 숙여] 두 손가락으로 두 발끝을 잡고서 무릎 위에 이마를 붙이는 것을 사람들은 등 펴기 체위라 한다.

III.67[a] iti paścimatānam āsanāgryaṃ
III.67[b] pavanaṃ paścimavāhinaṃ karoti ǀ

99) 본 송은 11음절의 인드라바즈라(Indravajrā:: ——∪——∪∪—∪——)와 우뻰드라바즈라(Upendravajrā: ∪—∪——∪∪—∪——)가 혼용된 우빠자띠upajāti 운율로 작성되었다. 이 중에서 첫 번째 구와 네 번째 구는 우뻰드라바즈라이고 나머지는 인드라바즈라인데 이러한 형식은 재차 '아르드라'Ārdrā로 불린다.

III.67^c udayaṃ jaṭharānalasya kuryād
III.67^d udare kārśyam arogatāṃ ca puṃsām ‖ [100]

등 펴기 체위는 최고의 체위로서 기(氣, pavana)를 등 쪽으로(=수슘나로) 흐르게 하고 소화의 불을 증대시키고 복부를 가늘게 하며 질병을 없앤다.

【해설】

등 펴기 체위는 『쉬바상히따』(ŚS)[101]에서 처음 설명된 것으로 '두 발을 펴고 앉은 상태에서 상체를 숙여 두 손으로 두 엄지발가락을 잡는 형태'이다. 이 기법은 산스끄리뜨 원문은 다르지만 『하타의 등불』(HP. I. 28-29), 『게란다상히따』(GhS. II. 26) 등에서도 동일하게 설명되었다.

29. 누운 등 펴기 Śayitapaścimatāna (III. 68)

III.68^{a-b} tānaṃ śayitvā tu kurvīta śayitapaścimatānakam[102] ‖

---

100) 본 송은 교차 운율이라 할 수 있는 말라브하리니Mālabhāriṇī로 작성되었다. 이 운율의 홀수 구는 UU—UU—U —U——의 11음절이고 짝수 구는 UU——U U—U—U——의 12음절이다.
이 운율은 자띠의 아우빠찬다시까Aupacchandasika로 분석될 수도 있다. 본서 제3부의 운율분석 편을 참조.

101) 『쉬바상히따』 III. 108: "[앉은 상태에서] 두 발을 가지런히 편 후에 [상체를 숙여] 두 손으로 [발가락을] 단단히 잡은 후 이마를 무릎 위에 두어야 한다."
prasārya caraṇadvandvaṃ   parasparasusaṃyutam ǀ
svapāṇibhyāṃ dṛḍhaṃ dhṛtvā   jānūpari śiro nyaset ‖ ŚS. III. 108.

102) 원문은 'tānaṃ śayitvā tu kurvīta śayitapaścimatānakam'으로 되어 있지만 운율에 어긋난다. 아마도 'tānaṃ śetvā tu kurvīta śetapaścimatānakam'이었을 것으로 추정된다.

누운 상태에서 [등을] 펴는 것이 '누운 등 펴기 체위'이다.

【해설】

누운 등 펴기는 『하타의 보석 목걸이』에서 처음 설명된 기법이다. 이 동작은 명칭에서 알 수 있듯이 등을 바닥에 대고 누운 상태에서 등 펴기 체위를 실행하는 것이므로 누운 상태에서 두 발을 들어올려 머리 쪽으로 보내고 두 손으로 발끝을 잡는 형태로 파악된다.

30. 변형 등펴기Vicitrakaraṇī (III.69)

III.69ab śayitapaścimatānasthe[103) hastau tatra prasārayet ।
III.69cd pādau daṇḍasamau kṛtvā vicitrakaraṇī bhavet ॥

[위에서 설명한] '누운 등 펴기'의 자세에서 두 손을 펼쳐야 한다.
두 발을 막대기처럼 곧게 펴는 것이 '변형 등 펴기' [체위]이다.

【해설】

'변형 등 펴기'(vicitrakaraṇi)[104)]는 위에서 설명된 '누운 등 펴기'와 동일하게 등을 바닥에 대고 누운 상태에서 두 발을 들어 올려 머리 쪽으로 넘기는 형태인데 두 팔을 펼치는 형태이다. 이 체위는 '누운 등펴기 체위'와 동일하지만 '두 팔을 쭉 편다는 점'에서 구별되는데 여기서 두 팔을 펴는

103) 원문은 9음절의 'śayitapaścimatānasthe'로 되어 있지만 아마도 'śayitapaścimatāne' 또는 'śetapaścimatānasthe'였을 것으로 추정된다.

104) 'vicitrakaraṇi'는 'vicitra'는 '다양함', '탁월함', '경이로움' 등을 의미하는 'vicitra'와 '행법', '동작' 등을 의미하는 'karaṇi'가 결합된 복합어인데 여기서는 '변형 등 펴기'로 의역했다.

것은 '발끝을 잡지 않고 발 끝에 두는 것' 또는 차렷 자세를 의미할 수도 있다.[105)]

31. 요가니드라Yoganidrā (III.70)

III.70[ab] pādābhyāṃ veṣṭayet kaṇṭhaṃ hastābhyāṃ pṛṣṭhabandhanam ।
III.70[cd] tanmadhye śayanaṃ kuryād yoganidrā sukhapradā ॥

[등을 바닥에 대고 누운 상태에서] 두 발로 목을 감싸고 두 손으로 엉덩이를 감싸고 눕는 것이 즐거움을 주는 요가니드라 [체위]이다.

【해설】

요가니드라 체위는 등을 바닥에 대고 누운 상태에서 두 발을 들어 올려 목을 감고 양손으로 엉덩이를 감싸는 동작이다.

32. 물결Vidhūna (III.71)

III.71[a] gulphasthitau[106)] pādam ekaṃ prasārya
III.71[b] tatpādāgraṃ saṃspṛśet tatkaraṇe ।
III.71[c] gulphaṃ cānyaṃ dhārayet tatkareṇa

105) 이 동작은 현대 요가에서 널리 알려진 다양한 종류의 쟁기(hala) 체위와 유사하다.

106) 'gulphasthitau'(——∪—)는 운율에 어긋난다. 아마도 'gulphasthitvā'(————)일 것으로 추정된다.

III.71[d] dhūnaṃ pīṭhaṃ cābhyasec cobhayatra ‖ [107)]

[쪼그려 앉아 엉덩이를] 발목에 붙인 후 한쪽(ex: 왼쪽) 발을 [앞으로] 펼치고서 그 발끝(ex: 왼쪽 발끝)을 그쪽(ex: 왼쪽) 손으로 잡고
다른 쪽(ex: 오른쪽) 발목을 다른 쪽(ex: 오른쪽) 손으로 잡아야 한다. [그리고 자세를 바꾸어] 양쪽으로 하는 것이 '물결 체위'이다.

【해설】

물결(vidhūna)[108)] 체위는 앞에서 설명된 태양숭배(=saura, III.63)의 동작을 취한 후 '왼손으로 왼쪽 발끝을 잡고 오른손으로 오른쪽 발목을 잡는 형태'이다.

33. 한 발 압박Pādapīḍana (III.72)

III.72[ab] sthitvaikasmin pādatale[109)] karābhyāṃ veṣṭayet tanum ।
III.72[cd] pṛṣṭhe saṃsthāpya yatnena pādapīḍanam āsanam ‖

한쪽(ex: 왼쪽) 발바닥으로 일어선 상태에서 양손을 등 뒤로 보내어 [다른 쪽(ex: 오른쪽)] 발목을 강하게 잡는 것이 '한 발 압박 자세'이다.

107) 본 송은 11음절 4구의 샬리니(Śālinī: ─────∪──∪──) 운율로 작성되었다.
108) vidhūna의 문자적 의미는 '동요', '흔들림', '물결' 등이다.
109) 본 게송은 8음절 4구의 아누쉬뚜브-쉴로까 운율로 작성되었는데 첫 번째 구의 5-6-7번째 음절은 '─∪∪'(브하-운각, Bha-gaṇa)로 되어 있는데 이것은 기본형pathyā은 아니지만 허용 가능한 형식으로 '브하-비뿔라'Bhavipulā로 불린다.

【해설】

'한 발 압박' 체위는 일어선 상태에서 한쪽 발을 구부려 엉덩이에 대고 두 손으로 발목을 감싸는 형태이다.

34. 수탉Kukkuṭa (III.73)

III.73ab padmāsanaṃ susaṃsthāpya jānūrvor antare karau ।
III.73cd niveśya bhūmau saṃsthāpya[110] vyomasthaḥ kukkuṭāsanam ॥

연화좌를 취한 후 무릎과 종아리 안쪽에 두 손을 넣고 [손바닥을] 땅바닥에 지탱해서 [몸을 들어 올려] 공중에 두는 것이 수탉 체위이다.

【해설】

수탉 체위는 『바시쉬타상히따』(VS. I.78), 『하타의 등불』(HP.I.23), 『게란다상히따』(GhS. II.31) 등에서 설명된 것과 동일하다.

35. 누운 거북Uttanakūrma (III.74)

III.74ab kukkuṭāsanabandhastho dorbhyāṃ sambadhya kandharām ।
III.74cd śete kūrmavad uttānam etad uttānakūrmakam ॥

110) 본 게송은 8음절 4구의 아누쉬뚜브-쉴로까 운율로 작성되었는데 세 번째 구의 5-6-7번째 음절은 '———'(마-운각, Ma-gaṇa)로 되어 있다. 이것은 기본형 pathyā은 아니지만 허용 가능한 형식으로 '마-비뿔라'Mavipulā로 불린다.

수탉 체위를 취한 상태에서 두 팔뚝으로 목을 감싼 후 거북이처럼 뒤로 눕는 이것이 '누운 거북 체위'이다.

【해설】

'누운 거북 체위'는 『하타의 등불』(HP.I.24)에서 처음 설명되었고 그 이후 『하타의 보석 목걸이』와 『게란다상히따』(GhS. II.33)에 인용되었다. 『하타의 보석 목걸이』는 누운 거북 체위 외에 '거북'(kūrma) 체위와 '결박 거북'(baddhakūrma) 체위도 84 아사나 중 하나로 열거했지만 누운 거북 체위 하나만 설명하고 있다.

36. 전갈Vṛścika (III.75)

III.75^{ab} hastau dharām avaṣṭabhya caraṇau bhālasaṃsthitau ǀ
III.75^{cd} gulphau syātām unmukhaḥ san[111] vṛścikāsanam īryate ǁ

두 팔로 땅을 딛고선 후(=물구나무서기 상태에서) 두 발을 머리 쪽에 두고 두 무릎을 위쪽으로 향하게 하는 것이 전갈 체위로 불렸다.

【해설】

전갈 체위는, 꼬리를 들어 머리 쪽으로 두는 전갈의 형태처럼 두 손바닥을 바닥에 대고 거꾸로 선 상태에서 머리를 땅에서 뗀 후 두 발을 머리 쪽으로 보내는 동작인데 이 동작은 그 이전의 산스끄리뜨 문헌에서 언급되지 않은 것이다.

111) 본 게송은 8음절 4구의 아누쉬뚜브–쉴로까 운율로 작성되었는데 세 번째 구의 5–6–7번째 음절은 '———'(마-운각, Ma-gaṇa)로 되어 있다. 이것은 기본형 pathyā은 아니지만 허용 가능한 형식으로 '마–비뿔라'Mavipulā로 불린다.

쉬리니바사는 공작 체위를 설명한 후 별도의 산문에서 '지면상의 제약으로 더 이상의 아사나를 설명할 수 없다는 것'[112]을 밝히고 마지막으로 송장 체위를 설명한다.

37. 송장Śava (III.76)

athāntimaṃ śavāsanam-

III.76[ab] prasārya hastapādau ca   viśrāntyā śayanaṃ tathā ।

III.76[cd] sarvāsanaśramaharaṃ   śayitaṃ tu śavāsanam ॥

ity āsananirūpaṇam ॥

이제 마지막으로 송장 체위가 [설명된다].

바닥에 대고 누워서 두 손과 발을 펼치는 [바로 이 동작]이 체위를 수련함으로써 생겨난 모든 피로를 없애는 송장 체위이다.

이것으로 아사나에 대한 설명이 끝났다.

【해설】

송장 체위는 닷따뜨레야(Dattātreya, 13세기)의 『요가의 성전』(DyŚ.24)에서 처음 설명되었고 그 이후 『하타의 등불』 등 다양한 문헌에서 재인용되었다. 『하타의 보석 목걸이』에 따르면 이 동작의 주요한 효과는 '체위를 수련함으로써 생긴 모든 피로를 없애는 것'이다.[113]

112) "책의 분량이 늘어나므로 모든 아사나를 설명할 수 없다." granthavistārabhītyā tu sarveṣāṃ ca na lakṣitam ॥ GhS. III.75송 이후의 산문.

III. 호흡 수련의 중요성, 주의 사항

1. 호흡 수련의 당위성 (III.77-82)

atha prāṇāyāmaḥ

III.78[ab] athāsane dṛḍhe yogī vaśī hitamitāśanaḥ |

III.78[cd] gurūpadiṣṭamārgeṇa prāṇāyāmān samabhyaset ||

이제 호흡법이 [설명된다].

이제, 아사나에 통달했다면 [몸에] 이로운 음식을 적절히 먹고 또 자신을 통제한 수행자는 스승이 알려준 방법대로 호흡을 수련해야 한다.

【해설】

『하타의 보석 목걸이』는 『하타의 등불』과 동일하게 아사나, 정화법, 호흡법, 무드라, 삼매와 같은 다섯 행법을 설명하지만 그 순서는 아사나 → 정화법 → 호흡법 → 무드라 → 삼매가 아니라 정화법 → 무드라와 호흡법 → 아사나 → 삼매 순으로 편집되어 있다. 하지만 '아사나에 통달했다면 그 후에는 호흡을 수련해야 한다'는 내용에서 알 수 있듯이 요가

113) 따라서 송장 체위는, 모든 체위를 끝내고 마지막으로 하는 동작으로 파악되는데 『하타의 등불』 I.32에 대한 브라흐마난다의 주석에서 브라흐마난다는 다음과 같이 해설한 바 있다.
"[모든 체위를] 끝낼 무렵에 피로가 생기면 그것(송장 체위)을 하되 피로하지 않은 [고급 수행자]는 [송장 체위를] 하지 않아도 된다. '도립으로 불리는 행법'(도립 무드라)을 꿈브하까를 수련하기 전에 수련해야 한다. 이 이유는 잘란드하라 [반드하]를 편하게 하기 위해 꿈브하까를 하기 전에 해야 하기 때문이다."
tato 'bhyased āsanāni śrame jāte śavāsanam | ante samabhyaset tat tu

의 순서는 아사나 → 호흡 수련으로 파악된다. 또한 77송을 끝으로 아사나를 모두 설명한 후[114] 78송에서 "atha prāṇāyāmaḥ"(이제 호흡법을 설명하겠다)라고 말한 후 "체위에 통달했을 때 스승의 가르침대로 호흡수련 할 것"[115]을 당부하고 그 이후 마지막 97송까지 호흡 수련의 중요성과 수련 시간, 자세 등을 말한다는 점이다. 이 점에서 현 유포본『하타의 보석 목걸이』제III장과 II장은 순서가 바뀐 것으로 추정된다.

III.79[ab] cale vāte calaṃ cittaṃ niścale niścalaṃ tathā ।
III.79[cd] yogī sthāṇutvam āpnoti tato vāyuṃ nirundhayet ॥

기(氣, vāta)가 동요하면 마음도 동요하고 [기가] 안정되면 마음도 안정되고 요가 수행자는 부동성(sthāṇutva, =삼매)을 획득한다. 따라서 숨(vāyu)을 통제해야 한다.

III.80[ab] yāvad vāyuḥ sthito dehe tāvaj jīvitam ucyate ।
III.80[cd] maraṇaṃ tasya niṣkrāntis tato vāyuṃ nirodhayet ॥

숨이 몸속에 머물고 있는 그 기간을 '삶'이라 하고 숨이 [몸을] 떠난 것을 '죽음'이라 한다. 따라서 숨을 통제해야 한다.

III.81[ab] malākulāsu nāḍīṣu māruto naiva madhyagaḥ ।
III.81[cd] kathaṃ syād unmanībhāvaḥ kāryasiddhiḥ kathaṃ

śramābhāve tu nābhyaset ॥ 5 ॥ kāraṇīṃ viparītākhyāṃ kumbhakāt pūrvam abhyaset । jālaṃdharaprasādārthaṃ kumbhakāt pūrvayogataḥ ॥ HP-Jt. II.48(박영길: 2015, pp.242-243 재인용)

114) … ॥ 76 ॥ ity āsananirūpaṇam ॥

115) atha prāṇāyāmaḥ- athāsane dṛḍhe yogī … prāṇāyāmān samabhyaset ॥ HR. III.78.

bhavet ||

나디nāḍī들에 불순물이 채워져 있다면 기(māruta)는 결코 가운데(수슘나)로 흐를 수 없다. [쁘라나(=각성된 꾼달리니)가 수슘나로 흐르지 못한다면] 어떻게 운마니 상태를 이룰 수 있으며 어떻게 목표를 이룰 수 있겠는가?

III.82^ab brahmādayo 'pi tridaśāḥ[116) pavanābhyāsatatparāḥ |
III.82^cd abhūvann antakabhayāt[117) tasmāt pavanam abhyaset ||

브라흐만을 위시한 서른 [신]들조차 죽음에 대한 공포 때문에 호흡 수련에 매진했다. 그러므로 [인간은 반드시] 호흡을 수련해야만 한다.

2. 호흡 수련의 자세 (III.83)

III.83^ab siddhe vā baddhapadme vā svastike cāthavāsane |
III.83^cd ṛjukāyaḥ samāsīnaḥ prāṇāyāmān samabhyaset ||

달인siddha 혹은 연화baddhapadma 또는 길상svastika 자세로 허리를 곧게 편 수행자는 [지금부터] 호흡수련에 매진해야 한다.

【해설】

위 인용문의 첫 번째 게송과 유사한 내용은 『하타의 등불』 II.48에서

116) 본 게송은 8음절 4구의 아누쉬뚜브-쉴로까 운율로 작성되었는데 첫 번째 구의 5-6-7번째 음절은 '—∪∪'(브하-운각, Bha-gaṇa)로 되어 있다. 이것은 기본형 pathyā은 아니지만 허용 가능한 형식으로 '브하-비뿔라'Bhavipulā로 불린다.

117) 본 게송은 8음절 4구의 아누쉬뚜브-쉴로까 운율로 작성되었는데 세 번째 구의 5-6-7번째 음절은 '∪∪∪'(나-운각, Na-gaṇa)로 되어 있다. 이것은 기본형pathyā은 아니지만 허용 가능한 형식으로 '나-비뿔라'Navipulā로 불린다.

발견되지만 『하타의 등불』은 단순히 '안락한 자리에서(āsane sukhade) 그 좌법을 취한 후'로 되어 있다.[118]

3. 나디 정화(Nāḍīśodhana) 호흡 (III.84-86)

III.84[ab] padmāsanasthito yogī prāṇaṃ candreṇa pūrayet ǀ
[dhārayitvā yathāśakti punaḥ sūryeṇa recayet ǀ][119]
III.84[cd] prāṇaṃ sūryeṇa cākṛṣy pūrayitvodaraṃ śanaiḥ ǁ

연화좌를 취한 요가 수행자는 [먼저] 달(왼쪽 코)로 숨을 마셔야 한다.
[최대한 그 숨을 참은 후에 태양(오른쪽 코)으로 내쉬어야 한다.]
숨을 태양(오른쪽 코)으로 마시고 복부까지 조심스럽게 채운 후

III.85[ab] vidhivat kumbhakaṃ kṛtvā punaś candreṇa recayet ǀ
III.85[cd] yena tyajet tenāpūrya[120] dhārayed avirodhataḥ ǁ

규정대로 꿈브하까를 한 후에 다시 달(왼쪽 코)로 내쉬어야 한다.
숨을 내쉬었던 바로 그것(왼쪽 코)으로 숨을 마신 후 참아야 한다.

---

118) 브라흐마난다는 『월광』에서 이 부분을 "길상, 영웅, 달인, 연화 등등 가운데 한 자세 또는 달인좌가 중요하므로 달인좌를 취한 후에"로 해설한다. 이 점에 대해서는 박영길: 2015 p.371을 참조.

119) 『하타의 보석 목걸이』 III.84송은 『하타의 등불』 II.7-9[ab]를 인용한 것이지만 'dhārayitvā yathāśakti punaḥ sūryeṇa recayet'(최대한 그 숨을 참은 후에 태양(오른쪽 코)으로 내쉬어야 한다)이 누락되어 있다.

120) 본 게송은 8음절 4구의 아누쉬뚜브-쉴로까 운율로 작성되었는데 세 번째 구

【해설】

그하로떼(Gharote, Devnath, and Jha: 2002, p.125)가 지적했듯이 위의 III.84-85송은 『하타의 등불』(HP.II.7-9[ab])을 인용한 것이지만 84[ab]와 84[cd] 중간에 '최대한 그 숨을 참은 후에 태양으로 내쉬어야 한다.'하는 내용이 누락되어 있다. 여기서는 이 부분을 추가해서 나디 정화의 기법을 정리하면 다음과 같다.

① 왼쪽 코로 숨을 마시고
② 최대한 참은 후
③ 오른쪽 코로 내쉬고
④ 다시 오른쪽 코로 숨을 마시고
⑤ 최대한 참은 후
⑥ 왼쪽 코로 숨을 내쉬고
⑦ 다시 ①~⑥의 과정을 반복함

III.86[a] prāṇaṃ ced iḍayā piben niyamitaṃ bhūyo 'nyayā recayet
III.86[b] pītvā piṅgalayā samīraṇam atho baddhvā tyajed vāmayā ।
III.86[c] sūryācandramasor anena vidhinā bimbadvayaṃ dhyāyatāṃ
III.86[d] śuddhā nāḍigaṇ bhavanti yamināṃ māsatrayād ūrdhvataḥ ॥ 121)

숨을 이다(왼쪽 코)로 마셨다면 참고 난 후 다시 다른 쪽(오른쪽 코)로 내쉬어야 한다.

의 5-6-7번째 음절은 '— — —'(마-운각, Ma-gaṇa)로 되어 있다. 이것은 기본형 pathyā은 아니지만 허용 가능한 형식으로 '마-비뿔라'Mavipulā로 불린다.

121) 본 송은 19음절 4구의 샤르둘라비끄리디따(Śārdūlavikrīḍita: — — —∪∪—∪—∪∪

숨을 삥갈라(오른쪽 코)로 마시고 참은 후 왼쪽으로 내쉬어야 한다.
이와 같은 방식으로 태양과 달의 두 흐름을 떠올리는 통제자의 나디총은 3 개월 후에 청정해진다.

【해설】

II.86송 역시 『하타의 등불』(HP.II.10)을 인용한 것으로 숨을 내쉬고 마시는 방법, 즉 '왼쪽 코로 숨을 마셨다면 오른쪽 코로 숨을 내쉬고, 오른쪽 코로 숨을 마셨다면 왼쪽 코로 숨을 내쉬어야 한다는 것'을 간략히 밝히고 있다.[122)]

4. 호흡 수련의 규정과 효과 (III.87-97)

III.87[ab] prātar madhyadine sāyam ardharātre ca kumbhakān ǀ
III.87[cd] śanair aśītiparyantaṃ caturvāraṃ samabhyaset ǁ

여든 번에 이르기까지 새벽, 오전, 저녁, 한밤중과 같이 하루에 네 번씩 꿈브하까를 수련해야 한다.

III.88[ab] kanīyasi bhavet svedaḥ kampo bhavati madhyame ǀ
III.88[cd] uttiṣṭhaty uttame prāṇarodhe padmāsane muhuḥ ǁ

연화좌를 취한 후 [올바르게] 호흡을 수련한다면 초보기에는 땀이 나고 중급

U———U——U—) 운율로 작성되었다.

122) 한편, 『하타의 등불』에 따르면 세 번째 구의 후반부는 'anena vidhinābhyāsaṃ sadātanvatām'(항상 이와 같은 방법으로 수련하는데 몰입한 자에게)으로 되어 있지만 『하타의 보석 목걸이』에는 'anena bimbadvayaṃ dhyāyatām'(이와 같이 두 흐름을 떠올리는 자에게)으로 되어 있다.

단계에서는 진동이, 고급 단계에서는 갑자기 뛰어오르게 된다.

III.89[ab] jalena śramajātena aṅgamardanam ācaret ।
III.89[cd] dṛḍhatā laghutā cāpi tathāgātrasya jāyate ॥

[호흡을 수련할 때 생겨난] 땀으로 몸을 마사지한다면 몸이 건강해지고 가벼워지게 된다.

III.90[ab] yathā siṃho gajo vyāghro bhaved vaśyaḥ śanaiḥ śanaiḥ ।
III.90[cd] tathaiva sevito vāyur bhaved vaśyaḥ śanaiḥ śanaiḥ ॥

마치 사자와 코끼리와 호랑이를 천천히 길들여야 하듯이 그와 같이 조금씩 호흡을 정복해야 한다.

III.91[ab] prāṇāyāmena yuktena sarvarogakṣayo bhavet ।
III.91[cd] ayuktābhyāsayogena sarvarogasamudbhavaḥ ॥

규정대로 호흡을 수련한다면 모든 질병이 소멸하지만 올바르게 수련하지 않으면 만병을 얻게 된다.

III.92[ab] hikkā śvāsaś ca kāsaś ca śiraḥkarṇākṣivedanāḥ ।
III.92[cd] bhavanti vividhā rogāḥ pavanasya vyatikramāt ॥

기가 동요함으로써 딸꾹질, 천식, 기관지염, 두통, 귀와 눈의 통증 등 다양한 질병을 얻게 된다.

III.93[ab] yuktaṃ yuktaṃ tyajed vāyuṃ yuktaṃ

yuktaṃ prapūrayet ǀ

III.93[cd] yuktaṃ yuktaṃ ca badhnīyād evaṃ siddhim avāpnuyāt ǁ

올바르게 숨을 내쉬어야 하고 올바르게 숨을 마셔야 하며
올바르게 참아야 한다. 이렇게 할 때 성공할 것이다.

III.94[ab] yadā tu nāḍīśuddhiḥ syāt[123)] tadā cihnāni bāhyataḥ ǀ
III.94[cd] kāyasya kṛśatā kāntir jāyate tasya niścitam ǁ

나디가 청정해지면 몸이 날씬해지고 [얼굴에] 광채[가 나는 것]과 같은 외적인 증상이 나타날 것이다.

III.95[ab] yatheṣṭaṃ dhāraṇaṃ vāyo analasya pradīpanam ǀ
III.95[cd] nādābhivyaktir ārogyaṃ jāyate nāḍiśodhanāt ǁ

나디가 청정해지면 원하는 만큼 숨을 참을 수 있고 소화의 불을 지피며
비음을 듣게 되고 질병이 소멸할 것이다.

yogī yājñavalkyenoktam

III.96[ab] savyāhṛtiṃ sapraṇavāṃ[124)] gāyatrīṃ śirasā saha ǀ
III.96[cd] triḥ paṭhed āyataḥprāṇaḥ prāṇāyāmaḥ sa ucyate ǁ

123) 본 게송은 8음절 4구의 아누쉬뚜브-쉴로까 운율로 작성되었는데 첫 번째 구의 5-6-7번째 음절은 '———'(마-운각, Ma-gaṇa)로 되어 있다. 이것은 기본형 pathyā은 아니지만 허용 가능한 형식으로 '마-비뿔라'Mavipulā로 불린다.

124) 본 게송은 8음절 4구의 아누쉬뚜브-쉴로까 운율로 작성되었는데 첫 번째 구의 5-6-7번째 음절은 '—UU'(브하-운각, Bha-gaṇa)로 되어 있는데 이것은 기본형pathyā은 아니지만 허용 가능한 형식으로 '브하-비뿔라'Bhavipulā로 불린다.

요기 야갸발꺄께서 말씀하셨다.
하루에 세 번 'bhūḥ, bhuvaḥ, svaḥmataḥ, janaḥ, tapaḥsatyam과 같은 일곱 음'의 뷔야흐리띠vyāhṛti와 'a-u-m'(praṇava)을 동반한 가야뜨리gāyatrī 염송에 의해 쁘라나가 유지된 것이 쁘라나야마로 말해졌다.

atha śivavacanam

III.97ab prāṇāyāmaparo yogī so 'pi viṣṇur maheśvaraḥ ।

III.97cd sarvadevamayo yogī tasyāvajñāṃ na kārayet ॥

쉬바께서 말씀하셨다.
호흡 수련에 매진하는 요가수행자가 다름 아닌 비쉬누이고 마헤쉬바라이며 모든 신들과 동동한 존재이니 그를 모욕해서는 안된다.

간기

iti śrīnivāsayogīviracitāyāṃ haṭharatnāvalyāṃ tṛtīyopadeśaḥ ॥

이것으로 쉬리니바사요기가 저술한 하타의 보석 목걸이 중 세 번째 가르침이 끝났다.

네 번째 가르침
Caturthopadeśaḥ

1. 삼매의 정의 (IV.1-3)

IV.1[ab] salile saindhavaṃ yadvat sāmyaṃ bhavati yogavit |
IV.1[cd] tathātmamanasor aikyaṃ samādhiḥ so 'bhidhīyate ||

요가를 아는 수행자는, 마치 소금이 바닷물에 [녹아] 하나가 되듯이 그와 같이 아뜨만과 마음이 하나가 된 것을 삼매라 했다.

IV.2[ab] tatsamatvaṃ bhaved atra jīvātmaparamātmanoḥ |
IV.2[cd] samastanaṣṭasaṃkalpaḥ samādhiḥ so 'bhidhīyate ||

개아(jīvātman)와 최고 영혼(paramātman)의 합일, 모든 분별이 소멸된 그것이 삼매라고 일컬어졌다.

IV.3[a-b] dhyānād aspandamanasaḥ samādhiḥ so 'bhidhīyate ||

선정(禪定, dhyāna)에서 더 진전된 심리 상태가 삼매라고 일컬어졌다.

【해설】

하타요가 문헌에서 삼매는 다양하게 정의되었는데 그 내용은 크게 '소금이 바닷물에 녹듯이 아뜨만과 마음이 하나가 된 상태', '개아와 최고 영혼이 결합하고 모든 분별이 소멸된 상태', '쁘라나와 마음이 소멸된 상태', '선정의 단계가 더 심화된 상태' 등과 같은 네 종류로 나누어진다. 이 중에서 첫 번째의 정의는 베단따 철학에 의거한 삼매 정의로 『하타의 보석 목걸이』뿐만 아니라 그 이전 문헌인 『고락샤의 백송』(GŚ. 11-13세기)[1], 『요가의 성전』(DyŚ. 13세기)[2], 『샤릉가드하라 선집』(ŚP.1363년경)[3], 『하타의 등불』(HP.1450년경)[4] 등에서도 발견된다.[5] 두 번째의 정의 역시 베단따 철학에 기반을 둔 삼매 정의로 『고락샤의 백송』(GŚ. 11-13세기)[6], 『요가야갸발꺄』(YY. 9-13세기)[7], 『바시쉬타상히따』(VS. 12-13세기)[8], 『하타의 등불』[9] 등에서

---

1) "마치 물과 소금이 섞여 하나가 되듯이
그와 같이 아뜨만과 마음이 하나로 되는 것이 삼매로 말해졌다."
ambusaindhavayor aikyaṃ yathā bhavati yogataḥ ǀ
tathātmamanasor aikyaṃ samādhir abhidhīyate ǁ GŚ. II.86.

2) "삼매(samādhi)는 '개아(jīvātman)와 최고 영혼(paramātman)의 동일성 상태'이다."
samādhiḥ samatāvasthā jīvātmaparamātmanoḥ ǁ DyŚ. 126[ab]

3) "삼매(samādhi)는 '개아(jīvātman)와 최고 영혼(paramātman)의 동일성 상태'이다."
samādhiḥ samatāvasthā jīvātmaparamātmanoḥ ǀ ŚP.4488[ab] (69[ab])

4) "마치 소금이 물에 동일하게 골고루(yogataḥ) 섞이듯이
그와 같이 '아뜨만과 마음이 하나가 된 것'이 삼매라고 불려진다."
salile saindhavaṃ yadvat sāmyaṃ bhajati yogataḥ ǀ
tathātmamanasor aikyaṃ samādhir abhidhīyate ǁ HP.IV.5

5) 『게란다상히따』의 정의도 이와 유사하다.
"마음을 육신과 분리시켜 최고 영혼(paramātman)과 합일한 것을 삼매로 알아야 한다."
ghaṭād bhinnaṃ manaḥ kṛtvā aikyaṃ kuryāt parātmani ǀ
samādhiṃ taṃ vijānīyān ··· GhS. VII.3.

6) 일체의 대립쌍이 [소멸되고] 개아(jīvātman)와 최고 영혼(paramātman)이 하나로 되고 모든 분별이 사라진 것이 삼매라고 말해졌다.
yat sarvaṃ dvandvayor aikyaṃ jīvātmaparamātmanoḥ ǀ
samastanaṣṭasaṅkalpaḥ samādhiḥ so 'bhidhīyate ǁ GŚ. II.85.

7) "삼매는 개아(jīvātman)와 최고 영혼(paramātman)이 하나가 된 상태이다.
내적 자아(pratyagātman)가 오직 브라흐만 속에 머무는 것이 바로 삼매이다."
samādhiḥ samatāvasthā jīvātmaparamātmanoḥ ǀ
brahmaṇy eva sthitir yā sā samādhiḥ pratyagātmanaḥ ǁ YY. X.2

8) "삼매는 [마음의] 모든 토대가 소멸된 공의 상태(空性, śūnyatā)이라고 말해졌다.
개아와 최고아가 합일한 상태이다."
samādhiḥ śūnyatā proktā sarvārambhavivarjitā ǀ
samādhiḥ samatāvasthā jīvātmaparamātmanoḥ ǁ VS. VI.59

9) "그리고 개아와 최고아의 합일이라는 동일성,
즉 모든 분별이 소멸된 상태가 삼매라고 말해졌다."
tatsamaṃ ca dvayor aikyaṃ jīvātmaparamātmanoḥ ǀ

유사한 형태로 정의되었다. 세 번째의 '쁘라나와 마음이 소멸된 상태'는 하타요가 특유의 삼매 정의이자 『불멸의 성취』, 『아마라우그하』, 『요가의 근본』 등과 같은 초기 문헌의 사유를 계승한 것으로 『고락샤의 백송』(GŚ. 11-13세기)[10]과 『하타의 등불』(HP. 1450년경)[11]에서 정의된 것이다. 마지막의 정의는 『하타의 보석 목걸이』와 그 이전 문헌인 『샤릉가드하라 선집』(ŚP. 1363년경)[12]에서 발견되는 것으로 등장하는 것으로 육지요가 또는 팔지요가의 차제상, 선정 이후의 단계가 삼매라는 것을 밝히는 정의이다.[13]

한편, 로나블라본(HR^{L})에 따르면 제4송은 8음절 2구로 되어 있지만 레디본(HR^{R})에는 'ativistāra bhītyā tu na sarvam iha likhyate. IV. 3^{c-d}' (지나치게 분량이 늘어나므로 여기서 모두 기술할 수 없다)라는 반송이 추가되어 있다.

---

pranaṣṭasarvasaṃkalpaḥ samādhiḥ so 'bhidhīyate ‖ HP. IV. 7.

10) "쁘라나가 소멸되고 마음이 소멸할 때의
동일성이 삼매라고 말해졌다."
yadā saṃkṣīyate prāṇo mānasaṃ ca pralīyate |
tadā samarasatvaṃ ca samādhiḥ so 'bhidhīyate ‖ GŚ. II. 87.

11) "쁘라나가 소멸되고 마음이 소멸할 때의
동일성이 삼매라고 말해졌다."
yadā saṃkṣīyate prāṇo mānasaṃ ca pralīyate |
tadā samarasatvaṃ ca samādhir abhidhīyate ‖ HP. IV. 2.

12) "위에서 설명한 '선정(dhyāna)[의 상태]가 더 진전되어
순수 의식(caitanya)과 환희(ānanda)로 채워진 것'이 삼매이다."
yad etad dhyānam ākhyātaṃ tac cet pariṇamaty api |
caitanyānandarūpeṇa sa samādhir udīritaḥ ‖ ŚP. 4401(30)

13) 선정 이후에 삼매가 성취된다는 내용은 『고락샤의 백송』에서도 발견된다. "12번의 호흡 수련에 의해 [도달된 상태가] '회수'(pratyāhāra)라고 일컬어졌다. 12번의 '회수'에 의해 '응념'(dhāraṇā)이 이루어진다.(II. 81) 선정의 전문가들은, 12번

2. 비음(秘音, nāda) 명상 (IV.4-16)

IV.4[ab] indriyāṇāṃ mano nātho manonāthas tu mārutaḥ ।
IV.4[cd] mārutasya layo nāthaḥ sa layo nādam āśritaḥ ॥ [14)]

감관들의 주인은 마음(manas)이고 마음의 주인은 기(氣, māruta)이며, 기의 주인은 라야(laya)인데 바로 그 라야는 비음(秘音, nāda)에 의거해서 [성취]된다.

atha nādānusandhānam -
IV.5[a] nādānusandhānasamādhibhājāṃ
IV.5[b] yogīśvarāṇāṃ hṛdaye prarūḍham ।
IV.5[c] ānandam ekaṃ vacaso 'py agamyaṃ
IV.5[d] jānāti taṃ śrīgurunātha eva ॥ [15)]

이제 비음 명상(nādānusaṃdhāna)을 설명하고자 한다.

의 응념이 선정(禪定, dhyāna)이고 12번의 선정에 의해 삼매가 [일어난다고] 말했다.(II.82) 소리 등등의 오유(五唯, tanmātra)가 귀(耳) [등등과 같은 감관]들에 접촉되는 동안 기억(smṛti)이 [지속되는 것이] 선정인데, 삼매는 그 다음 단계이다.(II.83)"

prāṇāyāmadviṣaṭkena pratyāhāraḥ prakīrtitaḥ ।
pratyāhāradviṣaṭkena jāyate dhāraṇā śubhā ॥ GŚ. II.13.
dhāraṇādvādaśa proktaṃ dhyānaṃ dhyānaviśāradaiḥ ।
dhyānadvādaśakenaiva samādhir abhidhīyate ॥ GŚ. II.14.
śabdādīnāṃ ca tanmātraṃ yāvat karṇādiṣu sthitam ।
tāvad eva smṛtaṃ dhyānaṃ samādhiḥ syād ataḥ param ॥ GŚ. II.83.

14) IV.4송 이후에 'ativistārabhītyā tu na sarvam iha likhyate ॥'(분량이 너무 많아지므로 여기서 모든 것을 설명할 수는 없다.)라는 산문이 있다.

15) 본 송은 11음절 4구의 인드라바즈라(Indravajrā: ——∪——∪∪—∪——) 운율로 작성되었다.

'비음 명상을 통해서 삼매에 들어간 위대한 요가 수행자들'의 심장을 채우고 있는 법열, 진실한 것이고 언어로 표현될 수 없는 바로 그 법열을 오직 쉬리-구루나타만이 알고 계신다.

IV.6^{ab} udāsīnaparo bhūtvā sadābhyāsena saṃyamī |
IV.6^{cd} unmanīkaraṇaṃ sadyo nādam evāvadhārayet ||

항상 수련함으로써 [감각적 대상에] 무관심하게 된 수행자는, 운마니[삼매]를 일으키는 비음(nāda)에 집중해야 한다.

【해설】

비음(秘音, nāda) 명상은 '아나하따anāhata의 소리' 즉 '부딪치지 않고(anāhata) 내면에서 들리는 비밀스러운 소리'를 명상하는 기법이다. '소리를 듣는 것'과 관련된 내용은 초기 문헌인 『불멸의 성취』(AS. 11세기)[16]와 『아마라우그하의 자각』(AP.12-14세기)[17], 『요가야갸발꺄』(YY. 9-13세기)[19] 등에서 간략하게나마 언급되기는 했지만 『하타의 등불』(HP.1450년경)에서 '비음 명상법'(nādānusaṃdhāna)으로 체계화되었다. 『하타의 등불』에 따르면 비음 명상의 목표는 '단계별로 다양한 소리를 듣는 것 자체에 있는 것이 아니라 일차적으로는 소리마저 소멸시키는 것'(HP.IV.98, 100-101, 106)이 목표이고, 궁극적으로는 소리마저 소멸시킴으로써 '소리에 묶인 마음'까지 소멸

16) 『불멸의 성취』 19.15^{cd}-16송은 '부딪히지 않고 울리는 소리'(anāhata-śabda)을 듣게 되면서 여러 가지 증상들이 나타난다는 것'을 언급하고 20.7송은 이 단계에서 '초월적 공'(atiśūnya)을 경험하고 북소리를 내면에서 듣게 된다는 것을 말한다.

17) 『아마라우그하의 자각』(AP.46-352)는 '시작 단계에서 브라흐마-결절(brahmagranthi)이 뚫어질 때 장신구 소리와 같은 아나하따anāhata의 소리를 듣게 되고, 확립 단계에서 비쉬누-결절(viṣṇugranthi)이 관통된 후에는 북소리를 듣게 되고, 완성 단계에서 루드라-결절(rudragranthi)이 관통된 후에 피리 소리와 비나 소리를 듣게 된다'는 것을 언급한 바 있다.

시키는 것(HP.IV.89, 98)이다. 『하타의 보석 목걸이』에서 설명된 비음 명상 역시 '소리와 마음을 소멸시키는 것'(HR. IV.15)을 목표로 하고 있다.

IV.7[a] śīte kāle dvau paṭī vā paṭī vā
IV.7[b] pathyāhāre gopayo vā payo vā |
IV.7[c] bhakṣye bhojye vṛttim āraṇyakaṃ vā
IV.7[d] pāṇī droṇī ko 'pi vā bhakṣyapātre ‖[19)]

쌀쌀한 계절에는 한 겹 또는 두 겹의 천을 [걸쳐야 한다].
적절한 음식은 우유(gopayas)나 물(payas)이고
걸식 또는 숲에서 나온 음식을
손바닥이나 나무 접시 혹은 나뭇잎에 담아 먹어야 한다.

【해설】

IV.7송은 비음 명상과 관련된 주의 사항을 설명하는 것으로 보이지만 그 의미는 명확하게 파악되지 않는다. 그하로떼(HR[L], p.132)는 '겨울에는 한 겹의 옷 또는 접어서 입어야 하고 우유나 물을 마시고 구걸하거나 또는 숲의 나무 뿌리를 먹으며 지내야 하고 손이나 적절한 접시를 이용해야 한다.'고 번역했고 레디(HR[R], p.96)는 '겨울에는 한 겹 또는 두 겹의 옷을 입어야 하고 우유나 물 또는 숲에서 나온 음식을 손이나 나뭇잎 접시에 담아 섭취해야 한다.'고 번역했는데 원 저자의 의도는 모호하다.

IV.8[ab] karṇau pidhāya tūlena yaḥ śṛṇoti dhvaniṃ

18) 『요가야갸발꺄』(YY. VI.50-57)는 '산무키-무드라와 병행하는 호흡'을 수련할 경우 초보 단계에서는 소라고둥 소리, 중급 단계에서는 천둥소리를 듣게 되고 고급 단계에서는 폭포수 소리를 듣게 되는 것으로 설명한다.

19) 본 송은 11음절 4구의 샬리니(Śālinī: ——— ——∪ ——∪ ——) 운율로 작성되었다.

yamī ।

IV.8cd tatra cittaṃ sthiraṃ kuryād yāvat sthirapadaṃ vrajet ॥

수행자는 헝겊(tūla)으로 두 귀를 막은 후 [내면의] 소리를 듣고 확고한 경지에 이를 때까지 소리에(tatra) 마음을 고정시켜야 한다.

【해설】

『하타의 등불』(HP)은 비음 명상의 기법을 '샴브하비-무드라와 병행하는 기법'(HP.IV.67), '산무키-무드라(여섯 출입구의 봉인)[20]에 의거한 기법'(HP.IV.68)과 같은 두 종류를 설명하는데 『하타의 보석 목걸이』는 이와 달리 '솜과 같은 천(tūla)을 귀에 넣는 상태'에서 명상하는 방법을 소개한다.

IV.9ab śrūyate prathamābhyāse nādo nānā vidho bahuḥ ।
IV.9cd vardhamāne tato 'bhyāse śrūyate sūkṣmasūkṣmataḥ

처음 수련할 때는 다양한 수많은 소리가 들리게 되지만 수련이 진전되면 미세한 것보다 더 미세한 소리가 들리게 된다.

IV.10ab ādau jaladhijīmūtabherīnirjharasaṃbhavāḥ ।
IV.10cd madhye marddalaśaṃkhotthā ghaṇṭākāhalakās tathā ॥

초보 때는 파도, 천둥, 큰 북, 심벌즈 소리가 들리고 중급 단계에는 북, 소라

20) 『하타의 등불』에서 '산무키-무드라'는 무드라의 일종이 아니라 문자 그대로 '여섯(ṣaṇ) 출입구(mukhī)를 막는 것(mudrā)'을 의미하는데 브라흐마난다의 해설(HP-Jt. IV.68)에 따르면, 두 엄지로 두 귀를 막고, 두 집게로 양 눈을 막고, 그 다음 손가락으로 두 코를 막고 나머지 손가락으로 입을 막는 것이다.

고둥, 종, 뿔피리 소리가 들리고

IV.11[ab] ante tu kiṃkiṇīvṛndavīṇābhramaraniḥsvanāḥ ।
IV.11[cd] iti nānāvidhā nādāḥ śrūyante dehamadhyataḥ ॥

상급 단계에서는 몸 안에서 방울, 피리, 비나, 꿀벌 [소리]와 같은 다양한 종류의 소리가 들리게 된다.

【해설】

IV.9-11송은 비음 명상을 통해 들을 수 있는 소리를 언급하는데 초급 단계에서는 파도 소리, 천둥, 큰 북, 심벌즈 소리가 들리고 중간 단계에서는 북, 소라고둥, 종, 뿔피리 등의 소리가 들리고 마지막 단계에서는 방울, 피리, 벌소리, 비나 소리 등이 들리게 된다고 하는데 원문은 『하타의 등불』 IV.85-86송과 동일하다.

IV.12[ab] makarandaṃ pibed bhṛṅgo gandho na prekṣyate yathā ।
IV.12[cd] nādāsaktaṃ tathā cittaṃ viṣayān na hi kāṃkṣate ॥

마치 꿀을 마시고 있는 벌이 향기엔 관심 없듯이 그와 같이 비음nāda에 묶인 마음 역시 [다른] 대상으로 이끌리지 않는다.

IV.13[ab] sarvacintāṃ samutsṛjya sarvaceṣṭāṃ ca sarvadā ।
IV.13[cd] nādam evānusandhānān nāde cittaṃ vilīyate ॥

언제나 모든 상념과 일체의 행위를 버리고 비음nāda을 명상한다면 마음citta은 비음nāda 속으로 용해된다.

IV.14ab sarvacintāṃ parityajya sāvadhānena cetasā ǁ
IV.14cd nāda evānusandheyaḥ yogasāmrājyasiddhaye ǁ

일념으로 [비음을] 명상함으로써 모든 마음을 버릴지어다.
요가의 왕관을 성취하기 위해서는 오직 비음을 명상해야 한다.

【해설】

세 게송의 요지는, 내면에서 비밀스러운 소리가 들리게 되면 마음이 오직 소리에만 매달리고 따라서 마음이 소리에 완전히 고정된다는 것이다. 하지만 아래의 게송에서 알 수 있듯이 비음 명상의 목적은 '다양한 소리를 듣고 또 그것에 마음을 집중하는 것'이 아니라 소리마저 없앰으로써 '소리에 매달린 마음'조차 없애는 것이다.

IV.15ab kāṣṭhe pravartito vahniḥ kāṣṭhena saha līyate ǀ
IV.15cd nāde pravartitaṃ cittaṃ nādena saha śāmyati ǁ

장작에서 타오르는 불은 장작과 함께 꺼진다.
비음에서 움직이는 마음은 비음과 함께 소멸한다.

【해설】

위 게송 역시 『하타의 등불』(HP.IV.98)송을 인용한 것이다. 내용의 요지는 '마치 장작이 모두 타 버림으로써 불이 꺼지듯이 비음이 소멸할 때 그것에 매달린 마음도 소멸한다는 것'이다.[21)]

21) 『하타의 등불』(HP.IV.100)은 수행자가 진정으로 들어야 할 소리를 '지각되는 소리'가 아니라 '감추어진 소리', 즉 '마음'으로 규정하고 마음이 용해되는 곳을 비쉬누의 자리로 규정한 바 있다.

3. 요가의 네 단계 (IV.17-24)

atha yogāvasthā

IV.17ab ārambhaś ca ghaṭaś caiva tathā paricayas tathā |

IV.17cd niṣpattiḥ sarvayogeṣu yogāvasthā bhavanti tāḥ ||

이제 요가의 단계를 설명하고자 한다.

시작(ārambha), 확립(ghaṭa), 축적(paricaya), 완성(niṣpatti)은 모든 요가에 있는 요가의 [네] 단계들이다.

【해설】

요가의 네 단계는 초기 문헌인 『불멸의 성취』(AS. 11세기)[22]를 비롯해서 『아마라우그하의 자각』(AP.12-14세기)[23], 『요가의 성전』(DyŚ. 13세기)[25], 『요가야갸발꺄』(YY. 9-13세기)[25], 『쉬바상히따』(ŚS. 14세기)[26], 『하타의 등

22) 『불멸의 성취』는 '시작'(ārambha), '확립'(ghaṭa), '축적'(paricaya), '완성'(niṣpatti)과 같은 요가의 네 단계를 설명하고(박영길: 2019, pp.301-307) 요가 수행자의 유형을 '하급'(mṛdu), '중급'(madhya), '상급'(ādimātra), '최상급'(adhimātra)과 같은 네 종류로 설명(박영길: 2019, pp.297-301)하고 있다.

23) 『아마라우그하의 자각』은 '시작'(ārambha), '확립'(ghaṭa), '축적'(paricaya), '완성'(niṣpatti)과 같은 요가의 네 단계를 설명하고(박영길: 2019, pp.349-353) 요가 수행자의 유형을 '하급'(mṛdu), '중급'(madhya), '상급'(ādimātra), '최상급'(adhimātra)과 같은 네 종류로 설명하였다(박영길: 2019, pp.341-344).

24) 『요가의 성전』은 '시작'(ārambha), '확립'(ghaṭa), '축적'(paricaya), '완성'(niṣpatti)과 같은 요가의 네 단계를 설명하였다.(박영길: 2019, pp.436-437, 441-442, 461-462)

25) 『요가야갸발꺄』는 '하급'(adhama), '중급'(madhyama), '고급'(uttama)과 같은 세 단계를 설명하는데 하급 단계에서는 땀을 흘리게 되고 중급 단계에서는 진동을, 고급 단계에서는 몸이 떠오르게 된다. (박영길: 2019, pp.779)

26) 『쉬바상히따』(ŚS. III.62-78)는 '시작'(ārambha), '확립'(ghaṭa), '축적'(paricaya), '완성'(niṣpatti)과 같은 요가의 네 단계를 설명한다.

불』(HP.1450년경)[27], 『육따브하바데바』(YD. 1623년경)[28] 등에서 설명된 바 있다. 그중에 『불멸의 성취』, 『아마라우그하의 자각』, 『하타의 등불』은 요가의 네 단계를 비음 명상과 관련지어 설명했는데 『하타의 보석 목걸이』도 이와 동일하다.

IV.18ab brahmagranther[29] bhaved bhedo yo nādaḥ
 sūryasaṃbhavaḥ ।
IV.18cd vicitrakvaṇado dehe 'nāhataḥ śrūyate dhvaniḥ ॥

브라흐마 결절(brahmagranthi)가 뚫어지면 태양과 결합된 비음, 다양한 장신구 소리와 같은 '아나하따의 소리'(anāhataḥ dhvaniḥ: 부딪쳐서 울리는 소리가 아닌 소리)가 몸에서 들리게 된다.

【해설】

IV.17-24송은 요가의 단계를 네 단계로 설명하는데 내용은 『하타의 등불』 IV.69-76송을 인용한 것이다. 하지만 그하로떼가 지적했듯이[30] IV.18송의 첫 번째 복합어에서 차이점이 발견된다. 유포본 『하타의 보석 목걸이』 IV.18송의 원문은 'brahmarandhre'(브라흐마란드흐라)로 되어 있지만 그것의 원본인 『하타의 등불』에는 'brahmagranthi'(브라흐마 결절)로 되어 있다. 하지만 'brahmagranti'가 온전한 단어일 것으로 파악된다.

27) 『하타의 등불』은 '시작'(ārambha), '확립'(ghaṭa), '축적'(paricaya), '완성'(niṣpatti)과 같은 요가의 네 단계를 설명한다.(박영길: 2015, pp.698-708)

28) 『육따브하바데바』는 『쉬바요가』(Śivayoga)를 인용하며 '시작'(ārambha), '확립'(ghaṭa), '축적'(paricaya), '완성'(niṣpatti)과 같은 요가의 네 단계를 설명하고 있다.(박영길: 2019. pp.1,108-1,110)

29) 후술하겠지만, 현 유포본에는 'brahmarandhre'로 되어 있지만 'brahmagranthe'가 올바른 단어일 것으로 파악해서 'brahmagranthi'로 수정했다.

30) Ghatote, Devnath, and Jha: 2002, p.135.

먼저 『하타의 보석 목걸이』 IV.18송, 그리고 그것의 원본인 『하타의 등불』 IV.70의 원문을 비교하면 다음과 같다.

HR^L. IV.18^ab; HR^R. IV.18^ab

① brahmarandhre bhaved bhedo ② yo nādaḥ sūryasambhavaḥ |

브라흐마란드흐라가 뚫어지면 태양과 결합된 비음이 일어나고

HP^A. IV.70^ab

① brahmagranther bhaved bhedo

② hy ānandaḥ sūnyasaṃbhavaḥ |

브라흐마-결절이 뚫어지면 [심장의] 공간에서 환희가 일어나고

『하타의 보석 목걸이』 IV.18송의 원본이라 할 수 있는 『하타의 등불』 IV.70송의 원문이 더 정확할 것으로 추정된다. 첫 번째 이유는 회음부에 있는 '브라흐마-결절'(brahma-granthi), 가슴부의 '비쉬누-결절'(viṣṇu-granthi), 미간의 '루드라-결절(rudra-granthi)'과 같은 세 결절(granthi-traya) 중에서 가장 먼저 관통되는 것이 브라흐마-결절이기 때문이다. 더욱이 아래의 VI.21송이 '비쉬누-결절의 관통'을 설명하고 IV.26송이 '루드라-결절의 관통'을 설명하므로 여기서는 '브라흐마-결절의 관통'이 설명되어야 하기 때문이다. 두 번째 이유는, '브라흐마란드흐라'brahmrandhra는 '관통되어야 할 장애물'(결절)이 아니라 브라흐마, 비쉬누, 루드라-결절을 관통한 후 최종적으로 도달해야 할 지점이기 때문이다.[31]

한편, ②의 경우 역시 『하타의 등불』의 원문을 잘못 인용한 것으로 보이는데 그것은 '태양'(sūrya)이라는 단어가 아니라 '공'(śūnya)이어야 할 것으로 판단된다. 그 이유는 '심장의 공(śūnya: HR.19) → 초월적 공(ātiśūnya:

31) IV.24송에 따르면 바로 이 브라흐마란드흐라는 '쉬바가 머무는 자리'이다.

HR.20) → 위대한 공(mahāśūnya: HR.21)으로의 진전'이 설명되기 때문이다.

따라서 위 게송의 의미는 '브라흐마-결절이 관통되면 [심장의] 공간에서 환희가 일어나고 다양한 장신구 소리와 같은 '아나하따의 소리'(anāhataḥdhvaniḥ: 부딪쳐서 울리는 소리가 아닌 소리)가 몸에서 들리게 된다.'로 파악된다.

IV.19[ab] divyadehaḥ sutejasvī divyagandhas tv arogavān ।
IV.19[cd] saṃpūrṇahṛdaye śūnye tv ārambhe yogavān bhavet ॥

심장의 공에 [쁘라나와 환희심으로] 채워진 시작 단계에 도달한 수행자는 신적인 몸(神體, divyadeha), 광채, 신적인 향기를 지니게 되고 질병은 모두 소멸한다.

IV.20[ab] dvitīyāyāṃ ghaṭīkṛtya vāyur bhavati madhyagaḥ ।
IV.20[cd] dṛḍhāsano bhaved yogī kāmadevasamas tadā ॥

두 번째 [단계]에서 바유는 결합된 후 '중앙 [짜끄라]'로 간다. 그 때 수행자는 아사나에 통달한 자가 되고 사랑의 신처럼 [아름답게 변모]한다.

IV.21[ab] viṣṇugranthes tathā bhedaḥ paramānandasūcakaḥ ।
IV.21[cd] atiśūnye vimardaś ca bherīśabdas tathā bhavet ॥

[이 단계에서는] 비쉬누-결절(viṣṇugranthi)이 뚫어지고 최고의 환희를 맛보게 되며 '초월적인 공'(atiśūnya: 목구멍 안)에서 우르릉 거리는 북소리가 일어난다.

IV.22[ab] tṛtīyāyāṃ tato nityaṃ āviṣkāro mardaladhvaniḥ |
IV.22[cd] mahāśūnyaṃ tato yāti sarvasiddhisamāśrayam ||

세 번째 단계에서는 항상 북소리가 일어난다. 그 후 [쁘라나는] '모든 신통력의 근원'인 '위대한 공'(mahāśūnya: 미간)으로 가고

IV.23[ab] cidānandaṃ tato jitvā paramānandasaṃbhavaḥ |
IV.23[cd] doṣaduḥkhajarāmṛtyukṣudhānidrāvivarjitaḥ ||

그 후 심리적 즐거움을 초월한 절대적 환희를 얻게 되고 질병과 고통, 늙음과 죽음, 배고픔, 졸림을 초월하게 된다.

IV.24[ab] rudragranthiṃ tato bhitvā śarvapīṭhagato 'nilaḥ |
IV.24[cd] niṣpattau vaiṇavaḥ śabdaḥ kvanadvīṇākvaṇo bhavet ||

그 다음에는 기(氣, anila)는 루드라-결절(rudragranthi)을 관통한 후 '쉬바의 자리'(śarvapīṭha)에 도달한다. 완성(niṣpatti)단계에서는 피리 소리와 비나 소리가 일어난다.

【해설】

『하타의 보석 목걸이』에서 설명된 요가의 네 단계는 『하타의 등불』과 동일하므로 간략히 도표화하면 다음과 같다.

『하타의 보석 목걸이』 요가의 네 단계 (= HP.IV.69-76)				
단계	① 시작 (Ārambha)	② 확립 (Ghaṭa)	③ 축적 (Paicaya)	④ 완성 (Niṣpatti)
몸속의 공간	공 (Śūnya)	초월적 공 (Atiśūnya)	위대한 공 (Mahāśūnya)	

위치	심장 (Hṛdaya)	목 (Kaṇṭha)	미간 (Bhrūmadhya)	
짜끄라	아나하따 (Anāhata)	중앙(Madhya =Viśuddha)	아갸 (Ājñā)	
결절	브라흐마 (Brahma)	비쉬누 (Viṣṇu)	루드라 (Rudra)	
소리	장신구 (Kvaṇaka)	작은북 (Vimarda)	큰북 (Mardala)	피리(Vainava), 비나(Vina)

*『하타의 등불』(박영길: 2015, p.700) 재인용.

4. 참된 스승 (IV.25)

IV.25[a] dṛṣṭiḥ sthirā yasya vinaiva lakṣyād
IV.25[b] vāyuḥ sthiro yasya vinā prayatnāt ǀ
IV.25[c] cittaṃ sthiraṃ yasya vināvalambanāt
IV.25[d] sa eva yogī sa guruḥ sa sevyaḥ ǁ [32)]

시선이 대상으로 향하지 않고 고정된 자, 힘들이지 않고서도 기(vāyu)를 고정시킨 자, 마음의 토대를 없앰으로써 마음을 고정시킨 자, 바로 그를 [진정한] 요가 수행자로, 스승으로 알아야 한다.

32) 본 송은 11음절의 인드라바즈라와 우뻰드라바즈라가 혼용된 우빠자띠Upajāti 운율이다. 네 구 중 마지막 구는 인드라바즈라(Indravajrā: ——∪ ——∪ ∪—∪ ——)이고 나머지 세 구는 우뻰드라바즈라(Upendravajrā: ∪—∪ ——∪ ∪—∪ ——)이고 이와 같은 구조의 우빠자띠는 재차 '차야'Chāyā로 불린다.

5. 운마니, 샴브하비, 케짜리, 마논마니 (IV.26-30)

IV.26[ab] tattvaṃ bījaṃ haṭhaṃ kṣetram audāsīnyaṃ jalaṃ tribhiḥ |
IV.26[cd] unmanī kalpalatikā[33)] sadya eva phaliṣyate ||

마음은 씨앗(bīja)이고 하타[요가]는 밭(kṣetra)이며, 이욕離欲은 물(jala)이다. 이 세 가지에 의해 곧바로 운마니unmanī [삼매]라는 여의수(如意樹, kalpalatikā)가 성장할 것이다.

VI.27[ab] vedaśāstrapurāṇāni sāmānyagaṇikā iva |
VI.27[cd] ekaiva śāṃbhavīmudrā guptākulavadhūr iva ||

베다와 경전과 뿌라나는 만인의 매춘부와 같다. 오직 하나 샴브하비-무드라만이 명문가의 여인처럼 보호되었다.

VI.28[ab] ekaṃ sṛṣṭimayaṃ bījam ekā mudrā ca khecarī |
VI.28[cd] eko devo nirālamba ekāvasthā manonmanī ||

창조를 일으키는 유일한 [존재]는 씨앗(옴, oṃ)이고 , 최고의 무드라는 케짜리이며, 유일한 신은 '자존자'自存者이고 유일한 경지는 마논마니이다.

III.29[a-b] mano yatra vilīyeta pavanas tatra līyate ||

33) 본 게송은 8음절 4구의 아누쉬뚜브-쉴로까 운율로 작성되었는데 세 번째 구의 5-6-7번째 음절은 '———'(마-운각, Ma-gaṇa)로 되어 있다. 이것은 기본형(pathyā)은 아니지만 허용 가능한 형식으로 '마-비뿔라'Mavipulā로 불린다.

마음이 소멸하는 곳에 기(氣, pavana)도 소멸한다.

6. 몸에 대한 앎(나디, 짜끄라) (IV.31-37)

IV.31ab śarīraṃ tāvad evaṃ hi ṣaṇṇavatyaṃgulātmakam ।
IV.31cd vidyate sarvajantūnāṃ svāṅgulibhir iti priye ॥

사랑하는 이여!
사람들의 신체는 '자신의 [손가락 한 마디 길이인] 앙굴라' 단위로 [계산하면 신체는] 96앙굴라의 길이이다.

IV.32ab dehe dvātriṃśad asthīni śastaṃ syāt pārśvayor dvayoḥ ।
IV.32cd dvāsaptatisahasrāṇi[34] nāḍyaś carati mārutaḥ ॥

몸속에는 32개의 상서로운 뼈들이 [척추] 양 옆에 있다.
[인체 안에는] 72,000개의 나디가 있고 [그 속으로] 기(氣, māruta)가 순환한다.

【해설】

위 게송은 신체의 길이를 간략히 설명하는데 그 의미는 '자신의 손가락 한 마디 길이'(앙굴라)에 96을 곱한 숫자가 '머리에서 발까지의 키身長'라는 것이다. 위 게송과 동일한 내용은 『요가야갸발꺄』(YY) IV.7에서도 발견되는데 『요가야갸발꺄』는 '쁘라나prāṇa가 96앙굴라 길이의 몸뿐만

34) 본 게송은 8음절 4구의 아누쉬뚜브-쉴로까 운율로 작성되었는데 세 번째 구의 5-6-7번째 음절은 '∪——'(사-운각, Sa-gaṇa)로 되어 있다. 이것은 기본형(pathyā)은 아니지만 허용 가능한 형식으로 '사-비뿔라'Savipulā로 불린다.

아니라 신체 밖 12앙굴라까지 작용한다는 것'을 밝힘으로써[35] 쁘라나의 작용 범위를 설명하지만 『하타의 보석 목걸이』는 '96앙굴라 길이의 몸속에 72,000개의 나디nāḍī가 있고 그 속에서 쁘라나가 순환한다는 것'을 밝힌다는 점에서 차이점이 있다.

IV.33ab mūlādhāre sthitaṃ cakraṃ kukkuṭāṇḍam iva sthitam |
IV.33cd nāḍīcakram iti proktaṃ tasmān nāḍyaḥ samāgatāḥ ||

물라드하라에는 마치 계란처럼 생긴 원반이 있는데 이것이 나디-총叢(nāḍīcakra)이다. 이곳에서 모든 나디nāḍī들이 [온몸으로] 퍼져 나간다.

IV.34ab nāḍīnām api sarvāsāṃ mukhyās tatra caturdaśa |
IV.34cd suṣumṇā piṅgalā caiva sarasvatī tathā kuhuḥ ||
IV.35ab yaśasvinī vāruṇī ca[36] gāndhārī śaṅkhinī tathā |
IV.35cd pūṣā viśvodarī jihvā cālambuṣāca haṃsinī |
IV.35ef iḍā nāḍī ca sarvāsāṃ mukhyāś caitāś caturdaśa ||

[72,000개의] 모든 나디들 중에서도 중요한 것은 열네 개다.
수슘나, 삥갈라, 사라스바띠, 꾸후, 야샤스비니, 바루니, 간드하리, 샹키니, 뿌

35) 『요가야갸발꺄』: 사랑하는 이여! 사람들의 신체는 '자신의 [손가락 한 마디 길이인] 앙굴라' 단위로 96앙굴라의 길이인데 쁘라나는 [바로 이 인간의] 신체 밖으로 12앙굴라까지 [작용한다].
śarīraṃ tāvad evaṃ hi ṣaṇṇavatyaṅgulātmakam |
viddhy etat sarvajantūnāṃ svāṅgulībhir iti priye |
śarīrād adhikaḥ prāṇo dvādaśāṅgulam ānataḥ || YY. IV.7.

36) 본 게송은 8음절 4구의 아누쉬뚜브-쉴로까 운율로 작성되었는데 첫 번째 구의 5-6-7번째 음절은 '—∪—'(라-운각, Ra-gaṇa)로 되어 있다. 이것은 기본형(pathyā)은 아니지만 허용 가능한 형식으로 '라-비뿔라'Ravipulā로 불린다.

샤, 비쉬보다리, 지흐바, 알람부샤, 함시니, 이다와 같은 열네 개가 모든 나디들 중에서 중요하다.

IV.36ab tāsāṃ mukhyatamās tisras tisṛṣv ekottamā sthitā |
IV.36cd iḍāyāṃ piṅgalāyāṃ ca somasūryau pratiṣṭhitau ||

'이상의 열네 개 중에서'(tāsām) 더더욱 중요한 것은 세 개이고, 세 나디 중에서도 가장 중요한 것은 한 개이다. 달(soma)과 태양(sūrya)은 각각 이다iḍā와 삥갈라piṅgalā에 있다.

IV.37ab tāmaso rājasaś caiva savyadakṣiṇasaṃsthitau |
IV.37cd iḍā niśākarī jñeyā piṅgalāsūryarūpiṇī ||

왼쪽에 있는 것(이다-나디)은 '따마스적인 것'(tāmasa)이고 오른쪽에 있는 것(삥갈라-나디)은 '라자스적인 것'(rājasa)인데 [왼쪽에 있는] 이다īḍā는 '달로 이루어진 것'이고 [오른쪽에 있는] 삥갈라piṅgalā는 '태양을 본성으로 하는 것'이다.

【해설】

나디nāḍī는 『찬도갸 우빠니샤드』(Chānd-Up)와 『까타 우빠니샤드』(Kaṭha-Up), 『쁘라쉬나 우빠니샤드』(Praśna-Up)와 같은 고古-우빠니샤드에서도 언급되었는데 『찬도갸 우빠니샤드』와 『까타 우빠니샤드』, 『쁘라쉬나 우빠니샤드』에 따르면 나디의 수는 101개이다.[37] 『브리하다란야까 우빠니샤드』는 나디의 수를 72,000개로 설명하는데[38] 바로 이 72,000나디설說은 『고락샤의 백송』, 『하타의 등불』, 『하타의 보석 목걸이』 등 대부분

37) Chānd-Up.VIII.6.6; Kaṭha-Up.II.3.6; Praśna-Up.III.8. 박영길: 2019, p.1,227 재인용.

의 하타요가 문헌에 계승되었다. 하지만 하타요가 문헌이 실제로 언급했던 나디는 10개 또는 14개인데 그중에 중요시된 것은 '이다, 삥갈라, 수슘나와 같은 세 개'이고 바로 그 세개 중에서도 특히 중요시된 것은 '수슘나'이다.[39]

우빠니샤드와 하타요가 문헌에서 언급된 나디의 종류와 명칭을 정리하면 다음과 같다.

나디(nāḍī)의 수와 명칭		
시대	문헌 명	종류, 명칭
8th. BCE	찬도갸 우빠니샤드	100+1
8th. BCE	브리하다란야까 우빠니샤드	72,000
5th. BCE	카타 우빠니샤드	101+1
1th. BCE	쁘라쉬나 우빠니샤드	101+1
8th.	샹까라의 우빠니샤드 주해	100+1 Kaṭha-Up-Śbh.II.3.16: 1개의 나디를 수슘나로 부름
11th.	『불멸의 성취』 *Amṛtasiddhi*	① 이다 ② 삥갈라 ③ 중앙(=수슘나)
12-14th.	『아마라우그하의 자각』 *Amaraughaprabodha*	'모든 나디', '중앙[나디]'(=수슘나)가 언급됨
13th.	『달의 시선』 *Candrāvalokana*	'가운데 길'(=수슘나) 언급됨
12-14th.	『요가야갸발꺄』 *Yogayājñavalkya*	72,000나디 ① 수슘나 ② 이다 ③ 삥갈라 ④ 사라스바띠 ⑤ 꾸후 ⑥ 간드하리 ⑦ 하스띠지흐바

38) hitānāma nāḍyo dvāsaptatiḥ sahasrāṇi … Bṛhad-Up.II.1.19. 박영길: 2019, p.1,227 재인용.

39) 8세기의 샹까라도 『까타-우빠니샤드』 II.3.16에 대한 주석에서 '101개의 나디 중에서 정수리로 이어진 1개의 나디'를 수슘나suṣumṇā로 해설한 바 있다.

		⑧ 비쉬보다라 ⑨ 바루니 ⑩ 빠야스비니 ⑪ 샹키니 ⑫ 뿌샤 ⑬ 야샤스비니 ⑭ 알람부샤
13-14th...	『고락샤의 백송』 *Gorakṣaśataka*	72,000나디 ① 이다 ② 삥갈라 ③ 수슘나 ④ 간드하리 ⑤ 하스띠지흐바 ⑥ 뿌샤 ⑦ 야샤스비니 ⑧ 알람부샤 ⑨ 꾸후 ⑩ 샹키니
14th.	『요가의 성역』 *Yogaviṣaya*	① 이다 ② 삥갈라 ③ 수슘나
14th.	『샤릉가드하라 선집』 *Śārṅgadharapaddhati*	72,000나디 ① 이다 ② 삥갈라 ③ 수슘나 ④ 사라스바띠 ⑤ 간드하리 ⑥ 하스띠지흐바 ⑥ 뿌샤 ⑧ 알람부샤 ⑨ 꾸후 ⑩ 샹키니
14th.	『요가의 근본』 *Yogabīja*	① 이다 ② 삥갈라 ③ 브라흐마나디, 수슘나
14th.	『쉬바상히따』 *Śivasaṃhitā*	350,000 나디 ① 수슘나 ② 이다 ③ 삥갈라 ④ 간드하리 ⑤ 하스띠지흐바 ⑥ 꾸후 ⑦ 사라스바띠 ⑧ 뿌샤 ⑨ 샹키니 ⑩ 빠야스비니 ⑪ 바루니 ⑫ 알람부샤 ⑬ 비쉬보다리 ⑭ 야샤스비니
1450년	『하타의 등불』 *Haṭhapradīpikā*	72,000 나디 이다, 삥갈라, 수슘나(브라흐마나디) 언급
16th.	『요가의 은하수』 *Yogatārāvalī*	① 태양 나디 ② 달 나디
1600-1650년	『성자들의 정설 선집』 *Siddhasiddhānta-paddhati*	72,000 나디 ① 이다 ② 삥갈라 ③ 간드하리 ④ 하스띠지흐비까 ⑤ 뿌샤 ⑥ 야샤스비니 ⑦ 알람부샤 ⑧ 꾸후 ⑨ 샹키니 ⑩ 수슘나
1623년	『육따브하바데바』 *Yuktabhavadva*	72,000 나디 ① 이다 ② 삥갈라 ③ 수슘나 ④ 사라스바띠 ⑤ 바루나 ⑥ 뿌샤 ⑦ 하스띠지흐바 ⑧ 야샤스비니 ⑨ 비쉬보다라 ⑩ 꾸후 ⑪ 샹키니 ⑫ 빠야스비니 ⑬ 알람부샤 ⑭ 간드하리

		72,000 나디
1625-1695년	『하타의 보석 목걸이』 *Haṭharatnāvalī*	① 수슘나 ② 삥갈라 ③ 사라스바띠 ④ 꾸후 ⑤ 야샤스비니 ⑥ 바루니 ⑦ 간드하리 ⑧ 샹키니 ⑨ 뿌샤 ⑩ 비쉬보다리 ⑪ 지흐바 ⑫ 알람부샤 ⑬ 함시니 ⑭ 이다
박영길: 2019, pp. 1,227-1229를 재가공함		

7. 우주와 신체의 대응 (VI.38-41)

IV.38[ab] vīṇādaṇḍamayo merur asthīni kulaparvatāḥ ǀ
IV.38[cd] iḍā bhāgirathī proktā piṅgalā yamunā nadī ǁ

[몸속에 있는] 척추가 메루meru이고 뼈들이 꿀라[산]들이다.
이다iḍā는 강가(bhāgirathī, =gaṅgā)이고 삥갈라piṅgalā는 야무나-강(nadī)[40]이고

IV.39[ab] sarasvatī suṣumnoktā nāḍyo 'nyā nimnagāḥ smṛtāḥ ǀ
IV.39[cd] dvīpāḥ syur dhātavaḥ sapta svedalālādayor mayaḥ ǁ

수슘나suṣumṇā는 사라스바띠이다. 그 외의 강들[도 몸속의 나디와 대응한다].
'땀과 침 등으로 구성된 인체의 일곱 요소들'이 [일곱 개의] 섬(dvīpa)이다.

IV.40[ab] mūle tiṣṭhati kālāgniḥ kapāle candramaṇḍalam ǀ
IV.40[cd] nakṣatrāṇy aparāṇy āhur evaṃ yojyaṃ tu dhīmatā ǁ

40) 일반적으로 '나디'는 'nāḍī'로 표기되지만 여기서는 '강'江을 의미하는 'nadī'로 되어 있다.

'죽음의 불'(kālagni, 태양)은 아래(mūla, =복부)에 있고, 달(candra, 불사의 감로)은 정수리(kapāla)에 있다.
현자는, 하늘의 별들 등등도 이와 같은 방식으로 [인체에] 대응하는 것으로 [알아야 한다].

IV.41ab granthavistārabhītyā tu nāsmābhir iha likhyate ।
IV.41cd śrutyāgamapurāṇādyaiḥ piṇḍabrahmāṇḍanirṇayaḥ ।
IV.41ef jñātavyaḥ sarvayatnena mokṣasāmrājyam icchatā ॥

지면상의 제약으로 우리들은 더 이상 [자세히] 열거할 수 없다. [하지만 진정으로] '해탈의 왕국을 원하는 자'는 천계서와 아가마, 뿌라나 등등의 [문헌을] 통해 신체(piṇḍa)와 우주(brahmāṇḍa)의 관계를 공부해서 터득해야 한다.

【해설】

'우주에 존재하는 것은 인간의 몸속에 있고 인간의 몸에 없는 것은 우주에도 없다는 사유'는 초기 문헌인 『불멸의 성취』(AS)[42]를 비롯해서 14세기 문헌인 『쉬바상히따』(ŚS. II.1-5)[42] 등에서도 발견되고 『하타의 보석

41) 『불멸의 성취』 I.19: "삼계(三界, trailokya)에 존재하는 것은 모두 인간의 몸에 있고 인간의 몸에 없는 것은 다른 곳에도 없다."
trailokye yāni nityāni tāni sarvāṇi dehataḥ ।
śarīre yāni tattvāni na santy anyatra tāni vai ॥ AS. 1.19(박영길: 2019, p.258)

42) 『쉬바상히따』 II.1: "인간의 몸속에는 일곱 개의 섬으로 둘러싸인 메루[산]과 강과 바다들, 산들과 대지 그리고 대지의 지배자들이 있고"
dehe 'smin vartate meruḥ saptadvīpasamanvitaḥ ।
saritaḥ sāgarāḥ śailāḥ kṣetrāṇi kṣetrapālakāḥ ॥ ŚS. II.1.
『쉬바상히따』 II.2: "신선과 성자들, [하늘에 있는] 모든 별들과 행성들이 있으며 성지들과 사원들, 사원의 신들도 [인간의 몸속에] 있다."
ṛṣayo munayaḥ sarve nakṣatrāṇi grahās tathā ।
puṇyatīrthāni pīṭhāni vartante pīṭhadevatāḥ ॥ ŚS. II.2.
『쉬바상히따』 II.3: "창조와 파괴를 일으키는 달과 태양도 [인간의 몸속에서] 순

목걸이』에서도 간략히 설명되었고 16세기의 『성자들의 정설 선집』(SP)에서 체계화된 바 있다.[43)]

쉬리니바사는 '지면의 제약으로 더 자세히 설명할 수 없다'고 말한 후 41송에서 '천계서와 아가마, 뿌라나 등등을 통해 신체와 우주의 관계를 공부할 것'을 당부하면서 이 주제를 마무리할 뿐이지만 '소우주로서의 인간과 대우주가 대응한다는 것'을 밝힌 하타요가 문헌 중 하나라는 점에서 의의를 지닌다.

8. 오분결합 pañcīkaraṇa (IV.42)

atha pañcīkaraṇam-

IV.42[a] śabdād vyoma sparśatattvena vāyus

IV.42[b] tābhyāṃ rūpād vahnir etai rasāc[44)] ca ǀ

IV.42[c] ambhāṃsy ebhir gandhato bhūdharādyā

환하며 하늘과 바람, 불, 물, 땅도 몸속에 있다."

sṛṣṭisaṃhārakartārau bhramantau śaśibhāskarau ǀ

nabho vāyuś ca vahniś ca jalaṃ pṛthvī tathaiva ca ǁ ŚS. II.3.

『쉬바상히따』 II.4: "이 삼계에 존재하는 모든 것은 인간의 몸속에 있으며 모든 활동은 메루를 둘러싸고 일어난다."

trailokye yāni bhūtāni tāni sarvāṇi dehataḥ ǀ

meruṃ saṃveṣṭya sarvatra vyavahāraḥ pravartate ǁ ŚS. II.4.

『쉬바상히따』 II.5: "'이 모든 것'을 아는 자가 의심할 바 없는, [진정한] 요가수행자이다."

jānāti yaḥ sarvam idaṃ sa yogī nātra saṃśayaḥ ǁ ŚS. II.5.

43) 『성자들의 정설 선집』은 '우주에 존재하는 것은 모두 인간의 몸속에 있고 인간의 몸에 없는 것은 우주에도 없다는 관점'에서 우주와 인간의 대응 요소를 설명하는 철학서이자 아홉 짜끄라, 열여섯 토대, 다섯 공간, 세 표적, 열 나디 등 인체의 구조를 설명하는 하타요가 해부학서이다.

자세한 내용과 번역은 박영길: 2019, pp.861-980을 참조.

44) etai rasāc (etaiḥrasāc → etair rasāc→ etai rasāc)

IV.42d bhūtāḥ pañca syur guṇānukrameṇa ‖ [45)]

이제 오분결합을 말하고자 한다.
성(聲, śabda)으로부터 공(空, vyoman)이 생성되고
[성과] 촉(觸, sparśa) 요소로부터 풍(風, vāyu)이 생성되며
양자(성, 촉)와 색(色, rūpa)으로부터 화(火, vahin)가 생성되고
이것들(성, 촉, 화, 색)과 미(味, rāsa)로부터 수(水, ambhas)[가 생성되며]
이것들과(ebhiḥ) 향(香, gandha)으로부터 지(地, bhūdhara) 등과 같은
다섯 요소가 각각의 속성들을 지니고 전개된다.

【해설】

IV.42송은 오분결합을 간략히 설명하는데[46)] 단순한 설명이므로 내용을 정리하면 다음과 같다.

① 성聲 → 공空, vyoman
② 성聲 + 촉觸 → 풍風, vāyu
③ 성聲 + 촉觸 + 색色, rūpa → 화火, vahni
④ 성聲 + 촉觸 + 색色 + 미味, rasa → 수水, ambas
⑤ 성聲 + 촉觸 + 색色 + 미味 + 향香, gandha → 지地, bhū

---

45) 본 송은 11음절 4구의 샬리니(Śālinī: ――――――∪――∪――') 운율로 작성되었다.

46) 오분결합은 『베단따의 정수』(*Vedāntasārā*)를 비롯해서 『진리 자각』(*Tattvabodha*) 등 베단따의 소품집에서 흔히 발견되는 내용이고 특히 샹까라의 것으로 귀속된 후대 문헌 『오분결합』(*Pañcīkaraṇa*)은 이 주제만을 다루고 있다.

9. 최고의 경지 (IV.43-52)

IV.43[ab] karpūram anale yadvat saindhavaṃ salile yathā ।
IV.43[cd] tathā sandhīyamānaṃhi manas tatraiva līyate ॥

장뇌樟腦가 불에 녹고 소금이 물에 녹듯이 그와 같이 마음은 실재(實在, =아뜨만)로 다가가면서 그 속으로 용해된다.

IV.44[ab] jñeyavastuparityāgād vilayaṃ yāti mānasaḥ ।
IV.44[cd] mānase vilayaṃ yāte kaivalyam upajāyate ॥

'알아야 할 것'(인식 대상)이 완전히 사라졌으므로 '심리적 작용'(mānasa)도 소멸한다. 마음이 소멸될 때 독존이 일어난다.

【해설】

IV.43-44송은 『하타의 등불』(HP) IV.59, 62송을 인용한 것이다. 브라흐마난다의 해설에 따르면 여기서 '알아야 할 것'(jñeyavastu, 所知)은 '움직이거나 움직이지 않는 일체의 사물', 즉 '명색(名色, nāmarūpa)으로 이루어진 만물'을 의미하고 '독존'(獨存, kaivalya)은 오직 '불이(不二, advitīya)의 아뜨만ātman'만 남겨진 상태 또는 '존재-의식-환희(saccidānanda)를 본성으로 하는 아뜨만ātman'만 현존하는 상태를 의미한다.[47)]

47) 『월광』 IV.62: "'알아야 할 것'(jñeyam)[이라는 말은] '움직이거나 움직이지 않는 일체의 사물' 내지는 눈에 보이는 것, 즉 지각되는 것[을 의미하는데] 그것이 모두 사라졌기 때문에, 다시 말해서 명색名色으로 이루어진 만물이 소멸되었기 때문에 '심리적인 작용'(mānasa, 심적인 활동)은 소멸하게 되고 '존재-의식-환희(sat-cit-ānanda)를 본성으로 하는 아뜨만'의 형상만 있게 된다. 마음이 소멸될 때 독존, 즉 '유일성을 본성으로 하는 상태인 독존'이 남게 된다. '불이不二의 아뜨만

IV.45[ab] khamadhye kuru cātmānam ātmamadhye ca khaṃ kuru |
IV.45[cd] sarvaṃ ca khamayaṃ kṛtvā na kiṃ cid api cintayet ||

그대는 허공(=브라흐만) 속에 아뜨만을 두고, 아뜨만 속에 허공을 두어야 한다. 모든 것을 허공(=브라흐만)화하고서 어떤 것도 생각해서는 안 된다.

IV.46[ab] antaḥ pūrṇo bahiḥ pūrṇaḥ pūrṇakumbha ivāmbhasi |
IV.46[cd] antaḥ śūnyaṃ bahiḥ śūnyaṃ śūnyakumbha ivāmbare ||

[이 상태는] 마치 바다에 있는 항아리처럼 안쪽도 채워져 있고 바깥도 채워져 있고 마치 허공에 있는 항아리처럼 안쪽도 텅 비었고 바깥도 텅 비어 있다.

【해설】

IV.45-46송 역시 『하타의 등불』(HP) IV.55, 56송을 인용한 것이다. 브라흐마난다에 따르면 '허공에 아뜨만을 두는 것'은 '브라흐만이 곧 나 자신이라는 것'(brahmāham)을 증득하는 것이고[48] '아뜨만에 허공을 두는 것'

이라는 본성'만 남겨진다는 의미이다."
jñeyaṃ jñānaviṣayaṃ yad vastu sarvaṃ carācaraṃ yad dṛśyaṃ tasya parityāgān nāmarūpātmakasya tasya parivarjanād mānasaṃ vilayaṃ yāti saccidānandarūpātmākāraṃ bhavati | manaso vilaye jāte sati kaivalyaṃ kevalasyātmano bhāvaḥ kaivalyam avaśiṣyate | advitīyātmasvarūpam eva śiṣṭaṃ bhavatīty arthaḥ || HP-Jt. IV.62(박영길: 2015, pp.688-689)

48) 『월광』 IV.55: "마치 허공처럼 충만한 브라흐만이 허공(kham)인데 그대는 그 브라흐만 속에 아뜨만, 즉 '자신의 참된 본성'을 두어야 한다. ['아뜨만을 허공에 두고'라는 말은] '브라흐만이 곧 나 자신이라는 것'을 증득해야 한다는 의미이다."

은 '내가 다름 아닌 브라흐만이다'(ahaṃ brama)는 것을 증득하는 것이며[49] '모든 것을 허공화하고서 어떤 것도 생각해서 안 된다는 것'은 이 모든 것이 브라흐만임을 자각하고 심지어 '내가 브라흐만이다는 심상心想조차 없어진 상태'를 의미한다.[50]

10. 불이不二 사상 (IV.47-52)

IV.47ab svagatenaiva kālimnā darpaṇaṃ malinaṃ yathā ǀ
IV.47cd ajñānenāvṛtaṃ jñānaṃ tena muhyanti jantavaḥ ǀ
IV.47ef eka eva hi bhūtātmā bhūte bhūte vyavasthitaḥ ǁ

거울은 본디 [맑지만] 얼룩 때문에 지저분해 [보이는] 것처럼, 사람은 [본디 맑지만] 무지(ajñāna)가 지혜를 가림으로써 미혹된다.
참된 실재(bhūtātma)는 오직 하나(eka)일 뿐이지만 [동시에] 만물에 깃들어 있다.

kham iva pūrṇaṃ brahma khaṃ tanmadhye ātmānaṃ svasvarūpaṃ kuru ǀ brahmāham iti bhāvayety arthaḥ ǀ HP-Jt. IV.55(박영길: 2015, p.678)

49) 『월광』 IV.55: "그대는 아뜨만, 즉 '자신의 참된 본성' 속에 허공, 즉 '충만한 브라흐만'을 [채워야 한다]. ['아뜨만에 허공을 두어야 한다'는 말은] '내가 바로 브라흐만이라는 것'을 증득해야 한다는 의미이다."
ātmamadhye svasvarūpe ca khaṃ pūrṇaṃ brahma kuru ǀ ahaṃ brahmeti ca bhāvayety arthaḥ ǀ HP-Jt. IV.55(박영길: 2015, p.678)

50) 『월광』 IV.55: "'모든 것이 허공(=브라흐만)으로 이루어졌다는 것'을 알고서, 다시 말해서 '[자기 자신은 물론이고 세상 만물이 모두] 브라흐만이라는 것'을 자각한 후엔 어떤 것도 생각해서는 안 된다. 심지어 '내가 브라흐만이다'는 심상조차 완전히 버려야 한다는 의미이다."
sarvaṃ ca khamayaṃ kṛtvā brahmamayaṃ vibhāvya kim api na cintayet ǀ ahaṃ brahmeti dhyānam api parityajed ity arthaḥ ǁ HP-Jt. IV.55(박영길: 2015, p.678)

【해설】

위 게송은 '참된 실재는 오직 하나일 뿐'이라는 것과 동시에 '유일자인 참된 존재가 만물에 깃들어 있어 양자가 서로 다르지 않다'는 불이不二 사상을 담고 있다.

한편, 『하타의 보석 목걸이』는 불이의 궁극적 존재를 '참된 실재'(Bhūtātman, ———)로 부르기도 하고 사다쉬바(Sadāśiva, ∪—∪∪), 브라흐만(Brahman, ——), 샴브후(Śambhu, —∪), 하리(Hari, ∪∪) 등으로 다양하게 부르지만 모두 운율을 고려한 동의어로 파악된다.

IV.48ab ekadhā bahudhā caiva dṛśyate jalacandravat ǀ
IV.48cd māyāyuktas tathā jīvo māyāhīnasadāśivaḥ ǁ

물에 비친 달[이 다양하게 보이는 것]처럼 인간은 마야(māyā, 무지)에 의해 하나라도, 여럿으로 보인다. [하지만 그의 본질은] 마야(māyā)가 소멸된 사다쉬바(Sadāśiva, =브라흐만)이다.

【해설】

IV.48송은 불이론-베단따(advaitavedānta) 학파의 반영설(反映說, 혹은 映像說, pratibimbavāda)을 떠올리는 게송이다. 반영설은, 샹까라(Śaṅkara, 700-750) 이후의 불이론-베단따에서 논의된 주제 중 '순수 의식이고 무한한 아뜨만ātman이 다양한 형태의 개아(個我, jīva)로 나타나는 것'을 밝히는 두 가지 이론[51] 중 하나이다. 이 이론은 쁘라까샤뜨만(Prakāśātman, 1,200년경)

51) 첫 번째의 이론은 비묵따뜨만(Vimuktātman, 1,200년경)의 『이쉬따싯드히』 *Iṣṭasiddhi*에서 설명된 한정설(限定說, avachedavāda)이다. 한정설에 따르면 마치 무한하고 편재하는 허공이 빈 물병과 같은 제한적인 그릇에 있을 경우 물병 크기로 제한되듯이 그와 같이 아뜨만도 무명이나 업, 신체, 감관 등과 같은 비본질적 부가물(附加物, upādhi)에 제한됨으로써 한정적인 개아個我로 보인다는 것이다.

의 『빵짜빠디까비바라나』*Pañcapādikāvivaraṇa*에서 설명된 것인데, 반영설에 따르면 마치 태양이 물이나 거울에 반사되듯이 그와 같이 아뜨만도 무지(無知, avidyā)에 의해 반사되어 다양한 형태의 개아로 나타난다는 것이다.[52] 위 게송의 '마야'māyā[53]는 문맥상 무지(無知, avidyā)의 동의어로 '이 모든 것이 브라흐만(=아뜨만, 사다쉬바)이라는 불이성不二性 또는 진리를 알지 못하는 것'을 의미한다. 따라서 IV.48송의 요지는 '이 모든 것이 브라흐만이고 아뜨만일 뿐'이지만 '무지로 인해 그것을 알지 못한다는 것' 그리고 '무지를 제거하면 이 모든 것이 브라흐만이고 아뜨만임을 알게 된다는 것'으로 파악된다.

IV.49^{ab} bandhamokṣopadeśādivyavahāro 'pi māyayā ǀ
IV.49^{cd} māyācchedaḥ prakartavyaḥ sudṛḍhaṃ jñānayogataḥ ǁ

'속박'이나 '해탈'에 대한 가르침이나 행위들조차 마야(māyā, =무지)에 의거한 것이다. 확고한 지혜를 얻음으로써 마야(māyā, =무지)를 제거해야만 한다.

atra sūtasaṃhitāyām
IV.50^{ab} etad ātmam idaṃ sarvaṃ neha nānāsti kiṃ cana ǀ
IV.50^{cd} advaitam eva śāstrārthaḥ śambhoḥ pādaṃ spṛśāmy aham ǁ

52) '아뜨만이 무지로 인해 다양한 형태의 개아로 보인다는 것'의 의미는, '인간은 무지로 인해 다양한 개아들 속에 있는 본질(=아뜨만)을 알지 못한 채 외형적 다양성과 차별상에 사로잡혀 있다는 것'으로 파악된다.

53) 마야māyā는 베단따 학파의 전문 용어일 뿐만 아니라 인도의 신화나 문학에서 인간의 삶과 우주 및 신과의 관계를 드라마틱하게 표현하는 신비스러운 용어 중 하나이다. 마야māyā의 의미는 대단히 다양하지만 크게 '무지'(無知, avidyā) 또는 '신이 지닌 불가사의한 힘', '마술', '허깨비' '환영' 등을 의미한다. 본 송의 마야는 샹까라의 용례와 동일하게 '무지'를 의미한다.

이와 관련해서 『수따상히따』*Sūtasaṃhitā*에는 [다음과 같은 말씀이 있다].
이 모든 것(idaṃ sarvam)이 아뜨만ātman이고 여기에는 어떠한 차별상도 없다.
이와 같은 불이(不二, advaita)[의 가르침]이 [모든] 경전들[이 말하고자 하는] 목적이다.
샴브후(Śambhu, =쉬바)의 [연꽃 같은 두] 발에 경배합니다.

viṣṇupurāṇe -
IV.51[a] kanakamukuṭakarṇikādibhedaḥ
IV.51[b] kanakam abhinnam apīṣyate yathaikam ।
IV.51[c] budhapaśumanujādikalpabhinno
IV.51[d] harir akhilābhir udīryate tathaikam ॥[54)]

『비쉬누뿌라나』에 다음과 같은 말이 있다.
"마치 금으로 된 왕관과 귀걸이 등이 [그 형태는] 다르지만 금이라는 점에서 차이가 없고 동일하듯이 그와 같이 [생명체는] 성자, 동물, 인간 등으로 구별되지만 모든 것은 오직 하나, 하리(Hari)일 뿐이라고 말해졌다."

【해설】

IV.50-51송은 『바가바드기따』와 『비쉬누뿌라나』를 인용하며 '이 모든 것이 아뜨만일 뿐'이고 '이 모든 것이 하리(=브라흐만)일 뿐'이라는 불이不二의 가르침을 담고 있다.

한편, 유포본 『하타의 보석 목걸이』 IV.51송 이후에 "jīvātmaparamātmanor api bhedopāsanāyām api"(인간 개개인과 궁극적 영혼의 구별 역시 경배敬拜의 차원에서 [상정될 뿐이다].)라는 별도의 산문이 있다. 그 의미는 '이

54) 본 송은 교차 운율(ardhasamavṛtta) 중 하나인 뿌쉬삐따그라puṣpitāgra 운율로 작성되었다. 뿌쉬삐따그라의 홀수 구(pāda[a, c])는 UUUUUU —U—U——의 12음절이고 짝수 구(pāda[b, d])는 UUUU—UU —U—U——의 13음절로 구성된 정형시이다.

모든 것이 브라흐만(하리, 샴브후, 사다쉬바)일 뿐이지만, 인간과 궁극적 존재의 동일성을 자각하기 전에는 경배(upasanā)의 차원에서 구별이 있을 뿐'이라는 것으로 파악된다.

bhagavadgītāyām -

IV.52[ab] uttamaḥ puruṣas tv anyaḥ paramātmety udāhṛtaḥ |
IV.52[cd] yo lokatrayam āviśya bibharty avyaya īśvaraḥ ||

『바가바드 기따』에도 [다음과 같은 말씀이 있다].
"혹자는 최고의 뿌루샤(uttamaḥ puruṣa)를 '빠라마뜨만'parmātman으로 부르는데 [바로] 그가 '삼계(lokatraya)에 깃들어 있고 [동시에 삼계를] 유지하는 불멸의 이쉬바라Īśvara'이다."

11. 타他 학파 비판 (IV.53-64)

IV.53[ab] bhūtaś ca pañcabhir prāṇaiś caturviṃśadbhir indriyaiḥ |
IV.53[cd] caturviṃśati tattvāni sāṃkhyaśāstravido viduḥ ||

샹캬 논사들은 오대, 생기들, 감관들 [등]과 같은 24개에 입각해서 24요소[55]를 상정한다.

IV.54[ab] ahaṃkāraṃ pradhānaṃca māyā vidyā ca pūruṣaḥ |
IV.54[cd] iti paurāṇikāḥ prāhus triṃśat tattvāni taiḥ saha ||

55) 상캬 학파는 쁘라끄리띠prakṛti, 마하뜨(mahat, =buddhi), 아함까라ahaṃkāra, 마나스(manas), 오유(五唯: 色聲香味觸), 오대(五大: 地水火風空), 오지근(五知根: 眼耳鼻舌身), 오작근(五作根: 口手足性肛)과 같은 24개의 tattva(요소)와 뿌루샤puruṣa를 상정한다.

뿌라나 문헌을 추종하는 사람들은 '상캬의 24요소'에 아만(我慢, ahaṃkāra)과 근본원질(pradhāna), 마야māyā, 지혜(vidyā), 뿌루샤puruṣa [등을] 더한 30 요소를 상정한다.

IV.55^ab bindunādau śaktiśivau[56] śāmbhavīti tataḥ param |
IV.55^cd ṣaṭtriṃśat tattvam ity uktaṃ śaivāgamaviśāradaiḥ ||

샤이바-아가마śaivāgama 논사들은 여기에 빈두bindu와 나다nāda, 쉬바śiva와 샥띠śakti, 샴브하비śambhavī 그리고 빠라para를 [더해서 모두] 36 요소를 상정한다.

【해설】

V.53-55송은 상캬 학파를 비롯해서 샤이바 등이 인정하는 세계의 구성 요소를 간략히 언급한다. 맥락상, 세 게송은 '이 모든 것이 아뜨만(=브라흐만)'이고 바로 '그 하나'만이 존재한다는 불이론의 입장에서 24 요소설, 30 요소설, 36 요소설 등 '다양한 요소들'을 상정하는 타他 학파를 비판하는 것으로 파악된다.

IV.56^ab upādānaṃ prapañcasya saṃsaktāḥ paramāṇavaḥ |
IV.56^cd pūrṇarūpādayas teṣāṃ tebhyo jātā ghaṭādayaḥ ||

극미(極微, paramāṇu, =원자)가 모여 뭉쳐진 것이 세계의 질료[인]이다. [바로 이] 극미들로부터 항아리 등 '형태를 지닌 것들'(우주 만물)이 생성된다.

---

56) 본 게송은 8음절 4구의 아누쉬뚜브-슐로까 운율로 작성되었는데 첫 번째 구의 5-6-7번째 음절은 '—∪∪'(브하-운각, Bha-gaṇa)로 되어 있는데 이것은 기본형(pathyā)은 아니지만 허용 가능한 형식으로 '브하-비뿔라'Bhavipulā로 불린다.

IV.57[ab] yat kāryaṃ jāyate yasmāt tat tat tasmin pratiṣṭhitam ǀ
IV.57[cd] mṛtikāyāṃ ghaṭas tantau paṭaḥ svarṇe 'ṅgulīyakam ǁ

'생성된 결과물은 모두 그것이 유래하는 원인 속에 [이미] 있고 [따라서] 항아리[와 같은 결과물]은 진흙[이라는 원인]에서 [나오고] 옷은 실에서, 금반지는 금에서 [나온다]'라고

IV.58[ab] iti vaiśeṣikāḥ prāhus tathā naiyāyikā api ǀ
IV.58[cd] janārdanākhyamiśrāś ca bhaṭṭāḥ prābhākarādayaḥ ǁ

바이쉐시까(勝論, Vaiśeṣika) 논사들을 비롯해서 니야야(正理, Nyāya) 논사들 그리고 자나르다나 미쉬라Janārdana Miśra, 꾸마릴라(Bhaṭṭa), 쁘라브하까라Prābhākara 등과 같은 [미망사Mīmāṃsā 논사]들이 말한다.

IV.59[a-b] īśvarasya tu kartṛtvaṃ nāṅgīcakruś ca maṇḍanāḥ ǁ

만다나[의 추종자]들 [역시] 이쉬바라가 [우주의] 창조자라는 것을 인정하지 않는다.

【해설】

IV.56-59송은 바이쉐시까 학파의 극미(極微, paramāṇu)설을 비롯해서 인중유과론因中有果論, 미망사Mīmāṃsā 학자들을 언급하는데 요지는 마지막의 IV.59송 및 아래의 IV.62송에서 알 수 있듯이 여타의 학파들이 '이쉬바라[57]를 우주의 창조자로 인정하지 않았다는 것'이다. 이것은 세계

57) 후대의 불이론에서 브라흐만은 '최고의 브라흐만'(上梵, Parabrahman)으로, 이쉬바라는 낮은 차원의 브라흐만(下梵, Aparabrahman)으로 통용되지만 샹까라Śaṅkara의 철학에서 그러한 구별은 발견되지 않고 이쉬바라Īśvara, 빠라메쉬바라Paremeśvara, 브라흐만Brahman은 동의어로 사용되었는데 쉬리니바사의 이쉬바

의 창조자를 '의식을 지닌 존재(cetana)인 이쉬바라(=브라흐만)'로 보는 베단따의 입장에서 '극미, 승인 등 의식을 결여한 존재 세계의 원인으로 보는 견해'에 대한 비판을 담은 것으로 파악된다.

IV.60[ab] sattvaṃ rajas tamaś ceti pradhānās triguṇās trayaḥ ।
IV.60[cd] tebhyo jātam idaṃ viśvaṃ sṛṣṭisthityantahetavaḥ ॥

사뜨바sattva, 라자스rajas, 따마스tamas와 같은 세 구나를 지닌 승인(勝因, pradhāna)이 있는데 '[세계의] 창조(sṛṣṭi)와 유지(sthiti) 및 종말(anta)의 원인'인 바로 이것(=승인)에서 만물이 생겼다.

IV.61[ab] māyāpradhānam avyaktam avidyājñānam akṣaram ।
IV.61[cd] avyākṛtaṃ ca prakṛtis tama ity abhidhīyate ॥

마야māyā, 승인(pradhāna), 미현현(avyakta), 무명(avidyā), 무지(ajñāna), 불괴(akṣara), 미현현(avyākṛta), 본질(prakṛti), 따마스tamas로 불리기도 하는데

IV.62[ab] iti sāṃkhyāś ca bhāṣante teṣāṃ dūṣanam ucyate ।
IV.62[cd] caitanyaṃ paramāṇūnāṃ pradhānasyāpi neṣyate ॥

이와 같이 상캬 논사들과 그들의 어리석은 추종자가 말하는 승인(勝因, pradhāna, =쁘라끄리띠)이나 극미(極微, paramāṇu)들은 '의식을 결여한 것'이다.

IV.63[ab] jñānaśaktikriyāśaktyā dṛśyate cetanāśrayaḥ ।
IV.63[cd] tasmād ātmana ākāśaḥ saṃbhūta iti viśrutaḥ ॥

라 개념 역시 샹까라와 동일한 것으로 파악된다.

"바로 이 아뜨만으로부터 허공이 생겼다"라고 말했으므로 지혜력과 행위력을 갖춘 의식(意識, cetana)적 존재(=아뜨만, =브라흐만)가 [세계의 창조자]이다.

【해설】

쉬리니바사는 IV.63송에서 "이 아뜨만으로부터 허공이 생겼다"(tasmād ātmana ākāśaḥsaṃbhūtaḥ)라는 『따이띠리야란야까-우빠니샤드』(Taitti-Up. II.1)의 성구를 증거로 제시하며 지혜력(jñānaśakti)와 행위력(kriyāśakti)를 갖춘 '의식적 존재'(cetanāśraya) 즉, 브라흐만(=이쉬바라)이 세계의 원인이라는 것을 말한다. 따라서 그에 따르면, 상캬 학파의 승인(勝因, pradhāna)과 바이쉐시까 학파의 극미(極微, paramāṇu)는 '의식을 결여한 것'(acetana)이므로 우빠니샤드의 가르침에 위배된다.

이와 같은 쉬리니바사의 논지는 철두철미하게 샹까라Śaṅkara의 주장에 의거한 것으로 파악된다. 그 이유는 샹까라가 그의 최대 걸작 『브라흐마경 주해』(BS-Śbh)에서 가장 공들여 논의했던 주제 중 하나가 '브라흐만(=이쉬바라) 외의 존재를 우주의 전개자(창조자)로 상정하는 타 학파에 대한 비판'이기 때문이다. 샹까라는 특히 상캬의 근본원질-전변설을 비판함으로써 브라흐만-전변설을 확립하고자 했는데[58] 그에 따르면 샹캬 학파의 승인(勝因, pradhāna, =prakṛti)을 비롯해서 바시쉐시까 학파의 극미(極微, paramānu)는 '의식意識을 결여한 것'(acetana)이고 따라서 '창조의 동기와 목적조차 가질 수 없는 것'이다. 샹까라는 이와 같은 논리적 이유에서, 그리고 한편으로는 '승인이나 극미를 인정하는 이론'이 '의욕과 의지를 지닌 존재인 브라흐만(=이쉬바라)이 우주의 창조자라는 우빠니샤드의 가르

58) 일반적으로 샹까라는 가현설(假現說, Vivartavāda)를 주창했던 대표적인 학자로 알려져 있지만 Paul Hacker, 前田專學이 밝혔듯이 샹까라의 진작에서는 가현설을 지지하는 내용은 발견되지 않는다. 오히려 샹까라는 근본원질-전별설을 비판하고 브라흐만-전변설을 확립함으로써 '이 모든 것이 브라흐만이라는 것'을 확립하는 데 많은 노력을 기울였다. 이 점에 대한 논의는 박영길(2003년 '박사학위논문')을 참조.

침'과 위배된다는 이유에서 상캬 학파 등을 비판했다.[59] 쉬리니바사도 샹까라와 유사하게 상캬 학파의 승인이나 바이쉐시까 학파의 극미가 의식을 결여한 것으로 비판한다.

IV.64[a] śaivāḥ pāśupatā mahāvratadharāḥ kālāmukhā jaṅgamāḥ
IV.64[b] śāktāḥ kaulakulārcanā vidhiratāś cānye 'pi vā vādinaḥ |
IV.64[c] ete kṛtrimatantratattvaniratās tattattvato vañcitās
IV.64[d] tasmāt siddhipadaṃ svabhāvaniratam dhīraḥ sadā saṃśrayet ||[60]

샤이바śaiva, 빠슈빠따pāśupata, 마하브라따드하라mahāvratadhara, 깔라무카kālāmukha, 장가마jaṅgama, 샥따śākta, 까울라kaula, 꿀라르짜나kulārcanā, 비드히라따vidhirata를 비롯한 여타의 사상가들은 모두 허깨비같은 딴뜨라의 원론에 빠진 자들이고 [모두] 진리로부터 이탈한 자들이다. 그러므로 지혜로운 이는 언제나 '본질에 기반'을 둔 '싯드히의 길'(siddhipāda)에 의지해야 한다.

---

59) 샹까라는 『브라흐마경 주해』(BS-Śbh) II.1.14에서 "내가 … 전개하리라, 다수가 되리라"와 같은 우빠니샤드의 성구를 인용하면서 세계의 창조자가 '의식(意識, cetana)을 구비한 존재', 즉 브라흐만(=이쉬바라)라는 것을 밝히며 샹캬 학파의 승인(勝因, pradhāna, =prakṛti)과 바시쉐시까 학파의 극미(極微, paramānu) 등은 '의식意識을 결여한 것'(acetana)이고 따라서 창조의 동기와 의욕, 목적조차 가질 수 없는 것으로 비판했다.

60) 본 게송은 19음절 4구의 샤르둘라비끄리디따(Śārdūlavikrīḍita: ———UU—U—UUU———U——U—) 운율로 작성되었다.

간기

iti śrīnivāsayogīśvaraviracitāyāṃ haṭharatnāvalyāṃ caturdhopa deśaḥ ||

이상으로 쉬리니바사-요기쉬바라가 저술한『하타의 보석 목걸이』중에서 네 번째 가르침이 끝났다.

1. 원전

(1) 하타요가 문헌

DyŚ *Yogaśāstra* of Dattātreya
=박영길 2019, pp.401-487

GŚ *Gorakṣaśataka* of Gorakṣa
=박영길 2019, pp.489-577

GhS *Gheraṇḍasaṃhitā*
= 박영길 2022b

HP *Haṭhapradīpikā* of Svātmārāma
=박영길 2015

HP-Jt *Jyotsnā*
=박영길 2015

KP *Kumbhakapaddhati* of Raghuvīra
=박영길 2023b

JP Maheśānanda, Swāmī, B. R. Sharma,
G. S. Sahay, R. K. Bodhe(eds.).
Jogapradīpikā of Jayatarama
Lonavla: Kaivalyadhama S.M.Y.M Samati, 2006.

ŚTN Sjoman, N. E. (Ed.)
The Yoga Tradition of the Mysore Palace.
New Delhi: Abhinav Publications, 1999 2nd.

ŚS *Śivasaṃhitā*
=박영길 2024(예정)

YD *Yuktabhavadeva* of Bhavadeva Miśra
=박영길 2019, pp.981-1, 176.

YK Sharma, Narendra Natha (Ed.)
Yogakarṇkā: An Ancient Treatise on Yoga.
Delhi: Eastern Book Linkers, 1981.

YY *Yogayājñavalkya*
=박영길 2019, pp.715-830

(2) 빠딴잘리요가

PYŚV *Yogasūtrabhāṣyavivaraṇa of Śaṅkara: Vivaraṇa text with English translation, and Critical notes along with text and English transaltion of Patājali's Yogasūtras and Vyāsabhāṣya. Vol.I Samādhipādaḥand Sādhanapādaḥ.*
Delhi: Munshiram Manoharlal Publishers Pvt. Ltd., 2001
PYŚV^{M} = Maas: 2018.
TV *Tattvavaiśaradī* of Vācaspati Miśra
= Maas: 2018.
TV^{M} = Maas (2018)
RM *Rājamārtaṇḍa* of Bhojarāja
= YS-SC
YM *Yogamaṇiprabha* of Rāmānandayati
= YS-SC
YC Karnatak, Vimala (Ed.)
Yogasiddhāntacandrikā of Śrīnārāyaṇatīrtha
Varanasi Chowkhamba Sanskrit Series Office, 2000(Saṃvat 2057)
YS-P Bodas, Radaram Shastri & Vasudev Sharsti Abhyankar (Eds.)
Yogasūtras of Patañjali with the Scholium of Vyāsa and The Commentary of Vācaspatimiśra and the Commentary of NāgojīBhaṭṭa. Bombay, The Goverment Central Press, 1917.
YS-SC Śāstri, Paṇḍit Ḍhuṇḍhirāj (Ed.)
Yogasūtram by Maharṣipatañjali with Six Commentaries.
Varnasi: Chaukambha Sanskrit Santhan, 1982 2nd.
YSu *Yogasudhākara* of Sadāśivendra Sarasvatī
= YS-SC
YSV *Yogasūtravṛtti* of Nāgojī Bhaṭṭa
= YS-P
YV Rukmani, T. S. (Tr.)

Yogavārttika of Vijñānabhikṣu. Delhi: Munshiram Manoharlal Publishers Pvt. Ltd., 1983.

(3) 기타

Bṛhad-Up	*Bṛhadāraṇyopaniṣad*
Chānd-Up	*Chāndogyopaniṣada*
Kaṭha-Up	*Kaṭhopaniṣad*
Praśna-Up	*Praśnopaniṣad*
Taitti-Up	*Taittirīyopaniṣad*
BS	*Brahmasūtra*
BS-Śbh	*Brhamasūtra-Śaṅkarabhāṣya*
MS	*Mīmāṃsāsūtra*
YS	*Yogasūtra*

2. 이차자료

김재민

2017. 「여섯 [정화] 행법(ṣaṭkarma)의 질병 치유 효과: 『게란다상히따』(*Gheraṇḍa-Saṃhitā*)를 중심으로」, 『인도철학』(51). pp.65-100.

박영길

2003 「샹까라의 名色顯現說 연구: 샹까라의 『브라흐마경 주해』를 중심으로」, 박사학위청구논문. 서울: 동국대학교 대학원.

2010 『요가의 84가지 체위법 전통: 도해에 의거한 체위 전통에 대한 연구』, 서울: 여래[Gudrun Bühnemann, *Eighty-four Āsanas in Yoga: A Survey of Traditions with Illustrations.* New Delhi: D.K. Printworld, 2007, pp.xii, 195]

2013 『하타요가의 철학과 수행론』. 서울: CIR.

2014 『산스끄리뜨 시형론: 운율 및 숫자적 상징에 대한 해설』. 서울: CIR. [Brown, Charles Philip, *Sanskrit Prosody and Numerical Symbols Explained.* London: Trubner & Co.,

Paternoster Row, 1869]
2015 『하타의 등불: 브라흐마난다의 『월광』(*Jyotsnā*)에 의거한 번역과 해설』 상-하(한국연구재단 명저번역 총서 549-550). 서울: 세창.
2018 「고전 산스끄리뜨의 아리야(Āryā) 운율: 라뜨나까라샨띠의 *Chandoratnākara*를 중심으로」, 『불교학리뷰』(23). 논산: 금강대학교 불교문화연구소, pp.91-118.
2019 『하타요가 문헌 연구: 성립사와 고유한 수행론, 희귀 걸작편』. 서울: 여래.
2021[a] 「레짜까(Recaka), 뿌라까(Pūraka), 꿈브하까(Kumbhaka)의 정의」, 『요가학연구』(25). pp.9-38.
2021[b] 「『게란다상히따』(Gheraṇḍasaṃhitā)의 정뇌(Kapālabhāti) 정화법 연구」, 『요가학연구』(26). pp.93-117.
2021[c] "Some yoga techniques transformed into heterogeneous skills in the later tradition", *Proceedings for The 1St International Yoga Conference(The Diversity of Yoga Practices shown in Indian and Tebetan Texts)*, University of Kyungpook, Nov. 11, 2021, pp.68-86.
2022[a] 「영웅좌 Type V^2에 기반을 둔 아사나 연구」, 『요가학연구』(27). pp.165-223.
2022[b] 『게란다상히따: 산스끄리뜨 번역과 역주』. 서울: 다르샤나.
2023[a] 「사히따-꿈브하까(Sahitakumbhaka)와 께발라-꿈브하까(Kevalakumbhaka)의 정의와 기법-하타요가 문헌을 중심으로」, 『요가학연구』(29). pp.9-48.
2023[b] 『하타요가의 호흡법 연구: 『꿈브하까 편람』(*Kumbhakapaddhati*)의 번역과 주해』. 서울: 다르샤나

정승석
2004[a] 「고전 요가 좌법의 다양성」, 『인도철학』(16). pp.247-283.
2004[b] 「고전 요가의 부수적 좌법」, 『인도철학』(17). pp.69-90.
2007 「고전 요가의 호흡법의 원리」, 『인도철학』(24) pp.97-131.

Bühnemann, Gudrun
2007 = 박영길 2010

2022 「영원한 현재: 남인도 전통에서 '빠딴잘리-사마디' 유적지」, 『제1회 국제요가학술대회 자료집』, pp. 51-58.

2011 "The Śāradātilakatantra on yoga: A new edition and translation of chapter 25", *Bulletin of the School of Oriental and African Studies*. 74(2), pp. 205-235.

Maas, Philipp A.

2018 "Sthirasukham Āsanam: Posture and Performance in Classical Yoga and Beyond", *Yoga in Transformation: Historical and Contemporary Perspectives*. Baier, Karl, Philipp André Mass and Karin Preisendanz(Eds.). Göttingen: V&R unipress GmbH pp. 51-100.

| 역자 후기 |

『하타의 보석 목걸이』는 17세기의 박학다식한 베단따 학자였던 쉬리니바사 요긴드라Śrīnivāsa Yogīndra가 남긴 하타요가 문헌이다. 이 작품은 스바뜨마라마의 『하타의 등불』을 계승해서 정화법, 아사나, 호흡법, 무드라, 명상과 같은 하타요가의 다섯 기법과 더불어 베단따의 불이不二 사상과 우주론을 간략히 설명하고 있다. 『하타의 보석 목걸이』는 베단따 학자가 하타요가를 수용했다는 것을 보여주는 한 사례라는 점에서, 그리고 하타요가가 주류 철학이었던 베단따에 편승해서 식자층에 보급되었다는 것을 보여준다는 점에서 성립사적 의의를 지닌다.

『하타의 보석 목걸이』는 전체 IV장에 406송으로 구성되었으며 여덟 정화법, 여든네 개의 아사나, 아홉 꿈브하까, 열 무드라를 비롯해서 비음秘音 명상 등 네 종류의 명상법을 설명한다. 『하타의 보석 목걸이』에서 설명된 기법은 『하타의 등불』과 대동소의하지만 아사나에 많은 비중을 두고 있다는 점에서, 그리고 특히 하타요가의 전설적인 '84 아사나 목록'을 담고 있는 유일한 산스끄리뜨 문헌이라는 점에서 차별화된다.

『하타의 보석 목걸이』는 1982년 남인도 세꾼데라바드Secunderabad의 베마나 요가 연구소(Vemana Yoga Research Insitute)의 웽까따 레디(M. Venkata Reddy)에 의해 교정본과 영어 번역이 처음 출판되었다. 하지만 이 판본은, 당시 하타요가 연구자의 부재로 큰 관심을 얻지 못했고 그 이후 2002년, 로나블라 요가연구소(Lonavla Yoga Institute)의 그하로떼(M. L. Gharote), 데브나트(Parimal Devnath), 즈하(Vijay Kant Jha)에 의해 새로운 교정본(영어 번역 포함)으로 출판되면서 널리 알려지게 되었다.

본서는 지난 2020년 경북대학교 동서사상연구소가 한국연구재단의 인문사회연구소 지원사업에 선정되면서 기획했던 세 번째 산스크리트 번역서이다. 본서는 전체 3부로 구성되었는데 제1부에서는 문헌 연구와 구성 등을 다루었고 제2부에서는 『하타의 보석 목걸이』의 운율 구조를 분석했고 제3부에서 번역과 역주 작업을 진행했다.

번역과 역주 작업을 진행하면서 많은 분들의 도움을 받았다. 강독회를 비롯해서 요가철학 강좌들을 준비하고 참여해주신 이영희, 정순규 선생님께 감사드리고 자문 해주셨던 정인복 선생님에게 감사의 마음을 전한다.

2023년 8월

역자

|색 인|

1. 인명

2. 문헌

3. 일반 색인

가

나

사

아

경북대학교 동서사상연구소 학술총서 5
하타의 보석 목걸이 *Haṭharatnāvalī*: 산스끄리뜨 번역과 역주

2023년 10월 20일 초판 1쇄 인쇄
2023년 10월 31일 초판 1쇄 발행

지은이 박영길
펴낸이 정창진
펴낸곳 다르샤나
출판등록 제2022-000005호
주소 서울시 종로구 인사동11길 16, 403호(관훈동)
전화번호 (02)871-0213
전송 0504-170-3297

ISBN 979-11-983586-4-6 93200
Email yoerai@hanmail.net
blog naver.com/yoerai

값은 뒤표지에 있습니다.